포르노를 허(許)하라!

포르노를 허(許)하라!

김민철 지음

철학과 현실사

```
┌─────────────┐
│   앞이야기   │
└─────────────┘
```

이 책의 제목을 보고 많은 독자 여러분은 아마 이런 생각을 했을 것이다: "자극적인 제목으로 관심을 끌자는 수작이군!" 책 자체의 내용에 앞서 여러분이 가지기 마련인 이 질문에 답하는 것은 필자인 내 의무이다. 그에 대한 나의 답은 이것이다: 여러분의 생각은 반은 옳고 반은 그르다.

글의 목적과 생명은 독자에게 읽히고, 어필하며, 독자를 설득하는 데 있다. 그런데 제목이 섹시하지 못한 글은 독자로부터 관심 자체를 받지 못하기 마련이다. 아무리 내용이 좋더라도 그것을 독자에게 어필하지 못하면, 그 내용이 읽힐 기회 자체를 얻지 못하는 것이다.

나는 오랫동안 철학을 공부했다. 하지만 내게 철학이라는 학문 못지않게 커다란 영향을 미친 것은 다양한 청중을 대상으로 한 강의 경험이다. 다양한 전공의 대학생들뿐 아니라 교사, 학부모, 고등학생 등 다양한 연령과 계층, 집단의 사람들에게 철학적 주제에 대해 강의하고 또 다른 사람들의 강의를 모니터링할 기회를 가졌던 것이다.

그런데 강의를 듣고 모니터링하는 과정에서 보면, 일반적인 형태의 강의는 길어야 5분이면 대중을 깊은 잠으로 이끄는 수면제 역할을 하기 십상이었다. "자, 오늘은 ○○라는 철학자의 ○○철학에 대해 다루어볼 차례입니다."라는 강의의 첫마디에서부터 지루함과 거부감이 밀려오기 일쑤인 것이다. 물론 이는 철학만의 문제가 아니며, 다른 전공을 한 사람이라도 청중의 흥미를 고려하지 않는다면 결과는 언제나 비슷하기 마련이다. 이는 특정 학문을 전공하지 않은 일반인들만의 문제는 아니다. 나의 전공인 철학과 관련해서 보면, 여러 대학의 철학과 교수들과 박사들, 그리고 대학원 재학생들이 참석한 세미나에서도 조는 사람들을 심심치 않게 발견할 수 있는 것이다.

여담이지만, 이러한 난해함으로 인해 권위 있어 보이는 자리에서 전혀 얼토당토않은 발언이 나오는 해프닝이 생기기도 한다. 미국에서 유학하고 돌아온 한 교수님이 두 명의 미국 학자가 공동 저술한 책에 대해 발표하면서, "저자들은 ~라고 주장하고 있는 셈입니다."라고 말하자, 한 대학의 교수님께서 질문 시간에 "그래도 당신을 가르친 사람들인데 '저 자(that person)'라고 부르는 것은 심한 것 아니오?"라고 질문하는 것을 본 일이 있다.

어쨌든, 나는 다양한 계층을 대상으로 한 강의를 하게 되면서 고민에 빠져들기 시작했다. 그리고 "아무리 유익한 강의라도 청중이 귀를 기울이지 않는다면 무용지물이다. 재미있는 강의가 반드시 유익한 것은 아니겠지만, 유익한 강의가 되기 위해서는 반드시 재미와 흥미가 있어야 한다."라고 결론을 내리게 되었다.

그래서 강의를 준비할 때면, "이번 시간에는 어떤 방법으로 관심과 흥미, 참여를 유도할까?" 하는 문제를 고민하곤 했다. 내가 생각해 낸 방법은 청중들을 흥분시키는 것이다. 예를 들어, 평등과 정의라는 주제에 대해 강의를 시작할 때는 "남녀가 평등하다면 여성들도 군대에 가야겠지요?"라든지, 남학생에게 "데이트할 때 함께 버스나 지하철을 타고 가다가 자리가 나면 누가 먼저 앉지요? (대체로 여성이 먼저 앉는다고 대답함) 그것은 보호받아야 할 남성만 못한 존재라고 생각해서지요?"와 같은 질문을 던지는 것이다. 그리고 역사에 대해 강의할 때는, "일본이 진짜로 역사를 왜곡했다고 생각하나요?", "위안부 할머니들이 진짜로 강제로 끌려갔을까요?"와 같이 자극적인 질문을 던지기도 한다.

청중들이 흥분하여 내게 욕을 하고 돌을 던질 준비를 한다면 나는 소기의 목적을 달성한 셈이며, 그렇지 않더라도 (물론 내 말의 흠을 잡아서 나를 욕할 의도이겠지만) 최소한 그들이 졸지 않고 내 말에 관심을 기울이는 상태에서 강의를 진행하는 효과를 얻을 수 있다. 그리고 강의 말미에서야 "이것이 바로 ○○라는 이론의 핵심적인 문제입니다."라고 마무리를 한다. 그때 청중들은 강의의 목적과, 처음에 던진 자극적 질문이 어떻게 학문적 주제와 연결되는지를 이해하고 공감하곤 한다.

이런 방법을 통해 나는 내가 전달하고 소통하고자 했던 학문적 문제를 청중들에게 전달할 수 있었다. 그리고 그러한 방법을 생각해 내고, 강의를 통해 이루고자 했던 소기의 목적을 달성한 나 자신이 대견했다. 동일한 내용이라 하더라도, 이와 같은 방법을 취하지 않았다면 그 강의는 아마 청중에게 외면당했을 것이다.

자극적인 제목을 사용한, 그리고 그렇게 할 수밖에 없는 이유는 바로 이것이다. 아무리 내용이 좋아도 독자들이 관심을 가지지 않는다면 그 책은 생명력을 상실한 것이다. 하지만 반대로 전혀 내용이 없더라도 독자들에게 재미와 흥미를 제공한다면, 최소한 반은 성공한 책이라 생각한다. 이 책의 제목을 보고 여기까지 읽은 독자가 있다면 나도 그만큼의 성공을 거둔 셈일 것이다.

이 책은 앞에서 말한 것처럼 다양한 집단의 청중을 대상으로 효과적인 강의를 하기 위한 고민의 결과물이다. 나는 강의란 일종의 퍼포먼스라고 생각하며, 또 언제나 그렇게 말해 왔다. 강의를 계획할 때면 쇼 기획자의 입장에서 고민을 하고, 또 그것을 일인극으로 옮겨왔다. 그것이 청중의 호응이라는 결과물로 돌아올 때면, 고민의 보상으로 그 이상 충분한 것은 없었다.

그러한 노력들이 축적되다 보니, 사회의 다양한 문제들에 대해 나름의 주관을 가지고 바라보고 발언할 수 있는 '내공'도 어느 정도 가지게 되었다. 그런데 문제는 그로부터 시작되었다. 그 결과물을 글로 써내보고 싶은 욕구를 가지게 된 것이다. 그것은 아마도 모든 글쟁이들이 가지게 되는 고민이 아닐까 한다.

15~16년 전 철학과 학부에 다니던 시절 철학과의 과 잡지에 실을 글을 부탁받은 적이 있다. 주제는 자유였고, 분량은 A4지로 네 장 정도였다. 사실 여러 직업 가운데 프리랜서가 가장 많은 고민을 안고 있듯이, 글의 주제로 자유 주제만큼 어려운 것은 없다. 며칠을 고민했지만 어떤

내용의 글을 써야 할지 생각이 나지 않았다. 마감 시간이 다가오면서 속은 타들어가기 시작했다.

결국 내가 선택한 제목은 '쓸 말이 없음에 관하여'라는 것이었다. 그리고 그 제목으로 A4지 네 장 분량의 글을 썼으니, 나는 아마도 글쟁이로서 어느 정도는 소질을 가지고 있었나 보다. 그 글에서 나는 다음과 같은 요지의 글을 썼다.

당나라의 문인(文人)인 한유(韓愈)라는 사람에 따르면, 세상 만물은 평온함을 잃으면 소리를 낸다. 물을 끓이면 부글부글 하는 소리가 나고, 나무는 두드리면 소리가 난다. 사람이 소리를 내는 것도 마음속의 평온을 잃었기 때문이다. 기쁜 일을 만난 사람은 웃음소리를 낼 것이고, 슬픈 일을 만난 사람은 울음소리를 낼 것이다. 노래를 부르거나 글을 쓰는 것도 모두 같은 이유에서이다. 무엇인가 내적으로 축적된 감정이 밖으로 표출되어 나오는 것이다. 그런데 나는 글을 부탁받은 현재 그렇게 축적된 바가 없으니, 밖으로 자연스럽게 표출되어 나올 거리가 없다. 그래서 내가 쓸 수 있는 글이란 '쓸 말이 없음에 관하여'일 뿐이다.

  그런데 오랜 시간이 지나고 나서, 나름의 학문적 노력과 강의를 위한 고민 덕에 그럭저럭 많은 내용을 쌓아두게 되자 그것을 밖으로 표출하고 싶은 욕구가 자연스럽게 생겨나게 된 것이다. 그래서 강의의 내용을 책으로 담아내보고자 했다. 그 첫 번째 결과물은 4년 전에 출판된 『철학 땅으로 내려오다』이다.

  그 책을 읽은 분들 가운데 눈치 챈 독자가 있을지 모르겠지만, 『철학 땅으로 내려오다』는 내 나름의 철학사이다. 철학자들의 이름이나 전문적인 용어는 거의 등장하지 않지만 말이다. 고대에서부터 현대에 이르기까지 철학의 중요한 흐름을 다양한 사례를 통해 나름 재미있고 흥미롭게 설명해 보고자 한 것이다.

  철학자의 이름이나 전문 용어를 생략한 이유는 위에서 이미 설명한 바와 같다. 내 책은 입문서이며, 철학이라는 분야에 대해 흥미를 가지도록 한다면 그 소임을 다한 것이다. 더 깊이 있게 공부해 보고자 하는 독자들은 스스로의 노력을 통해 철학자들의 이름과 전문 용어들을 알아갈 수 있을 것이며, 철학에 대해 맛만 보고자 한 독자들에게는 그러한 것들이 사족에 불과하다.

하지만 전공자들이 그 책을 읽는다면 "이게 무슨 철학이야?"라고 말할지도 모른다. 책에는 양심적 병역 거부에서부터 세금 문제에 이르기까지, 표면상 철학과는 아무 관련이 없는 주제들과 흥미로운 이야기들로 가득 차 있기 때문이다.

내가 원한 것이 바로 그것이었다. 전공자들과 일반 대중의 간극을 메워주는 일 말이다. 대중의 관심에 호응할 수 없는 학문은 그 사회적 소임을 다하지 못한 셈이다. 우리나라의 학자들은 지나치게 고고한 학문 세계에서 자기들끼리 소통하는 것에만 만족해 왔다. 대중이 보기에는 학문적이지만, 학자가 보기에는 그렇지 않은 책들이 필요한 이유가 바로 그것이다.

책이 출판되면서 예상치 못한 사건이 벌어졌다. 책이 출판되면 출판사에서는 저자에게 일정 부수를 증정본으로 주는데, 출판사에서 내게 보낸 증정본이 도착하기도 전에 한 중앙 일간지의 문화부 기자에게서 전화가 온 것이다. 그는 "철학이 땅으로 내려와도 너무 내려온 것 아닌가요? 벌써 다 읽어갑니다."라고 말하면서, 나와 인터뷰를 해 신문에 싣고 싶다고 말했다. 불감청이고소원(不敢請而固所願)이었다.

부랴부랴 사진을 찍고, 인터뷰를 하여 신문에 기사가 실렸다. 예상 외로 한 면의 4분의 1 가량에 해당하는 많은 분량이었다. 그리고 그것은 시작이었다. 여러 신문에 좋은 내용의 서평이 실렸으며, CBS 라디오의 〈책과 문화〉라는 코너에 게스트로 초청이 되기도 하였다.

나는 "옳다꾸나, 대박이 나겠구나."라고 생각했다. 라디오 인터뷰에서 진행자인 금태섭 변호사가 "이 책이 어떤 역할을 할 것으로 기대하십니까?"라는 취지의 질문을 했을 때, 나는 박지성과 같은 역할을 할 것으로 기대한다고 대답했다. 한국 축구에서 박지성의 역할은 곧 선구자의 역할을 의미한다. 박지성과 같은 세계적인 걸출한 공격수가 등장함으로써, 수비수들은 그를 막기 위해 필사의 노력을 할 것이고, 수비수들의 능력이 향상되면, 다시 그 수비를 뚫기 위한 공격수들의 능력향상을 가져오게 된다. 이것이 선구자의 역할인 것이다.

진행자가 "그럼 이 책이 박지성 급이라고 생각하십니까?"라는 농담 섞인 질문을 했을 때, 나는 웃으면서 "그렇게 되기를 바랍니다."라고 대답했다. 나는 그 책이 학문과 교양의 간극을 메우는 데 선구자적인 역할을 하기를 기대했다. 물론 책이 많이 팔려서 그간의 노력에 대한 금전적 보상도 함께하기를 기대했다. 나는 최소 만 권 정도는 팔리리라 희망 섞인 예상을 하고 있었다. 내심 그 이상을 기대하고 있었지만 말이다.

하지만 그것은 몽상에 불과했다. 현재까지 그 책은 3천 권 정도가 판매되는 데 그치고 있다. 그런데 의외로 출판사에서는 나름 만족하는 듯했다. 사실 우리나라의 풍토에서 철학책이 천 권 이상 팔리기가 쉽지 않은 것이다.

그러나 나의 첫 번째 번역서인 『윤리의 역사 도덕의 이론』은 전공자들도 이해하기 힘든 책임에도 이미 2천 부 이상 팔린 상황이었다. 그래서 나의 눈은 어느 정도 높아져 있었다. 세계적인 윤리학자인 매킨타이어의 초기 저작을 번역한 이 책은, 한국철학회 회장이자 서울대에서 윤리학을 담당하시는 황경식 교수님께서 2천 부 이상이 판매되었다는 내 말을 들으시고는, "그 책을 읽을 수 있는 사람이 한국에 그리 많지 않을 텐데?"라고 반문하셨을 정도로 깊이 있고 난해한 책인데도, 별다른 홍보나 서평 없이 그렇게 많은 판매고를 올린 것이다. 매킨타이어라는 원저자의 인지도가 큰 몫을 했겠지만 말이다.

『철학 땅으로 내려오다』의 경우, 책을 읽은 사람들의 반응은 매우 좋았지만, 책 자체를 선택한 사람들의 숫자가 충분치 않았다. 다양한 이유가 있었다. 내가 몇 권의 전문 서적을 출판하기는 했지만, 대중이 읽을 수 있는 책을 저술한 것은 처음이라는 점, 그래서 대중적 인지도가 현저히 떨어진다는 점, 출판사가 상업성과는 다소 거리가 멀다는 등이 작용했다.

작년 큰 반향을 불러일으키면서 인문 서적으로는 드물게 최고의 베스트셀러에 등극한 마이클 샌델의 『정의란 무엇인가』가 이미 50만 부 판매를 돌파했다고 한다. 그런데 지금은 법학전문대학원에 진학한 한 학생이 그 책에 대해 "하버드 판 『철학 땅으로 내려오다』예요."라고 평가를 한 적이 있다. 그래서 내가 그 학생에게 "내 책은 그 수십 분의 일도 안 팔렸네."라고 말했더니, "그쪽은 하버드 마케팅이 있잖아요."라고 했다. 아마 그것도 커다란 원인이리라.

어쨌든 나는 실패(?)의 원인을 나름대로 분석해 보았다. 위에서 몇 가지 이유를 나열하기는 했지만, 책의 판매에서 가장 중요한 것 중의 하나가 표지 디자인과 제목이다. 출판사의 상업적인 영업 능력을 제외한다면, 이 두 가지가 판매에 절대적인 영향을 끼친다 해도 과언은 아니다. 나는 결정적 이유 가운데 하나가 제목이 섹시하지 못했기 때문이라는 결론을 내렸다. 사실 내게도 '철학'이 들어가는 책은 부담스럽다. 아무리 '땅에 내려왔다'라고 강조를 해도 소용이 없는 것이다. 게다가 서점에서 책이 철학 파트의 좋지 못한 자리에 꽂혀 있다면 더 말할 필요도 없다.

책이 많은 독자에게 읽히지 못했다는 것은 저자에게 실망이 아닐 수 없다. 하지만 그것은 어디까지나 내가 짊어져야 할 몫이다. 여전히 내가 독자들의 기호를 충분히 고려하지 못했음을 보여주는 것일 뿐이기 때문이다.

내가 첫 장의 제목을 책 전체의 제목으로 정한 데에는 이러한 속사정이 있다. 사실 이 책은 우리 사회에서 첨예한 논쟁거리가 되는 흥미진진한 문제들을 다루고 있고, 그 내용이나 서술 방식 또한 모범적이라 자부하지만, 역시 중요한 것은 일단 독자들의 관심을 어떻게 끌 것인가

하는 문제이기 때문이다. 나는 오랫동안 고민을 한 끝에, 이 책 여러 장의 제목 가운데 가장 섹시한 첫 장의 제목을 책 전체의 제목으로 쓰기로 한 것이다.

하지만 그렇다고 해서 독자 여러분에게 사기를 칠 생각은 전혀 없다. 책에서는 독자들이 관심을 가질 만하고 유익한 주제를 재미있게 설명하고 있다. 고사성어의 어원이 되는 옛날 이야기들을 포함한 다양한 사례를 통해 이해를 도와주는 것은 물론이다. 지혜롭고 합리적인 사고 능력을 갖추는 데 관심이 있는 분, 그리고 사회적으로 이슈가 되는 문제들을 어떻게 바라보아야 하는지 궁금해 하는 분들이라면 누구나 하루 안에 이 책을 읽어낼 수 있을 것이다.

이미 임상실험(?)은 거쳤다. 평범한 주부인 우리 집사람도 이 책을 독파하는 데 하루도 걸리지 않았을 뿐더러, 교정과 비평을 부탁한 동료들도 이 책이 흥미롭고 쉽게 읽힘을 인정한 것이다.

그들이 나에 대해 기본적인 애정을 가지고 있음을 감안하더라도, 이는 고무적인 사실이 아닐 수 없다. 내가 철학 전문서적인 두 권의 번역서를 낼 때, 나의 적극적인 만류에도 불구하고 우리 집사람이 교정을 도와주겠다고 나섰다가 몇 줄 읽지 못하고 잠들어 버렸던 것과 비교한다면 말이다.

각 장들은 독립적인 내용을 담고 있다. 따라서 어느 곳부터 읽든지 아무 문제가 없다. 다만, 2장의 「권리, 덕, 권위 그리고 체벌」과 3장의 「병역 vs 출산, 군 가산점제」는 순서대로 읽기를 권한다. 두 장의 내용에 연속성이 있는 부분이 있기 때문이다. 6장의 「식인종과 고려장」과 7장의 「위안부들은 진정 강제로 끌려갔는가?」도 마찬가지이다.

나의 논리 전개와 견해에 동의하든 비판적 견해를 취하든 간에, 독자 여러분이 이 책을 읽어나가는 동안 세계를 바라보는 나름의 견해와 가치관을 확고히 할 수 있기를 기대한다. 『철학 땅으로 내려오다』가 철학사임을 눈치 챈 독자가 거의 없는 것과 마찬가지로, 이 책이 철학적 사고를 베이스로 깔고 있음을 간파할 수 있는 독자는 드물 것이라 생각한다. 사실 철학이란 저 세계의 심오한 이야기가 아니라 주변의 것들에 대한 '따져 묻기'이기 때문이다.

무엇보다 먼저 책의 출판에 도움을 주신 철학과현실사 사장님과 직원 여러분들께 감사드린다. 사장님께는 마음의 빚이 있었는데, 많은

18

독자 여러분이 이 책을 사랑해 주심으로써 그것을 말끔히 씻어낼 수 있기를 기대한다. 내 동료이자 벗인 이동욱 박사와 이선열 박사, 그리고 나의 제자인 김가희 양은 이 책의 교정과 비평에 노력을 아끼지 않았다. 그들에게도 진심으로 감사의 마음을 전한다.

언제나 그렇듯이, 내가 하는 모든 일의 가장 든든한 동반자는 내가 가장 사랑하는 아내이다. 그녀는 언제나 나를 믿고 존경해 준다. 믿음만큼 소중한 지원군은 없으리라. 게다가 그녀는 내 존재의 큰 기둥인 수민이와 하늘이의 엄마이기도 하다. 이 책을 그녀에게 바친다.

2011년 1월에
흰 눈이 곱게 쌓인 경기도 광주의 아름다운 우리 집 서재에서

차례

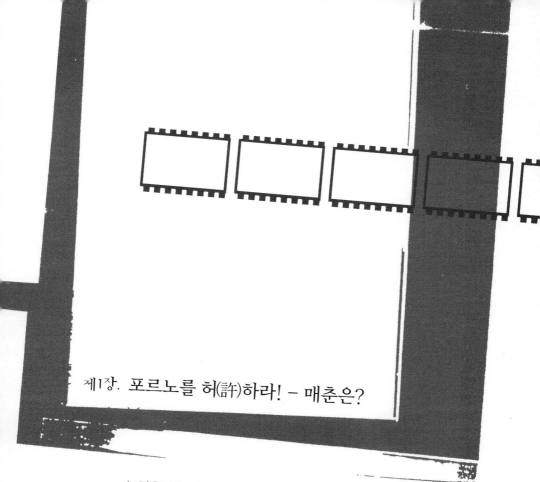

제1장. 포르노를 허(許)하라! – 매춘은?

제1장. 포르노를 허(許)하라! – 매춘은?

여기에서 나는 사회적으로 금기시되는 성(性)적인 분야에 대해 논의하고자 한다. 우리나라가 개방사회로 진행되면서 이 분야에 대한 논의도 천천히 수면 위로 등장하고 있기는 하지만, 여전히 보수적인 우리 사회에서 이러한 논의를 공개적으로 한다는 것 자체가 이단시되고 있는 것도 사실이다. 철학자가 사회에 대해 논의하면서 이런 주제를 다루는 것 자체를 천박하다고 생각할 사람들도 또한 적지 않을 것이다.

하지만 성이란 인간이 피해 갈 수 없는 운명적인 것이다. 피할 수 없으면 받아들여야 하고, 즐겨야 한다. 먹는 것을 예로 들어보자. 인간들은 예로부터 돼지를 천한 동물로 여겨 "배부른 돼지보다는 배고픈 소크라테스"를 외쳐왔지만, 먹어야만 하는 것은 인간에게 피할 수 없는 운명이다. 뭐니 뭐니 해도, 그리고 아무리 아름답게 포장해도 사회문제의 대부분은 그것과 연결되어 있다. 따라서 그러한 운명을 받아들이고, 나아가 그것을 즐기는 것이 행복의 지름길이다.

이런 점에서 먹는 것에 대한 공개적 논의가 필요하고 또 상당 부분 진행되어 있는 것과는 달리, 성적인 것은 아직까지도 매우 비밀스럽고 사적인 영역으로 간주되고 있다. 그 이면에는 성적인 것을 뭔가 부끄럽고 떳떳치 않게 여기는 생각이 숨어 있다. 『맹자』에서는 "먹는 것과 성적인 것은 자연스러운 본능이다(食色性也)."라고 말하고 있다. 어쩌면 인간의 삶에서 먹는 것 다음으로 자연스럽고 필수적인 부분을 부담스럽게 여기고 있는 것이다.

부담스러워하고 숨기는 자세로는 그것을 긍정적으로 받아들이고 즐길 수 없다. 게다가 무언가를 올바로 즐기기 위해서는 공개적인 논의가 필요하다. 개인보다는 집단의 지혜가 더 나은 길로 인도할 것은 분명하기 때문이다. 내가 성적인 것에 대한 논의를 하려는 첫 번째 이유는 바로 이것이다.

독자 여러분이 무엇보다도 궁금해하는 것은 왜 굳이 포르노와 매춘이라는 주제를 골랐는가 하는 점일 것이다. 대중의 호기심을 자극하기 위해서? 저자 자신이 성적인 것에 관심이 많기 때문에? 아니면 포르노와 매춘이 사회적으로 정말 중요한 문제라서?

세 가지 모두 옳다. 포르노와 매춘이 사회적으로 어떤 중요성을 지니고 있는가는 논의 과정에서 차례로 밝혀질 것이다. 그 중요성을 포르노와 매춘이라는 주제로 드러내는 이유는 당연히 대중들, 그 가운데에서도 특히 이 책의 예비 독자들의 호기심을 자극하기 위해서이다. 그리고 내가 성적인 것에 관심이 많은 것도 또한 사실이다. 뒤에서 자세히 밝히겠지만, 나 역시 관음증(觀淫症)을 유발하고 강요하는 사회의 희생양 가운데 하나이기 때문이다.

나는 언제나 특정 사안에 대해 설명할 때 사례만큼 좋은 방법은 없다고 역설해 왔다. 사례가 얼마나 친근하고 흥미로운가에 따라 설명의 성공 여부가 결정되기 때문이다. 내가 여기에서 다루고자 하는 표면적인 주제는 성(性)과 관련된 것이며, 포르노와 매춘은 이 사안과 관련해서 가장 유용한 대표적 사례인 것이다.

포르노와 매춘은 성적인 측면에서 사회적으로 가장 문제가 되는 두 가지 화제이다. 동성애나 스와핑 같은 문제 또한 존재하지만, 포르노나 매춘에 비하면 그 해당 범위나 파급력이 약하다고 할 수 있다. 또한 동성애나 스와핑 등에 관련된 문제들에 대해서도 포르노와 매춘이라고 하는 주제에 대해 논의하는 동안 해결의 실마리를 찾을 수 있을 것이다.

논의는 세 가지 방향으로 이루어질 것이다. 첫째는 성적인 것 일반에 대한 담론이며, 둘째는 우리 사회의 기본 이념과 그 특징을 밝히는 작업이다. 그리고 마지막으로 이 두 가지가 결합되어 현실적으로 어떤 결론을 도출하는지, 포르노와 매춘을 주제로 설명할 것이다.

1. 관음증을 강요하는 '문명 세계'

성(性)은 많은 사회에서 가장 은밀한 것으로 여겨지는 분야이다. 그리고 그것은 사람들이 함부로 언급하거나 관심을 가져서는 안 되는 금기(禁忌)의 대표이기도 하다. 하지만 그것은 동시에, 최소한 성인들에게는, 삶에서 떼려야 뗄 수 없는 부분이기도 하다.

성적인 것을 금기시하는 풍습은 다양한 사회적 현상으로 이어진다. 가장 대표적인 것은 성과 관련된 신체 부위에 대한 노출을 꺼리거나 혹은 엄격하게 금지하는 현상이다. 그런 문화를 가진 사회의 구성원들은 어릴 때부터 그러한 노출을 하는 행위는 천박하고 부끄러운 짓이라고 교육받는다.

성적인 행위에 대해서는 더욱 그러하다. 성행위 자체는 언제나 숨겨야 할 것이고, 남이 보지 않는 곳에서만 은밀하게 이루어져야 한다. 그리고 그에 대해 이야기하는 사람에게는 경멸의 눈빛을 보낸다. 성행위에 대한 묘사는 오직 대중의 흥미를 끌기 위한 저급하고 통속적인 것으로만 간주된다.

이러한 이유 때문에 대부분의 문화권에서는 거의 모든 욕이 성적인 것과 관련되어 있다. 심한 욕일수록 더 노골적인 성행위에 대한 묘사를 담고 있거나 혹은 당사자와 가까운 사람과의 성관계를 암시하게 한다. 그리고 그러한 욕을 듣게 되면 거의 본능적으로 흥분과 적대감을 느끼게 된다.

하지만 이러한 행위와 관습에 대해 따져 물어보면 아무런 근거가 없다는 것을 쉽게 알 수 있다. 다만 사회화 과정에서 너무나 어릴 때부터 그런 것들이 당연한 것으로 학습되었기 때문에, 어느 누구도 쉽게 공론화하거나 따져 묻지 못할 뿐이다.

만약 그런 관습이 타당한 근거를 가진 합리적인 것이라면, 우리 신체의 일부는 저주받은 것인가? 남에게 보여서는 안 되는 부끄러운 부분이 우리 몸에 달려 있는 것인가? 그렇지 않다면 여섯 째 손가락처럼 다른 사람에게는 없는 비정상적인 것을 가지고 있기 때문에 숨기는 것인가?

나는 성년이 되면서 우리 사회의 이러한 모습에 대해 조금씩 의문의 눈길을 보내기 시작했다. 그리고 이러한 의심은 철학을 공부하면서, 그리고 사람들의 이중적인 태도를 보면서 더 심해지기 시작했다. 평상시에는 허벅지만 조금 보여도 부끄러워하던 사람들이, 수영장에 가면 정말 손수건 두세 장만 한 부분만을 가리고 당당하게 다니지 않는가?

허벅지나 엉덩이의 일부를 드러내는 것이 부끄러운 일이라면, 그것이 특정 장소에서는 허용되어도 좋은 이유는 무엇인가? 그곳에 가면 문제가 되는 신체 부분의 성질이 바뀌는 것은 아닐 텐데 말이다. 또한 그것을 드러내는 것이 진정으로 부끄러운 일이라면 공중목욕탕에서 이성이 아닌 동성들과 함께 목욕하는 것은 어떠한가?

독자 여러분께서도 느꼈을지 모르지만, 이 문제를 다루면서 나는 유독 많은 질문을 던지고 있다. 사실 그것들은 내가 스스로에게 던져보았던 질문이다. 그리고 그에 대해 보수적인 기성세대가 할 만한 답을 제시해 보았지만, 전혀 납득할 수가 없었다. 나 역시 사회화의 과정을 거친 사람이기에 본능적으로 수긍하려 하다가도, 철학자로서 따져 물어보면 그 답들이 전혀 근거 없는 것임을 발견하곤 했던 것이다.

우리와 반대의 문화를 가진 집단을 생각해 보자. 대표적인 사례로는 얼마 전에 선풍적인 관심을 모았던 〈아마존의 눈물〉이란 TV 프로그램을 들 수 있다. 당시 제작진들은 그들의 '원초적' 모습에 눈을 어디에 두어야 할지 몰랐다고 한다. 만약 우리의 관습이 옳다면 그 집단의 사람들은 비정상적이고 제정신이 아닌 사람들이다. 부끄러워해야 할 것을 모르고 당당하게 노출을 하고 사니 말이다.

그런데 실제로 요즘 TV에서는 그런 원주민 집단을 어렵지 않게 목격할 수 있다. 우리는 어떤 존재가 정상이 아니라고 생각하다가도, 그런 존재를 자주 목격하고 그 모습에 익숙해지게 되면 그에 대해 다소간이나마 관대해지고, 반성적으로 생각해 볼 여유를 가지게 된다. 과거에 그런 집단의 생활을 처음 접했을 때보다 지금처럼 여러 프로그램에서 자주 접할 수 있게 되면서 사람들의 생각도 많이 바뀌었음은 당연하다.

이제 많은 사람들은 우리가 정상이고 그들이 비정상인 것이 아니라, 그저 생활방식의 차이라고 생각하게 되었다. 하지만 그들을 인정하게 됨과 동시에 우리 자신에 대한 반성이 진행될 수밖에 없다. 그들처럼 벗고 사는 것도 아무 문제가 없다면, 신체의 특정 부위를 반드시 가리고 부끄러워할 필요는 없다고 할 수 있다. 그렇다면 우리는 왜 그러한 관습을 가지고 있는가?

여기에 대해서 이른바 '문명 세계'에 사는 사람들은 그렇게 해야만 성적 욕구를 적절히 억제해서 난잡한 성행위들을 통제할 수 있다고 대답할 수도 있을 것이다. 하지만 이에 대해서는 즉각적으로 반론이 가능하다. 신체 노출을 꺼리지 않는 집단이라고 난잡한 성생활로 인해 사회의 존립이 위협받거나 혹은 개인의 인권이 침해되는 것은 아니기 때문이다. 오히려 '문명 세계'에서야말로 구성원들의 관음증을 자극하여 성적 욕구를 과도하게 부풀린다.

조선시대의 경우를 생각해 보자. 남녀를 불문하고 모든 사회 구성원들이 노출을 극도로 꺼리던 상황에서 혈기가 넘치는 젊은 남성이 우연히 드러난 여성의 어깨나 허리를 보게 된다면 어떨까? 당연히 엄청난 성적 호기심과 자극을 느낄 것이다.

하지만 현대의 경우는 어떠한가? 여름이면 어깨나 허리 부위를 노출하고 다니는 여성이 거리에 넘쳐난다. 남성이라면 누구나 그런 모습에 무관심할 수는 없겠지만, 아무리 혈기 넘치는 젊은 남성이라도 최소한 조선시대의 그 남성만큼 성적 호기심과 자극을 느낄 리는 없다. 이유는 간단하다. 익숙하기 때문이다. 충분히 익숙해지기 전에는 그 자극이 더 컸을 것이고, 더 익숙해지면 그 자극이 줄어들 것이라는 점은 너무나 쉽게 예측 가능하다.

별것도 아닌 노출이라도 그것이 엄격히 금지되어 있는 사회에서는 성적 욕구를 강하게 자극하는 원인이 될 수 있다. 금지되어 있기 때문에 호기심과 환상이 생기는 것이다. 주변에서 흔히 볼 수 있다면 호기심을 가질 이유는 전혀 없으며, 친근하게 접할 수 있다면 환상도 생겨나지 않는다.

그렇다면 우리가 극도로 금기시하고 꺼리는 부위의 노출은 어떠한가? 몇 년 전 미국에서 일부 여성들이 "여성에게도 탑리스(topless)를 허용하라!"라고 주장했다는 기사를 본 적이 있다. 사실 이 기사와 관련해서는 "토플리스를 허용하라고 주장했다."라고 되어 있어서 너무나 의아해했던 기억이 훨씬 생생하다. 나는 토플리스가 뭔지 너무나 궁금해하다가, 유학을 마치고 돌아온 후배에게 물었더니, 그녀가 "웃통 벗는 거요"라고 설명해 주어서 비로소 그것이 탑리스임을 알게 되었다. 콩글리쉬의 비극인 셈이다.

어쨌든 미국 여성들의 그 요구는 받아들여지지 않았다. 하지만 나는 납득할 수 없었다. 더운 여름날 남성들에게 웃통 벗는 것이 허용된다면, 여성들에게 그것이 금지되어야 할 이유는 무엇인가? 남성들의 성적 욕구를 자극하기 때문이라는 어설픈 대답은 곤란하다. 그것은 대답 당사자가 철저한 남녀차별주의자임을 보여주는 것일 뿐이기 때문이다.

그런 대답에는 남성만이 성적 욕구를 느끼고 행사하는 적극적 주체이고, 여성은 수동적인 대상에 불과하다는 생각이 깔려 있다. 여성이 오랜 세월 차별받아 온 역사로부터 자유로울 수 없는 현재는 그것이 분명한 사실이라 하더라도, 남녀평등이 이루어진 정의로운 사회에서라면 여성도 남성과 마찬가지로 성적 욕구의 적극적 주체일 수 있어야 한다. 여성이 웃통을 벗는 것이 남성의 성적 욕구를 자극하기 때문에 금지되어야 한다면, 그 역도 당연히 성립되어야 마땅하다.

얼마 전 나는 외국의 해변에서 인상적인 장면을 목격한 적이 있다. 한 젊은 서양 여성이 너무나 당당하게 가슴을 드러내고 걷고 있는 모습을 본 것이다. 그곳은 누드 비치도 아니었다. 비키니를 입은 여성들은 많았지만, 그녀처럼 상반신을 다 드러낸 여성은 없었다. 그런데 당당하게 걷는 그녀의 모습은 너무나도 자연스러웠다. 몇몇 사람들이 힐끔거리며 쳐다보기도 했지만, 대다수 사람들은 별 반응을 보이지 않았다.

나는 처음에 그녀가 가슴에 뭔가 장식품을 하고 있다고 생각했다. 그런데 자세히 보니 가슴에는 아무것도 없었다. 그저 가슴이 아주 크고 멋지게(?) 생겨서 내가 그런 착각을 한 것이었다. 앞서 말한 대로 '문명 세계'에서 학습 및 강요된 관음증의 희생양 가운데 하나인 내게는 좋은 구경거리였지만, 두 가지 이유 때문에 그녀의 가슴에 집중했던 시선을 돌리게 되었다. 첫째는 위에서 말한 사람들의 반응 때문이었고, 둘째는 그녀가 워낙 당당하게 걷고 있었는지라, 보는 데 전혀 어려움도 없었을 뿐 아니라 잠시 동안 지켜보니 별로 특별하게 볼 것도 없었던 것이다.

같은 날, 나는 또 다른 사건을 목격했다. 역시 젊은 서양 여성이었는데, 비키니의 끈이 풀어져 엉덩이가 잠깐 드러났다. 나는 그녀의 바로 옆에 앉아 있었고, 우연히도 그녀 쪽을 보고 있었기 때문에 그 모습을 적나라하고도 세세하게(?) 목격할 수 있었다. 그녀는 너무나 당황하며 주저앉아서는 비키니 끈을 다시 묶었다. 그러자 이전의 경우와는 달리 좀 아쉬운 기분이 들었다.

그녀는 젊고 예쁘게 생겼지만, 사실 엉덩이가 뭐 볼 것 있는 것도 아니다. 만약 그녀가 앞 상황의 여성처럼 애초부터 당당하게 엉덩이를 드러내고 있었다면 그런 기분은 들지 않았을 것이다. 잠시 드러냈다가 당황하면서 감추는 모습이 관음증을 자극하여 아쉬움을 낳은 것이다. 조선시대에 우연히 여인의 어깨나 허리를 잠시 엿본 남성의 경우처럼 말이다.

그러자 만약 내가 누드 비치에 있었다면 어땠을까 하는 생각을 해보았다. '문명 세계'의 희생양들이라면 누구라도 처음에는 매우 어색하고 쑥스러워할 것이 틀림없다. 아니, 그곳에 동화되는 것 자체를 매우 힘들어하거나 심지어는 동화되지 못하는 사람도 있을 것이다. 하지만 일단 동화되고 나면 해변에서 가슴을 당당하게 드러냈던 그 여인을 바라보던 시선으로 모든 사람들을 바라볼 수 있을 듯했다. 그리고 그곳을 경험했던 사람들의 증언도 또한 그러했다.

이와는 다소 다르면서도, 동일한 교훈을 준 경험이 두 가지 있다. 하나는 몇 년 전 내가 관여했던 회사의 직원들과 갔던 사이판 여행에서의 일이다. 당시에는 함께 갔던 여성들이 매우 적극적이어서, 누드 비치에 가보고 싶다고 말하곤 했다. 하지만 그곳에는 누드 비치가 없었다. 그래서 그녀들의 강력한 제안으로 스트립쇼를 하는 곳에 마지못해(?) 가본 적이 있다. 정말 너무나 늘씬하고 아름다운 여성들이 어둠 속에서 전라(全裸)로 춤을 추는데, 처음에는 너무나 좋은 구경거리였지만, 시간이 지나면서 역시 시들해지기 시작했다. 이유는 앞의 상황과 동일했다.

또 한번은 남대문 옆의 북창동이라는 곳에 있는 술집에 갔던 일이다. 북창동은 아가씨들이 이른바 '쌈박하게' 쇼를 하기로 유명한 곳이다. 당시 고등학교 동창 선후배들과 몇 차례 자리를 옮겨가며 술자리를 하고 있었는데, 사업으로 크게 성공한 한 후배가 형님들을 좋은 곳으로 모시겠다며 데리고 간 자리였다. 이번에도 나는 억지로(?) 끌려갔는데, 그곳에서 일하는 여성들은 정말 '쌈빡한' 쇼를 보여주었다.

먼저 테이블에 올라가 거침없이 옷을 전부 벗어 던진 그녀들은 나체 상태로 마치 스파이더맨처럼 벽을 타고 다니는 것이었다. 정말 쇼킹한 장면에 한동안 넋을 잃고 바라보았지만, 결과는 역시 마찬가지였다. 그녀들은 전혀 부끄러움 없이 신체의 모든 부분을 과할 정도로 보여주었는데, 시간이 지나면서 그런 상황에 점차 흥미를 잃게 된 것이다.

물론 스트립쇼도 그렇고 북창동의 술집 쇼도 그렇고, 그곳을 나오고 나서는 다시 한번 가보고 싶다는 생각도 들지만, 냉정하게 생각해 보면 다시 가더라도 결과는 마찬가지일 것 같았다. 다시 가보고 싶다는 생각이 드는 것은 앞서 몇 차례 말한 것처럼 나 역시 이 사회가 강요한 관음증의 희생양이기 때문이다.

이 두 가지 경험은 내가 상상한 누드 비치의 그것과는 공통점과 차이점을 동시에 가지고 있다. 먼저 차이점을 살펴보도록 하자. 스트립쇼나 북창동의 경우는 관음증을 충족시키기 위한 방편일 뿐이다. 상대방 여성은 인격체로서의 의미는 상실한 채 단순한 성적 쾌락의 도구가 되어 버리고 만다. 반면 누드 비치의 경우에는, 처음에는 물론 관음증의 여파가 영향을 주겠지만, 시간이 지나면서 관음증은 정화되고 서로가 서로를 인격체이자 동료로서 자연스럽게 대하게 된다. 상대방은 내 성적 욕구 충족의 도구가 아니다. 그저 가장 편하고 자연스러운 상태로 상대방을 마주 대하고 있을 뿐이다.

공통점은 지속적인 노출이 가져오는 효과이다. 그것은 바로 흥분과 긴장의 소멸이다. 물론 스트립쇼와 술집의 경우에는 관음증 충족을 위한 흥분과 긴장의 소멸이고, 누드 비치의 경우에는 사회화 과정을 통해 학습해 온 것과는 전혀 다른 새로운 경험을 통해 노출에 대한 부담에서 벗어남으로써 긴장이 소멸되는 것이기는 하지만 말이다.

두 경우 모두 시간이 지나고 나면 다시 한 번 동일한 경험을 하기를 바랄 것이다. 그러나 그 동기는 전혀 다르다. 전자의 경우는 관음증의 충족이 동기일 것이며, 그 결과는 지루함과 실망감일 것이다. 이러한 부정적 결과의 도래 시간을 늦추거나 혹은 그것 자체를 부인하기 위해서는 술의 힘을 빌려야 한다. 반면 후자의 경우는 그것을 통해 맛보는 해방감과 자연스러움이 동기일 것이며, 술의 힘을 빌리지 않더라도 시간이 갈수록 만족감은 커질 것이다.

결국 우리 신체의 일부를 감추어야 할 부끄러운 것으로 치부하고 그 사실을 사회화 과정 속에서 교육하는 사회는 관음증을 부추길 뿐이다. 인간은 금지된 것, 숨겨져 있는 것에 대한 호기심을 느끼고 그것을 추구하는 경향이 있다. 이른바 '금지된 장난' 심리인 것이다. 금지하면 금지할수록, 감추면 감출수록 그에 대한 호기심과 그것을 엿보고자 하는 충동은 커져만 간다.

이와 관련해서 특기할 만한 사실은 이렇게 감추어진 것에 대한 호기심과 충동이 커지면 커질수록 그 대상이 이상화된다는 점이다. 옷속에 숨겨진 모든 여성들의 몸매는 TV나 잡지에 등장하는 모델들의 그것처럼 '쭉쭉빵빵'하고, 모든 남성들의 복부에는 초콜릿 복근이 있기를 희망한다. 이런 기대가 커지면, 그에 미치지 못하는 사람들은 당연히 더욱 움츠러들어서는 자신의 몸에 대해 부끄러움을 느끼게 된다. 관음증을 조장하는 사회는 동시에 대다수의 구성원들로 하여금 자기 비하에 빠지도록 만드는 것이다.

모든 사람이 어떤 상황에서나 옷을 벗어야 한다고 주장하는 것은 절대로 아니다. 추우면 당연히 옷을 껴입어야 하고, 멋을 내고 싶은 사람도 자신이 좋아하는 옷을 입을 수 있다. 내가 말하고자 하는 바는 옷을 입는 이유가 부끄럽기 때문이라고 교육하는 사회는 올바른 길을 택하지 못하고 있다는 점이다. 사회의 존재 목적이 구성원들의 행복이라면 말이다.

현재 우리 아이들은 다섯 살, 세 살이다. 아이들이 옷을 벗을 때, 우리 집사람이 "그러면 창피해"와 같은 내용의 말을 하면, 나는 그러지 말 것을 충고한다. 아가들의 몸은 어느 한곳 예쁘고 소중하지 않은 곳이 없다. 나에게뿐 아니라 그들 자신에게도 말이다. 나는 그런 인식이 잘못된 교육에 의해 왜곡되지 않기를 바란다. 아주 작은 부분이라도, 그리고 성장해서도 아이들이 자신의 몸에 대해 부끄러워하고 창피할 필요가 없을 뿐 아니라 그래서도 안 된다.

첫째인 우리 딸은 아빠에게 엉덩이를 까 보여주는 장난을 좋아한다. 그러면 나는 딸에게 가끔 "아빠한테 몇 살까지 엉덩이 보여줄 거야?"라고 묻곤 한다. 딸아이는 "40살까지 보여줄 거예요."라고 대답한다. 정말 그랬으면 좋겠다. 우리 아이들이 언제까지고 자신의 모든 부분을 사랑하며, 소중하고 자랑스럽게 여기기를 바란다.

자신에 대해 이유 없는 부끄러움을 가지지 않는 사람들로 이루어진 사회에서라면 옷을 입고 벗는 것이 순전히 실용적인 이유와 개인의 선택에 달려 있을 것이다. 앞서 말한 미국 여성들의 경우처럼, 벗기를 원한다면 누구나 벗고 다닐 수 있어야 한다. 실제로 자기 몸의 일부 혹은 전부에 대한 부끄러움이 없다면, 그리고 그런 감정과 생각을 강요하는 사회화가 없다면 그런 행위는 너무나 자연스러운 것이다.

남녀의 평등이라는 결정적 전제조건이 있기는 하지만, 그런 사회에서는 숨겨진 부분에 대한 환상이나, 그에 기인한 관음증도 또한 없을 것이다. 그 결과로 성적 충동이 지나치게 확대 재생산되거나 왜곡되는 일 또한 현저히 감소하여, 바바리맨과 같은 비정상적인 현상 역시 사라질 것이다. 역으로 그런 사회로 진행되어 갈수록 남녀의 평등이라는 이상에 가까워질 가능성도 또한 높아질 것이다. 둘은 시너지 효과를 내는 것이다.

2. 닫힌 성관계와 열린 성관계

이제는 성관계 자체에 대해 논할 차례이다. 이 문제와 관련해서는 내가 경험한 사건 하나를 소개하면서 논하는 것이 좋을 듯하다. 10년 전쯤 학생들과 이 문제에 대해 토론 수업을 하고 있었을 때의 일이다. 나는 학생들에게 "성관계를 맺는 것이 테니스를 한 판 치는 것과 다를 게 무엇인가?"라고 물었다. 학생들은 경악했다.

토론 수업에서 선생의 가장 중요한 역할 가운데 하나는 토론의 불씨를 당겨주는 것이다. 반성적 사고의 능력도 부족할뿐더러 그럴 기회조차 없었던 학생들에게 심리적인 쇼크를 줌으로써 학생을 지적 혼란 상태에 빠지게 하는 것이다.

그 작업에는 많은 경우 분노를 유발하는 작업이 동반된다. 예를 들면, "여성이 군대에 안 가는 것은 뭔가 남성에 비해 부족한 점이 있기 때문이지요?"라고 말함으로써 참여한 여학생들의 감정을 자극한 후, 그에 반발하는 학생에게는 "능력이 같다면 왜 의무를 동등하게 수행하지 않지요? 게다가 자신을 보호해 주는 사람을 신사라고 생각한다는 것은 결국 자신이 보호받아야 하는 부족한 존재라는 전제를 깔고 있는 것 아닌가요?"라고 되받아치는 식이다.

논리적 훈련의 과정에서 이보다 더 효과적인 방법은 없다. 선생이 주장하는 내용에 대한 학생의 본능적 거부감이 크면 클수록 그에게 상대방, 즉 선생의 의견을 '박살내버려야겠다'는 결의 또한 커지기 때문이다. 물론 무력을 사용할 수는 없다. 무기는 논리뿐이다. 그러나 지적으로 혼란 상태에 빠져 있는 것은 바로 자신이다. 이 경우 그가 택할 수 있는 유일한 방법은 최선을 다해 그 혼란 상태를 극복하는 것이다.

선생을 보기 좋게 꺾어야 한다는 동기가 충만해 있기 때문에, 학생은 자신의 모든 지적 능력을 발휘해서 가능한 한 최선의 논리를 구축한다. 하지만 대개의 경우 학생은 부처님 손바닥 위에 있기 마련이다. 선생은 이미 학생이 어떤 답변을 할지 몇 가지 경우의 수를 예측하고 있다. 그리고 자신이 미리 짜놓은 시나리오대로 학생을 차근차근 인도해 나간다. 훌륭한 선생이라면 마땅히 그래야 하는 것이다. 인류의 위대한 스승인 소크라테스와 공자가 사용한 교육 방법도 그러한 것이었다.

그날의 질문 또한 그러한 의도를 담고 있었다. 하지만 적어도 선생인 나 스스로에게 있어서 그날은 다른 날의 수업과 좀 달랐다. 성이라는 문제와 관련해서는 나 자신도 많은 앎을 가지고 있지 못했기 때문이다. 내가 가진 것은 학생들보다 날카로운 논리와 열린 자세뿐이기에, 그것을 무기로 임기응변식의 대처를 해야겠다고 마음먹고 있었다.

수업은 나름 성공적이었다. 내가 미리 예정해 두었던 결론에 도달했기 때문이 아니다. 이 문제에 대해서는 애초부터 짜인 각본이란 없었다. 나는 단순히 문제를 제기했을 뿐이다. 학생들은 당연히 상식적인 신념에 의거한 대답을 했다. 테니스와 달리 성관계는 사랑을 기반으로 하고 있어야 한다고 말이다. 독자 여러분 가운데 대다수도 아마 그렇게 생각할 것이다.

나는 "왜 그래야 하지?"라고 물었다. 그날 학생들이 그러했던 것처럼, 독자 여러분 가운데 대다수도 질문의 의도 자체를 이해하기 힘들 것이다. 나는 "테니스를 반드시 사랑하는 사람과만 치는 것은 아니지 않은가? 그렇다면 왜 성관계는 사랑하는 사람과만 해야 하는가?"라고 물은 것이다. 그리고 이 질문의 의도 자체를 이해하지 못한 독자 여러분은 사랑하는 사이에서만 성관계가 이루어져야 함이 너무나 자명하다고 생각한 것이다.

하지만 논변에서 "그것은 자명하다."라는 말은 전혀 대답이 되지 못한다. 법정에서 판사가 검사에게 "저 사람이 범인임을 어떻게 알았지요?"라고 물었을 때, 검사가 "그것은 자명합니다."라고 대답한다면 어떻겠는가? 논변이 이미 벌어진 상황에서 자명함이란 전혀 근거가 될 수 없으며, 논변의 당사자들이 자명하다고 동의하는 문제에 대해서는 논변 자체가 성립되지 않는다.

주어진 문제에 대해 그것이 자명하다고 답하는 순간, 그 문제를 던진 사람은 이상한 사람이 된다. 누구나 알 수 있고 알아야 하는 너무나 당연한 것을 알지 못했기 때문이다. 하지만 문제를 던진 논의의 상대방은 선생이다. 그에게 "당신은 이상한 사람이요!"라고 말할 수는 없다. 질문을 왜 던지는지조차 알기 힘든 문제에 대해서도 말이다.

40~50년 전과 같은 폐쇄적인 사회였다면 선생이라고 예외는 아니었을 것이다. 일반적으로 받아들여지는 생각과 다른 주장을 하는 사람은 미친 놈 취급을 받을 뿐이다. 그런 사회는 매우 안정되어 있기는 하지만, 개혁이나 진보는 불가능하다. 흑백평등이나 남녀평등과 같이 지금은 보편적으로 타당성을 인정받는 주장조차도, 그것이 처음 제기되었을 때에는 '너무나도 자명한' 상식을 뒤엎는 획기적인 생각이었다.

자, 다시 논의의 주제로 되돌아가 보자. 자명하다는 대답이 불가능함을 깨달았을 때, 많은 학생들이 던지는 대답은 "성관계는 테니스가 아니잖아요."이다. 아마 독자 여러분도 그렇게 대답하고자 하는 욕구를 느낄 것이다. 그렇다면 올바로 대답이 되었다고 생각하는가? 이에 대한 검토를 위해 사족을 모두 빼고 대화 형식으로 기록해 보도록 하자.

　선생 : 성관계를 맺는 것이 테니스를 한 판 치는 것과 다를 게 무엇인가?

　학생 : 성관계는 사랑에 기초해야 합니다. 사랑 없는 성관계는 바람직하지 못합니다.

　선생 : 왜 반드시 그래야만 하지? 자네는 사랑하는 사람하고만 테니스를 치나? 농구나 온라인 게임, 바둑 등등도 마찬가지일세.

　학생 : 선생님, 성관계는 테니스나 게임이 아니지 않습니까?

자, 짧게 정리해 놓으니 문제점을 발견할 수 있는가? 학생은 많은 사람들이 생활 속에서 범하기 쉬운 대표적 오류 가운데 하나인 순환 논증의 오류, 혹은 선결문제의 오류를 적나라하게 보여주고 있다. 학생의 마지막 대답에 대한 나의 추가 질문은 "테니스나 게임과 성 관계는 무엇이 다르단 말이냐?"일 것이고, 학생은 다시 "성관계에는 사랑이 전제되어야 합니다."라고 대답할 것이다. 나는 또 "왜 그래야 하는데?"라고 묻는다.

이런 식의 문답에 끝이 있을 리 없고, 논쟁이 해결될 리 없다. 학생은 질문에 대해 전혀 대답을 하지 않은 셈이다. "너 몇 살이니?"라는 질문에 "저 사람보다 두 살 어려요."라고 대답하고, 다시 "저 사람은 몇 살인데?"라고 물으면 "저보다 두 살 많다니까요."라고 대답한다면, 질문에 전혀 답을 하지 않은 것이다.

결국 학생은 토론에 무의미한 "자명합니다"라는 대답을 하는 대신, 뭔가 나에 대한 반박의 근거를 제시하는 모양새를 갖추었지만, 의견을 달리하는 사람에게는 전혀 설득력 없는 자신의 신념을 재확인해 주었을 뿐이다.

어쨌든 수업에서 대다수의 학생들은 자신들의 근거 없는 폐쇄적인 사고를 느끼고 인정했으며, 대안을 찾고자 나름의 노력을 기울였다. 그런데 유독 말 없이 침울한 표정을 짓고 있던 한 학생이 있었다. 그때까지는, 아주 적극적이거나 명랑하지는 않았지만, 수업에 나름 진지하게 임하고 빠지지 않고 참여도 했던 학생이었다. 나는 다소 의아했지만, 수업 시간에 개인적인 대화를 하기도 그렇고 해서 모른 체하고 수업을 끝냈다.

수업이 끝나고 나서 그 학생이 나를 찾아왔다. 그리고 아주 진지하게 "선생님께서는 선생님의 부인이나 딸이 그런 식으로 성관계를 하더라도 용납하실 수 있겠습니까?"라고 물었다. 나는 "사회적 여건이나 상호성 등 몇 가지 조건이 필요하겠지만, 그것이 합리적이라고 생각한다."라고 대답했다. 그러자 그 학생은 다시 고개를 떨구고 돌아갔는데, 다음 시간부터는 그의 모습을 볼 수 없었다.

독실한 기독교 신자였던 그에게는 이러한 토론 자체가 충격적이었던 듯하다. 그리고 그가 보여주었던 풀 죽은 모습과 그를 다시 만나지 못하게 되었다는 사실은 가슴 아픈 기억 가운데 하나이다. 하지만 그 근본적 원인은 그의 종교적 신념에 내재된 독선적이고 폐쇄적인 태도와 가치관 때문이었다.

순진한 학생에게 이상한 질문을 하고 몰아붙인 것이 누군데, 적반하장 격으로 그를 독선적이고 폐쇄적인 사람으로 몰다니 참 파렴치하다고 생각할 독자도 있을 것이다. 그러나 상황을 분석해 보면 그렇지 않음을 쉽게 알 수 있다.

내가 말하고자 하는 개방적인 태도에 대해 오해해서는 안 되는 중요한 사실이 하나 있다. 나는 사회의 모든 사람들이 옷을 벗어버리고 노출을 해야만 한다거나, 혹은 성관계를 테니스나 게임과 같이 생각해야만 한다고 주장하는 것은 아니다. 입고 싶은 사람은 입되 벗고 싶은 사람에게 근거 없는 압박을 주어서는 안 되며, 성관계에 대해 진지하게 생각하고 싶은 사람은 그렇게 하되 가볍게 생각하고자 하는 사람에게 자신의 태도를 강요해서는 안 된다는 것이다.

선택권이 주어진다면 사실 나도 옷을 입는 쪽과 사랑과 결부된 성관계를 택할 것이다. 그러나 따져 묻기라는 반성적 사고를 통해 나와 다른 선택을 하는 사람이 있더라도 그를 비난해서는 안 된다는 결론을 얻은 것이다. 내가 그런 선택을 하게 된 중요한 이유 가운데 하나는 그런 가치관을 가진 사회 속에서 교육받고 성장해 왔기 때문이며, 앞으로 선택에 변화가 있을 수도 있는 가능성까지도 열어놓고 있다. 이러한 논리는 당연히 동성애나 스와핑, 트랜스젠더 등과 관련된 논의에까지 확대 적용될 수 있다.

반면 상대의 태도는 어떠한가? 성적인 노출은 수치스럽고 남에게 피해를 주기 때문에 금지해야 한다고 주장하지만, 그것이 왜 수치스럽고 피해가 되는지에 대해서는 납득할 만한 근거를 제시하지 않는다. 성관계에 대해서도 진지한 사랑에 기초했을 때에만 인정해야 한다고 말하면서, 왜 테니스나 게임과 달리 성관계는 사랑에 기초해야 하는지 설명해 주지 못한다.

이런 것이야말로 하나의 가치에 집착하는 폐쇄적이고 독단적인 태도이다. 그리고 그들의 독단 역시 위에 열거한 여러 가지 사례들에 확대 재생산된다. 그 학생의 경우는, 외관상 매우 순진하고 진지하기는 하나, 사회적 세력 관계에서 자신보다 약한 사람과 동일 주제로 토론을 하게 되었을 경우에는 상대방의 문제 제기 자체를 인정하지 않고자 했을 것임에 틀림없다. 위의 상황에서 그가 불쌍해 보이는 이유는 내가 선생이었기 때문일 뿐이다.

사실 역사적으로 보더라도, 로맨틱한 사랑과 성관계는 그리 밀접한 관계가 없다. 우리 부모님 세대만 하더라도, 대다수의 결혼이 중매로 이루어진 것은 말할 나위도 없고, 얼굴도 제대로 보지 못한 상태에서 예식을 올린 경우도 허다하다. 그런 상황에서는 성관계가 사랑에 기반을 두고 있었을 리 만무하다. 어떤 식으로든 사랑이 생겼다면, 그것은 아마도 성관계에 수반한 결혼관계의 부산물 혹은 결과물이었을 것이다.

사랑이라는 개념 또한 애매하다. 어느 정도의 지속성과 헌신이 있어야 사랑이라 할 수 있는가? 만난 지 몇 달 혹은 며칠 만에 사랑을 느껴 결혼에 이르는 커플도 적지 않다. 만약 그들이 사랑을 느껴 성관계를 가진 후, 마음이 변해 결혼을 하지 않게 된다면 그것은 사랑에 기반을 둔 성관계인가 아닌가? 결혼에 골인한 관계만이 사랑으로 인정받아야 한다고 주장하는 것이 아니라면, 사랑이라는 개념의 애매성을 인정해야만 할 것이다.

테니스나 게임도 아무하고나 하지는 않는다. 하기 싫은 사람을 협박해서 그런 일을 하도록 한다면 그것은 분명한 범죄이다. 당사자들이 서로에게 일정 정도의 호감을 가지고 합의를 통해 게임이 성사되는 것이다.

성관계의 경우도 마찬가지이다. 같이 있기도 싫은 사람과 관계를 맺지는 않는다. 일방적인 강압에 의한 성행위, 즉 강간이 아니라면 성관계를 위해서는 당사자들이 일정 수준 이상의 호감을 느껴야 할 뿐만 아니라 관계에 동의해야 한다. 그것은 사랑이라고 부를 수 없는가?

대학원 시절, 불교 수업 시간에 자신이 관심 있는 내용을 조사해서 발표하는 과제를 부여받은 적이 있다. 나는 '불교와 성윤리'라는 주제로 발표를 했는데, 조사 과정에서 아주 흥미로운 사실을 발견했다. 지역과 집단에 따라 다양한 성윤리가 존재한다는 것 정도야 쉽게 짐작할 수 있었지만, 그 격차가 상상을 초월했던 것이다.

한쪽 극단에는 태평양의 섬 지역에 거주하는 집단이 있다. 그 집단 구성원들은 성관계에 대해 매우 개방적이고 긍정적인 태도를 가지고 있다. 심지어는 청소년들에게 성관계가 오락에서 매우 커다란 비중을 차지할 정도였다.

다른 쪽 극단에는 북유럽의 어떤 지역 사람들이 있었는데, 그들은 엄격한 종교적 규율의 지배를 받았다. 그들에게 성관계가 허용되는 유일한 경우는 아이를 잉태하기 위한 '신성한' 목적을 가졌을 때뿐이다. 부부 사이라 할지라도 쾌락을 위한 성관계는 엄격하게 금지되어 있다.

더욱 흥미로운 사실은 후자 집단의 경우, 구성원 가운데 다수가 알코올 중독에 빠져 있다는 점이었다. 이는 그 집단의 구성원들이 엄청난 욕구불만과 스트레스에 시달리고 있다는 증거이다. 끊임없이 솟아나는 자연스러운 욕구를 인위적으로 억제하기 위해서는 더 강한 중독성의 무언가가 필요했던 것이다.

시집살이 고되게 한 며느리가 시어머니가 되면 자기 며느리도 시집살이 시키는 법이다. 자신을 억압하는 강력한 규율에 신음하는 사람들은 타인에 대해서도 과도한 도덕적 기준을 적용하는 경향이 있다. 자신들 스스로가 그 규율의 희생양이면서도, 오랜 기간의 사회화를 통해 그에 동화되기 때문이다. 이러한 사회에서는 미혼모나 이혼 가정, 간통 등에 대해 엄청난 핍박이 가해지고, 그런 것들이 종종 사회문제가 되곤 한다.

반면 전자와 같이 성에 대해 개방적인 태도를 가진 사회에는 욕이 거의 없다. 앞서 언급한 것처럼 욕이란 대체로 사회의 금기와 관련되어 있으며, 대다수의 사회에서 가장 큰 금기는 성적인 것이기 때문이다. 성이 금기시되지 않는다면 그와 관련된 욕 또한 존재할 수 없는 것이다. 그뿐만 아니라 위에서 열거한 문제들에 대해서도 관대한 태도를 가지기 마련이다.

오직 성적인 요소만을 놓고 비교했을 때, 두 집단 가운데 어느 쪽이 더 행복할 것인지는 너무나 쉽게 짐작할 수 있다. 게다가 의학과 과학 기술의 발달은 성적인 것에 대한 개방적 태도에 갈수록 우호적인 분위기를 제공해 준다. 위생상의 문제나 임신에 대한 불안감으로부터 해방될 수 있게 된 것이다.

인간은 성적으로 해방된 유일한 존재이다. 다른 모든 동물은 오직 발정기에만 성관계를 하지만, 인간은 그에 전혀 구애받지 않는다. 인간의 삶에서 성적인 요소가 차지하는 비중이 적지 않다면, 그에 대해 적극적인 담론을 펼침으로써 폐쇄적인 태도로부터 개방적인 태도로 이행하는 것이 행복을 위한 필수조건 가운데 하나일 것이다.

3. 우리 사회의 기본 이념

이 글의 핵심 주제인 포르노와 매춘에 대해 이야기하기 전에 우리 사회의 기본 이념에 대해 먼저 확실히 설명하고 넘어가는 것이 좋을 듯하다. 법적인 문제에 대한 논쟁이 벌어지면 상위법에 비추어 판단하고, 그 상위법에 대해서도 논란이 있을 경우 최상위법인 헌법에 의거해 논쟁을 해결한다. 마찬가지로 우리가 다루는 여러 가지 현실적인 문제를 해결하는 최종적인 열쇠는 우리가 사회의 기본 이념이라고 동의할 수 있는 원칙일 것이다.

그렇다면 우리 사회의 기본 이념은 무엇일까? 어떤 원칙을 제시한다고 해서 사회 구성원 모두가 동의할 수 있기는 할까? 이 문제에 대한 실마리를 얻기 위해 헌법전문(憲法前文)의 내용을 먼저 살펴볼 필요가 있다. 헌법전문에서는 다음과 같이 적고 있다.

유구한 역사와 전통에 빛나는 우리 대한국민은 3 · 1운동으로 건립된 대한민국임시정부의 법통과 불의에 항거한 4 · 19 민주이념을 계승하고, 조국의 민주개혁과 평화적 통일의 사명에 입각하여 정의 · 인도와 동포애로써 민족의 단결을 공고히 하고, 모든 사회적 폐습과 불의를 타파하며, 자율과 조화를 바탕으로 자유민주적 기본질서를 더욱 확고히 하여 정치 · 경제 · 사회 · 문화의 모든 영역에 있어서 각인의 기회를 균등히 하고, 능력을 최고도로 발휘하게 하며, 자유와 권리에 따르는 책임과 의무를 완수하게 하여, 안으로는 국민생활의 균등한 향상을 기하고 밖으로는 항구적인 세계평화와 인류공영에 이바지함으로써 우리들과 우리들의 자손의 안전과 자유와 행복을 영원히 확보할 것을 다짐하면서 1948년 7월 12일에 제정되고 8차에 걸쳐 개정된 헌법을 이제 국회의 의결을 거쳐 국민투표에 의하여 개정한다.

평소 별 관심이 없던 헌법전문을 처음 읽어보고 의아해할 독자들이 많을 것이다. 평화, 정의, 동포애, 행복과 같은 애매하고도 추상적인 말들 속에서 우리 사회의 기본 이념을 어떻게 찾아낼 수 있다는 말인가? 그리고 설사 그것을 찾아낸다 해도 그것과 포르노 및 매춘의 관계를 어떻게 밝혀낼 수 있다는 것인가?

그런데 전문에서는 친절하게도 "자유민주적 기본질서를 더욱 확고히 하고"라고 밝혀주고 있다. 이 말을 좀 더 자세히 풀이하면 우리 사회의 기본 이념은 '자유민주'이고, 우리가 그에 입각하여 평화와 정의, 그리고 국민의 행복 증진에 노력해야 한다는 것이다. 그렇다면 '자유민주'는 모두가 동의할 수 있는 우리 사회의 기본 이념인가? 이 말도 너무 애매하고 추상적인 것은 아닌가?

여기에서 말하는 '자유민주'란 당연히 자유주의와 민주주의의 합성어이다. 다시 말해서 우리 헌법에서는 자유주의적 민주주의에 의해 운영되는 사회를 추구하고 있음을 천명하고 있는 것이다. 어떤 사회나 조직도 민주주의적으로 운영되어야 한다는 데 이의를 제기할 사람은 없을 것이다. 그렇다면 자유주의적인 민주주의란 무엇을 의미하는가? 이에 정확히 대답하기 위해서는 자유주의에 대해 정확히 이해할 필요가 있다.

자유주의란 사회 정치적으로 중세와 근현대의 획을 그을 만한 사조이다. 근대 이전에는 국가의 운영 원리가 종교적이고 형이상학적인 원리로부터 도출되었다. 왕은 하늘의 뜻을 받들어 백성을 다스리고, 백성은 왕의 통치에 복종하는 것이 곧 우주의 도리이자 이법이었던 것이다.

이러한 형이상학적 이념이 만민평등이나 국민 전체의 행복에 기여했을 리 없다. 그 이념이란 결국 왕과 소수 귀족 및 성직자들의 이익에 봉사하는 것이었다. 가끔 훌륭한 군주가 등장하기는 했지만, 그것은 어디까지나 우연적인 사건일 뿐이었다. 면죄부로 상징되는 사건에서 알 수 있듯이, 성직자들까지 자기 집단의 이익을 위해 백성들을 속이고 착취하는 마당에, 소수 지배 집단에게 정의로운 통치를 기대할 수는 없었다.

이런 사회에서 지배 집단을 제외한 사회 구성원들에게 자유란 꿈도 꿀 수 없었다. 피지배자들에게는 생명마저도 자신의 것이 아니었던 것이다. 피지배 집단과는 분명히 달랐지만, 지배 집단의 구성원이라 하더라도 현대에서와 같은 자유를 바랄 수는 없었다. 특정 신분으로 태어나면 그에 맞는 삶을 살아야 했던 것이다. 정승 집안의 자식이 가수가 되겠다고 하거나, 양갓집 규수가 군인이 되겠다고 할 수는 없었다.

그러나 역사는 자유와 평등, 그리고 정의가 확대되는 쪽으로 발전해 왔다. 중세적 지배 구조의 붕괴를 알리는 시발점이 된 대표적 사건은 마그나 카르타(대헌장)였다. 아이러니컬하게도 그 사건의 본질은 지배층 내부의 분열이었다. 귀족들이 왕에게 대항한 것이다.

13세기 초 영국의 귀족들은 왕에게 자신들의 신체와 재산의 자유를 보장할 것을 집단적으로 요구하였다. 세금을 거두려면 세금을 내는 귀족과 신하의 동의를 얻어야 하고, 자유민을 탈법적으로 임의로 체포하거나 처벌해서는 안 된다는 것이었다. 왕과 귀족의 관계가 상명하복의 관계에서 계약관계로 변한 것이다. 그리고 이러한 관계는, 당시 왕과 협상을 한 귀족들의 의도와는 전혀 무관하게, 더욱 보편

적인 것으로 확산되기 시작하였다.[1]

자유주의는 사회보다 구성원 개개인을 중시한다. 타인이든 아니면 집단이든 간에, 구성원 개인의 자유[2]에 간섭하는 것이 정당할 수 있는 유일한 방법은 그 사람의 동의를 구하는 것뿐이다. 마그나 카르타에서 귀족들이 요구한 것이 바로 그것이다. 왕이라 하더라도 당사자의 동의 없이 사회 구성원의 재산을 침해해서는 안 되며, 구성원들의 합의에 의해 만들어진 법에 근거하지 않고 구성원을 체포, 구금하거나 처벌해서는 안 된다는 것이다.

사회와 그 운영 규칙은 자유로운 구성원들 간의 합의와 계약에 의해 구성되며, 사회나 규범의 존재 목적은 구성원들의 자유를 보호하고 증진시키는 것이다. 궁극적인 가치는 구성원들 개개인의 행복 증진이요, 사회나 규범은 그 도구인 것이다.

그러한 사회에서 최고의 죄악은 타인의 자유권을 침해하는 것이다. 신체적 자유를 침해하는 납치나 살인, 강간, 감금, 고문 등과 재산의 자유를 침해하는 강도, 절도, 사기 등이 그 구체적인 사례이다. 국가와 사회, 그리고 그 규범의 존재 이유는 바로 이런 것들을 방지하여 구성원들의 행복을 보장하는 것이다.

이러한 대원칙은 개인들 간의 관계에도 적용된다. 모든 개인은 자

---

1 자유주의에 대해서는 『철학 땅으로 내려오다』 4, 5부에서 자세히 설명해 놓았다. 더 자세한 내용을 알고 싶은 사람들은 그 책을 참고하기 바란다.
2 여기에서 말하는 개인의 자유는 신체의 자유와 재산의 자유이다. 흔히 신체적 자유와 정신적 자유를 말하고 싶어 하지만, 정신적 자유는 본질적으로 침해할 수 없는 것이다. 자세한 내용은 『철학 땅으로 내려오다』에서 설명하였으므로, 여기에서 되풀이하지 않겠다.

신의 신체와 재산을 마음대로 사용할 수 있다. 단 하나의 예외 조항은 타인의 자유를 침해해서는 안 된다는 것이다. 이것이야말로 자유주의 사회에서 모든 규범이 정초해야 하는 대원칙이다. 오직 타인에게 피해를 주는 행위에만 간섭하여 처벌하고 규제해야 하는 것이다.[3]

자유주의의 등장과 발전은 폐쇄적인 사회에서 개방적인 사회로의 전환을 의미한다. 중세적 사회에서 구성원들의 선택지는 언제나 닫혀 있고 결정되어 있었지만, 계약이 지배하는 사회에서는 그 반대인 것이다. 폐쇄적인 사회에서는 구성원이 자신에게 주어진 것 이외의 다른 선택을 하고자 하면 그에게 그 필연성을 증명할 것을 요구한다. 아니, 사실은 증명의 기회조차도 주어지지 않고 배척당하였다. 하지만 개방적인 사회에서는 구성원의 자유로운 선택에 대해 이의를 달고자 하는 사람이 그 이유를 설명하고 증명해야 한다.

오랜만에 어려운 표현을 썼으니, 이해가 되지 않는 분들이 많을 것이다. 하지만 내가 누구인가? 철학을 땅으로 끌어 내린 사람 아닌가? 걱정하지 마시라. 언제나 그러하듯이 한 방에 이해가 될 만한 사례들을 통해 둘 사이의 차이점을 설명해 보도록 하겠다.

여성들이 온 몸뿐 아니라 얼굴까지 가리고 다녀야 했던 사회에서는 깨인 여성이 그 관습에 저항하고자 하면 그녀에게 "여성들이 얼굴을 가리고 다니는 것은 하늘의 도리이자 이법(理法)이다. 그것은

---

3 적절한 번역어가 없지만, 거칠게나마 옮겨보면 이것을 '해악의 원리(principle of harm)'라고 부른다.

성현들[4]의 말씀에 나타나 있다. 천지의 이치를 어기면서까지 그렇게 한다면 금수와 다를 바가 무엇이겠느냐? 고얀 년, 당장 저 년을 멍석말이하여 내쳐라."라는 판결이 내려질 것이다.

좀 더 잘 이해가 되도록 현대적인 버전으로 번안해 보도록 하자. 이 상황은 밥을 주식으로 하는 어떤 집에서 하루는 아들이 밥 대신 국수를 먹겠다고 하자, 아버지가 "고얀 놈. 인간은 모름지기 밥을 먹고 살도록 되어 있거늘, 이법에 어긋나는 이상한 음식을 먹고자 하다니, 네놈은 짐승만도 못하구나. 당장 나가거라."라고 말한 꼴이다.

폐쇄적인 사회에는 구성원 개인의 의사나 선택과 무관한 규범이 이미 존재하고 있다. 구성원들은 그에 반대하거나 반항하기는커녕, 그에 대해 의문을 제기할 수조차 없다. 불가피한 정당한 이유가 있다면, 기존의 규범을 철석같이 믿고 있는 나머지 모든 구성원들에게 그 불가피성을 설명해야만 한다.

이를 앞서 논의한 노출이나 성관계에 적용해 보자. 폐쇄적인 사회에서는 신체의 전부 혹은 특정 부위의 노출에 대한 금기가 이미 존재할 경우, 노출 자체는 물론이거니와 그에 대해 나처럼 따져 묻고 논쟁을 벌이는 것조차 죄악시된다. 자신들도 웃통을 벗을 수 있게 허가해 달라고 요구한 미국 여성들의 주장은 일고의 가치도 없는 헛소리일 뿐이다.

---

4 사회에 따라 '성현들'은 '신'으로 대치되기도 한다.

성관계의 경우는 당연히 더 심하다. 부부관계가 아닌, 게다가 사랑하지도 않는 사람과 성관계를 맺는 사람은 금수와 다를 바 없다. 천부적으로 부여받은 성을 인위적으로 조작하거나 혹은 이성끼리 맺도록 되어 있는 관계를 동성과 맺는 자들에 대해서는 말할 필요조차 없다.[5]

반면 자유주의적인 사회에서는 역으로 다른 구성원의 자유로운 선택에 이견을 달고자 한다면, 그 사람에게 증명의 책임이 주어진다. 문제 삼고자 하는 선택이 어떤 식으로 타인의 자유를 침해하는지 입증할 수 없다면 타인의 행위에 간섭해서는 안 되는 것이다.

독자 여러분은 노출과 성관계에 대해 개방적 태도를 가져야 한다는 나의 앞선 주장이 자유주의적 원리에 입각하고 있음을 눈치챘을 것이다. 노출의 경우, 바바리맨처럼 타인이 혐오하는 광경을 억지로 보여주는 경우에만 제재의 대상이 된다(물론 완전 개방화된 사회에서는 바바리맨도 존속할 수 없을 것이다). 단순히 보기 싫다는 것과 같이 개인적 기호에 해당하는 이유만으로 타인의 자유에 제한을 가하고자 해서는 안 된다.

개인적 취향을 이유로 타인의 행위를 제약하고자 한다면, 1970년대 우리나라에서 그랬던 것처럼 머리를 기르는 것도 단속과 처벌의 대상이 될 것이다. 사람들이 싫어하는 옷을 입거나, 듣기 싫어하는 소리로 웃어서도 안 된다. 문신도 처벌받아야 하고, 피어싱이나 염

---

5 이상할 것도 없지만, 이 규범에 대해서도 남성과 여성에게 적용되는 방식은 전혀 달랐다.

색도 마찬가지이다. 매니큐어는 어떨까? 이런 식으로 나가다보면 결국 중세의 신분제 사회에서처럼 모두가 획일적으로 행동하는 수밖에 없다.

물론 여기에서 '혐오'라고 하는 것의 기준이 문제가 된다. 우리보다 자유주의의 세례를 훨씬 듬뿍 받은 미국에서조차도 남성들에게만 웃통 벗기를 허용하는 것을 보면, 결국 그 기준 또한 기존의 관습에서 자유로울 수 없는 듯하다. 그러나 우리가 자유주의의 원리를 인정하고 그것을 더욱 철저하게 적용해 본다면, 내가 도출한 것과 같은 결론은 필연적이다.

내 몸과 재산에 관한 한, 그리고 타인의 자유를 침해하지 않는 한, 모든 것은 나의 선택에 달려 있다. 두 사람 혹은 그 이상이 함께하는 행위에서는 행위 당사자들의 합의만 있으면 된다. 동성애를 하든, 스와핑을 하든, 도박을 하든, 매춘을 하든,[6] 낙태를 하든[7] 아무 상관이 없다. 모든 것은 자유이다.

폐쇄적인 사회에서는 정해진 것만이 허용되지만, 자유주의적인 사회에서는 타인에게 피해만 주지 않는다면 무엇이든 자신이 선택하기에 달려 있다. 지위나 신분의 제약은 없다. 과거에는 양갓집 규수로 태어나면 반드시 현모양처의 길을 걸어야 했지만, 이제는 어떤 집안에서 태어나든 자신이 원하는 직업을 택할 수 있다. 과거에는

---

6 도박과 매춘은 사실 그렇게 단순한 문제가 아니다. 이에 대해서는 뒤에서 매춘에 대해 논의하면서 자세히 설명할 것이다.
7 낙태와 관련해서는 중대한 이견이 있을 수 있다. 태아를 타인으로 본다면 낙태는 당연히 금지되어야 한다. 낙태가 자유라는 이 주장은 태아가 아직은 사람이 아니라는 전제에 기반한다. 이에 대해서는 낙태를 다루는 장에서 자세히 설명하겠다.

남편과 사별하면 반드시 수절을 해야 했지만, 이제는 마음에 드는 남성을 납치하거나 희롱하지만 않는다면 무엇이든 할 수 있다. 당사자들이 합의하기만 한다면 아들뻘 되는 총각과 다시 결혼을 해도 무방한 것이다.

이제 헌법전문에서 명시한 우리 사회의 근본 이념에 대해 충분히 이해가 되었으리라 본다. 이러한 근본 이념에 동의하면서 노출이나 성관계에 대한 나의 주장에 반대하는 사람은 둘 사이의 논리적 정합성에 대해 나보다 더 잘 증명할 책임을 가진다. 그렇지 않다면 자신이 여전히 폐쇄 사회의 틀에서 벗어나지 못했음을 고백해야 할 것이다.

4. 포르노를 허(許)하라!

1) 자유주의의 원리와 포르노

자, 이제 여러분이 이 책을 읽는 데 결정적 동기를 제공했을지도 모르는 포르노 이야기로 서서히 들어가보도록 하자. 본격적인 논의에 앞서 이 말의 정의를 정확히 내리고 시작하는 것이 좋겠다. 포르노란 포르노그래피(pornography)의 줄임말로, 사전적 정의에 따르면 "벌거벗은 사람들이나 성행위를 보여줌으로써 성적인 흥분을 불러일으킬 목적으로 제작된 책이나 잡지 혹은 영화"를 가리킨다.

이 글의 제목에서 암시하는 바처럼 현재 우리나라에서 포르노의 제작과 유통은 법으로 금지되어 있다. 이곳저곳에서 너무나 쉽게 접할 수 있는 포르노물을 고려할 때, 그러한 법적 조치의 정당성은 그 만두고라도 현실성에 대해 의문이 들지 않을 수 없다. 하지만 그럼 에도 그러한 법적 조치는 우리 사회에서 너무나 당연하게 받아들여 지고 있는 듯하다. 그런데 포르노물은 왜 금지되어야 할까?

포르노의 정의를 읽고 가장 먼저 든 의문은 그 경계에 대한 것이 다. 동네 DVD 대여점에만 가더라도 에로 영화 파트에는 위의 사전 적 정의에 너무나도 충실한 영화들이 넘쳐난다. 또한 작품성을 인정 받는 유명 감독의 영화도 전부 혹은 일부가 그 정의를 충족시키기에 부족함이 없는 경우가 허다하다. 그런데 왜 그것들은 제작과 유통을 금지하지 않는 것일까?

사실 따져보면 사전적 정의 자체에 애매하기 짝이 없는 부분이 몇 곳 존재한다. 누구에게 성적인 흥분을 일으켜야 포르노인가? 경찰 인가, 검찰인가, 아니면 국가기관의 검열관인가? 작품을 보고 그들 중 일부만 흥분을 해도 포르노인가, 아니면 전부가 흥분했다고 합의 해야 포르노인가? 동네 DVD 대여점의 에로물이나 노출이 심한 영 화를 보면 그들은 흥분하지 않는가?

그리고 노출과 관련된 논의에서 이미 밝힌 것처럼, 어렵게 구한 작품에서 은근히 감추는 듯이 해주어야 흥분이 되는 법이지, 노골적 인 노출을 너무 쉽게 자주 접하게 되면 흥분이 사라지는 법이다. 이 는 실제로 미국에서 포르노물을 이용한 임상 실험을 통해 입증된 사 실이다. 그렇다면 포르노 여부를 판가름하는 사람들은 점차 해당 작 품에서 느끼는 흥분이 줄어들 것이고, 따라서 시간이 지날수록 관대 한 기준을 가지게 되는 것은 아닐까?

그 다음으로 드는 의문은 작품의 제작 목적에 대한 것이다. 사실 목적이나 의도는 당사자 외에는 아무도 알 수 없다. 포르노 여부를 심사하는 사람들이 성적 흥분을 강하게 느끼고 제작자가 외설적인 내용을 전파할 목적으로 만든 작품이라고 판단한 반면, 제작자는 그 사실을 부인할 경우에는 어떻게 되는가? 제작자를 고문해서 이실직 고하도록 해야 할 것인가?

이러한 문제점들 때문에 결국 기준은 노출의 수위로 결정될 수밖에 없다. 이 역시 논란의 여지가 너무나 많은 문제이다. 어느 정도 노출을 해야 포르노인가? 많은 사람들이 성관계를 노골적으로 묘사하고 성기를 노출하면 포르노라고 말할 것이다. 그런데 요즈음에는 케이블 TV에서도 그런 영화를 너무나 쉽게 볼 수 있다. 차이점이 있다면 문제가 되는 부분을 모자이크 처리했다는 사실뿐이다.

그렇다면 제작 의도나 과정 혹은 실제 노출의 정도야 어떻든 간에, 모자이크 처리하거나 가리기만 하면 포르노물 아닌 것이 되는가? 최근에는 에로물들 간에도 경쟁이 심해지다 보니, 더 자극적인 작품이 아니면 살아남지 못하는 경향이 있는 듯하다. 하지만 포르노물로 낙인 찍혀서는 안 되므로, 그쪽 제작자들도 특단의 대책을 강구하고 있다. 내용으로 보나 화면으로 보나 포르노와 큰 차이가 없는데, 교묘한 각도에서 찍거나 혹은 출연자들이 손으로 문제 부분을 가리는 등의 방법으로 심의를 피해 가는 것이다. 그런 방법이 통용되는 것은 아무 문제가 없는가? 오히려 그런 방식이 호기심과 충동을 더 자극하는 것은 아닌가?

가끔 언론에서 특정 영화의 강한 노출을 언급하면서, 외설인가 예술인가, 시비가 일 때가 있다. 사실 내가 보기에는 예술작품을 만드는 감독도 흥행을 전혀 의식하지 않을 수는 없으므로 작품의 일부를 그쪽에 할애하는 경우가 많은 듯하다. 그렇다면 작품 전체는 예술이더라도, 그 일부는 외설일 수도 있다.

하지만 그와 무관하게, 어차피 그런 작품이 미성년자에게 공개되지 않음을 전제한다면 그 판단은 온전히 관객의 몫이어야 하고, 또 관객들 개개인 간에도 다른 판단을 내릴 수 있다. 그런데 왜 그 판단을 다른 사람들이 대신 해준단 말인가? 이 사회의 시민들은 아무리 나이가 먹어도 그들만큼의 판단 능력을 가지고 있지 못하단 말인가? 나는 그런 상황에 대해 분개하지 않는 대다수 시민들을 이해할 수 없다.

노출과 성관계에 관한 논의에서 내가 취했던 강력한 입장을 견지하지 않더라도, 포르노 금지 조치에 대한 다음과 같은 의문은 너무나 정당한 듯하다: 우리나라 헌법에서 표방하고 있는 자유주의에 입각한 개방적 사회라는 이상에 동의한다면, 포르노물의 제작과 유통에서 타인의 자유를 침해하지 않는 한 그 불법성의 근거를 어디에서 찾을 수 있는가?

원치 않는 사람을 강제로 데려다가 포르노물을 제작했다면 이는 말할 것도 없이 불법이다. 싫다는 사람을 졸졸 따라다니면서 포르노물을 보여주고 구입을 강권하는 것도 마찬가지이다. 논란의 여지가 있지만, 미성년자를 대상으로 포르노물을 전시 혹은 상영하거나 판매하는 행위를 금지하는 조치가 타당함을 인정한다 하더라도, 정당한 과정을 통해 제작한 포르노물을 원하는 사람에게 유통시키는 것까지 막는 것은 자유주의의 원칙에 어긋나는 것 아닌가?

　요즘은 차를 몰고 가다 보면 성인용품점을 어렵지 않게 발견할 수 있다. 그곳에 미성년자의 출입은 당연히 허용되지 않는다. 원치 않는 사람에게 들어갈 것을 강제하거나 내용물을 억지로 보여주지도 않는다. 물건을 구경하고 또 때에 따라서는 구입할 의사가 있는 성인만이 그 가게에 출입한다면 아무 문제가 없는 것이다. 이는 포르노에 대해서도 또한 마찬가지이다.

　이는 인터넷 상의 컨텐츠에 대해서도 예외가 아니다. 팝업 창 등을 통해 원치 않는 사람에게 포르노물을 강권하는 등의 행위에 대해서는 철저한 대비책을 강구하고 엄중한 처벌을 하면 문제될 것이 전혀 없다. 우리 사회에는 분명 포르노물을 관람하고자 하는 사람들이 다수 존재한다. 포르노의 제작과 유통이 정당한 과정을 통해 이루어진다는 기본 전제가 충족되면, 그들이 포르노를 보는 행위를 금지해야 할 이유 역시 전혀 없다. 그것을 금지한다면 이는 우리 사회의 근본 이념인 자유주의의 원리에 어긋나는 것이다.

　그들은 타인의 자유를 침해하지 않았다. 그들이 그러한 작품을 감상하고자 하는 것은 개인적인 욕구일 뿐이다. 사회에서 이른바 '점잖은' 사람들은 자신들의 취향만이 고상하고, 그와 다른 것은 저급하거나 타락한 것이라고 생각하는 경향이 있다. 포르노도 또한 그 가운데 하나에 불과하다.

　물론 그렇게 생각하는 것도 자유이다. 듣지 않는 곳에서 포르노를 보는 사람들을 개인적으로 욕하는 것도 자유이며, 공개적인 토론의 장에서 포르노에 대한 자신의 적개심과 분로를 열정적으로 피력하는 것도 또한 자유이다. 그러나 자신과 다른 '저급한' 취향을 가지고 있다고 해서 그 사람들의 선택에 제한을 가한다면, 이는 분명 우리 사회의 기본 이념과 어긋나는 것이다.

물론 '점잖은' 분들의 입장에서도 할 말은 있을 것이다. 사회에 마약을 원하는 사람들이 상당수 존재한다고 해서 마약을 용인해야 하는 것은 아니다. 그들은 마약에 의해 중독되어 왜곡된 욕구를 가지게 된 것이기 때문이다. 포르노를 보고자 하는 것도 욕구가 왜곡되었기 때문이라고 반박할 수도 있다. 인간이란 본래 '점잖은' 본성을 가지고 있는데, 그들은 어떤 후천적 요소에 의해 잘못된 욕구를 가지게 되었다는 것이다.

하지만 앞서 이미 설명한 것처럼, 개방사회에서는 이런 경우 증명의 책임을 '점잖은' 측에서 져야 한다. 그들은 먼저 포르노가 마약처럼 당사자뿐 아니라 주변 사람들에게까지 피해를 줌을 입증해야 한다. 그리고 또한 포르노에도 중독성이 있어서, 한번 빠지면 벗어나기가 거의 불가능함을 증명해야 한다.

그러나 그것을 객관적으로 입증하기는 쉽지 않다. 백 보 양보해도, 마약과 달리 포르노의 유해성 여부는 언제나 논란의 대상이었다. 그리고 앞서 언급한 미국의 실험에서처럼, 포르노는 마약과 정반대의 결과를 낳을 가능성이 크다. 마약은 점점 그 강도와 양을 늘려야 하지만, 포르노의 경우는 마음껏 볼 수 있는 환경이 마련된다면, 얼마간의 시간이 지난 후에 싫증을 낼 가능성이 높다.

만약 '점잖은' 사람들의 주장처럼 그들의 욕구가 왜곡된 것이라면, 그 이유를 따져볼 필요가 있다. 누구나 가지고 있는 신체의 일부를 노출하고, 성인이라면 누구나 욕구를 느낄 뿐 아니라 실제 중요한 삶의 한 부분인 성관계를 하는 것에 대해 그리 관심을 가지고 흥분을 느끼면서 엿보고자 하는 이유는 무엇일까? 그 이유는 내가 앞에서 이미 설명한 것과 같이 우리 사회가 관음증을 유도하고 강요하기 때문일 것이다.

논의가 이쯤 진행되면, 언제나 자라나는 새싹들에 대한 이야기가 나온다. 포르노물에 대해 염려하는 사람들이 그것을 금지해야 하는 이유로 손꼽는 가장 중요한 이유는 청소년 보호이다. 아이들이 음란물에 노출될 경우 악영향을 받을 수 있다는 것이다.

그러나 포르노가 아이들에게 악영향을 준다는 주장을 설사 인정한다 하더라도, 그로부터 포르노의 제작과 유포를 전면 금지해야 한다는 결론은 나오지 않는다. 성장기 아이들에게 유해함이 객관적으로 입증된 것은 한두 가지가 아니다. 대표적 사례로는 술과 담배를 들 수 있다. 하지만 그것이 청소년에게 유해하다고 해서 제작과 유통을 전면 금지하지는 않는다. 다만 청소년들이 그것을 접하지 못하도록 대책을 강구할 뿐이다. 왜 포르노에 대해서만 그리 극단적인 조치를 취하는가?

포르노가 전면 금지되어 있다고 해서 아이들이 포르노에 접하지 못하는 것은 절대 아니다. 어른들도 금지된 것에 대해서는 더욱 호기심을 느끼는 법인데, 아이들은 오죽하겠는가? 성장기의 청소년들 사이에서는 사회에서 금지된 것을 행하는 것을 용기로 오인하는 경우가 많다. 그리고 알다시피 우리나라가 폐쇄사회를 지향하지 않는 한 그들이 금지된 것을 구하는 용기를 발휘할 수 있는 길은 얼마든지 열려 있다.

많은 청소년들이 자신들에게 금지된 술과 담배를 하는 이유는, 최소한 그것을 시작할 당시에는, 그것이 좋아서가 아니다. 나도 고등학교 졸업 무렵에 담배를 피우기 시작했고, 술도 본격적으로 마시기 시작했지만, 처음에 술을 마시고 담배를 피웠을 때 그로부터 원하던 기쁨을 얻은 것은 아니다. 처음 시도하는 사람에게 술은 당연히 쓰고, 담배는 맵다.

그러나 그들은 참고 계속한다. 어른들이 그것들을 그리 즐기는 것을 보면 뭔가 비밀스러운 맛이 숨겨져 있을 것이라고, 그리고 그 맛을 알아내기 위해서는 어느 정도 고통의 시간을 견뎌야 한다고 생각한다. 그리고는 마침내 그 맛을 발견하게 된다.

하지만 실제로 숨겨진 맛이 있어서 각고의 노력을 통해 그것을 찾아내게 된 것인지, 아니면 오랫동안 참고 하다 보니 그에 익숙해지고 중독되어 맛이 있다고 생각하는 것인지는 알 수 없다. 시어머니의 시집살이나 매까지 중독되는 법이니 말이다. 게다가 엄격히 금지되어 있기 때문에 숨어서 해야 하는 쾌감도 그 과정에 큰 몫을 한다. 죄의식은 쾌감을 배가시켜 주는 원인이 될 수도 있다.

나는 주변에 있는 아이들에게 아주 어릴 때부터 술을 주곤 했다. 장난이 아니다. 교육적인 목적이 숨어 있는 것이다. 그들은 아무 제약이 없이 주어질 경우에 모든 술에 대해서 거부감을 보였고, 특히 소주나 위스키같이 독한 술에 대해서는 진저리를 쳤다. 많은 아이들이 대학에 입학하면 술에 탐닉한다. 그동안 금지되어 있어서 할 수 없었거나 혹은 숨어서 해야 했던 것을 떳떳이 공개적으로 할 수 있다는 기쁨이 큰 이유일 것이다. 그러나 어릴 때부터 술을 권유받고 자란 아이들은 술에 그리 탐닉하지 않는다.

포르노도 또한 그럴 것이라 생각한다. 물론 이는 앞서 논의한 노출과 성관계에 대한 사회적 인식과 커다란 상관관계를 가지고 있다. 두 가지에 대해 열린 자세를 견지하는 사회에서 아이들이 그런 것들에 대해 지금처럼 커다란 호기심을 가지고 충동을 느끼지는 않을 것이다.

포르노물에서 흔히 볼 수 있는 비정상적이고 변태적인 성행위가 문제라는 반박이 제기될 수 있다. 자극적인 포르노물에만 물들면, 변태적인 성행위를 정상적인 것으로 오해할 가능성이 있다는 것이다. 그러나 이 또한 노출에 대해 논의하면서 이미 다룬 내용이다. 정상적이고 자연스러운 것을 이미 알고 있다면, 이른바 '비정상적이고 변태적인 것'을 목격했을 때 그 정체를 너무나 쉽게 알아볼 수 있을 것이다. 그러기 위해서는 다양한 사람들의 몸이 노출되고, 자연스럽게 성관계를 하는 모습을 접할 수 있는 작품들이 많이 등장할 필요가 있으며, 개방적인 사회에서는 당연히 그렇게 될 것이다.

그런 점이 걱정된다면 관음증을 강요하는 폐쇄적인 사회의 벽을 깨고 성장기의 아이들에게 우리 몸과 성을 자연스럽게 바라보도록 교육해야 한다. 현재처럼 이 두 가지를 부끄럽게 여기고 금기시하는 풍토에서는 바람직한 성교육조차 쉽지 않다. 포르노를 전면 금지하는 것은 절대로 바람직한 해결책이 못 된다.

노출과 성에 대해 개방적 풍토가 확고히 자리를 잡게 되면, 아마도 포르노라는 명칭 자체가 무의미해질지도 모른다. 다양한 사람들이 다양한 모양의 신체를 가지고 살아가는 세상이 자연스러움을 몸으로 느끼고, 또 성관계라는 것도 그 자연스러운 생활의 일부임을 알게 될 것이기 때문이다. 물론 변태적인 성인물은 그때도 여전히 살아남겠지만, 그것은 아마도 소수 마니아 층의 전유물이자, 동시에 사람들이 일상의 권태로움에서 탈출하고자 할 때 한 번씩 감상하는 소일거리가 될 것이다.

학생들과 이 문제에 대해 토론을 할 때면 나는 학생들에게 "그래, 포르노물은 좀 봤어요?"라고 묻곤 한다. 학생들은 대체로 난색을 표하며, 거의 본 적이 없다고 대답한다. 여학생들의 경우는 훨씬 심하다. 그러면 나는 "본 적도 없는데, 그것이 좋은지 나쁜지를 어떻게 알지요?"라고 묻는다.

물론 학생들은 당황한다. 그리고 궁여지책으로 "마약이 나쁜지를 꼭 해봐야 아나요?"라고 대답한다. 나는 씩 웃으면서, "마약과 포르노는 다른 차원의 문제이지요. 마약의 유해성은 의학적으로 검증되고 사회적으로 합의가 이루어졌지만, 포르노 문제는 아직 논의 중이지 않나요?"라고 되묻는다. 학생들은 곤경에 빠진다.

10년쯤 전에 내게 배웠던 한 여학생은 포르노를 본 적이 있다고 당당하게 대답했다. 그래서 내가 어떻게 보게 되었는지 물었더니, "고등학교 2학년 때 엄마가 보여주셨어요. 우리들끼리 몰래 보면 더 좋지 않다고 하시면서, 제 방에서 혼자 볼 수 있도록 해주셨어요."라고 대답했다. 정말 현명하고 합리적인 어머니라고 생각했다. 그리고 나 스스로도 궁금해하는 학생들에게 포르노물이 담긴 CD를 빌려주어 학습(?)을 도운 적이 있다. 그것이 자유주의 사회의 이념에 맞는 올바른 교육이기 때문이다.

2) 언론과 표현의 자유, 포르노, 그리고 검열

포르노 얘기하다가 갑자기 웬 언론과 표현의 자유냐고 의아해할 독자가 있을 것이다. 사실 언론의 자유와 표현의 자유는 불가분의 관계에 있으며, 포르노 문제는 언제나 표현의 자유와 맞물려 있다. 그리고 이 두 가지 자유에 관한 논쟁은 곧바로 검열과 관련된 것이기도 하다.

일부 독자들은 검열에는 반대하면서도, 언론과 표현의 자유에는 일부 제약이 있어야 한다고 생각할지도 모른다. 검열이라는 말이 주는 부정적인 어감 때문일 것이다. 아마 이 말을 '심의'라는 표현으로 바꾼다면 검열처럼 강하게 반대하지는 않을 것이다.

그러나 이는 엎어치나 메치나이고, 조삼모사에 불과할 뿐이다. '심의'라는 말은 '검열'보다 좀 더 폭넓은 의미를 담고 있기는 하지만, "그 노래는 심의에 걸렸다."처럼 이 주제와 직접적인 관련이 있는 표현뿐 아니라 "그 법안은 심의를 거쳐 통과되었다."처럼 이 주제와 무관해 보이는 내용도 결국은 '검열'과 같은 의미를 담고 있기 때문이다.

물론 검열에는 사전적(事前的)인 의미가 강하고, 심의는 사전적인 것과 사후적(事後的)인 것 두 가지를 모두 포괄할 수 있다는 차이가 있기는 하다. 그러나 이명박 정부 들어서 애초에 출범 자체가 문제시되었던 방송통신위원회가 광우병이나 4대강 사업, 그리고 천안함 사건에 대한 의혹 제기 등 정권에 비판적인 TV 프로그램에 대해 심의를 통해 연속적으로 중징계 결정을 내린 점을 보면, 그 권한이 정권에 주어졌을 때 두 가지는 큰 차이를 보이지 않기 마련이다.

여기에서 논의하고자 하는 문제는 자유주의를 기본 이념으로 하고 있는 사회에서 언론과 표현의 자유를 어디까지 허용해야 하는가이다. 경우의 수는 두 가지이다. 전혀 허용해서는 안 된다는 주장은 존재할 수 없으므로, 전면 허용과 일부 제약을 옹호하는 두 가지 입장이 있을 수 있는 것이다. 그리고 일부 제약을 옹호하는 입장은 검열 혹은 심의를 지지하는 것이기도 하다.

논의를 통해 전면 허용 쪽으로 결론이 난다면, 포르노에 대한 금지 조치는 당연히 철회되어야 할 것이다. 만약 부분 제약 쪽으로 결론이 난다면, 포르노가 그 제약 대상에 포함되는가를 검토해 보아야 할 것이다. 중요한 점은 부분 제약이 필요하다는 결론이 난다 하더라도, 그것이 곧바로 포르노 금지로 이어지는 것은 아니라는 점에 주목할 필요가 있다는 사실이다.

독자 여러분은 어느 쪽을 택하려는가? 내가 직접 대답을 듣지 않아도 여러분의 의중을 대충 안다. 대다수의 독자 여러분은 부분 제약의 편에 설 것이다. 이유는 간단하다. 학창 시절 윤리 교과서에서 배운 대로, "자유는 방종과 다르기 때문에…"로 시작할 것이다.

좋다. 일단 한 발 물러서서 여러분의 의견을 수용한 상태에서 논의를 진행해 보자. 부분 제약의 필요성을 받아들일 경우, 두 가지 문제가 제기된다. 첫째는 어떤 기준에 의해 어떤 부분에 대해 제약을 가할 것인가 하는 점이고, 두 번째는 누가 그 기준을 정하고 운용할 것인가이다.

여기에 대해서도 여러분의 대답은 어느 정도 예측 가능하다. 첫 번째 문제에 대해서는 '국익' 혹은 '공익'에 배치되는 경우에 언론과 표현의 자유를 제약해야 한다고 대답할 사람들이 대다수일 것이고, 두 번째 문제에 대해서는 정부라고 대답해야 마땅할 것이다.

첫 번째에 대해서는 "대다수일 것이다"라고 사실적인 표현을 썼으면서, 두 번째에 대해서는 "정부라고 대답해야 마땅하다"라고 당위적인 표현을 쓴 데에는 이유가 있다. 두 번째 문제에 대해 제약의 주체를 정부가 아닌 개인이나 집단으로 설정하는 데에는 무리가 따르기 때문이다.

정부가 아닌 또 다른 개인이나 단체로 하여금 언론을 제약하도록 할 경우, 그 기관 또한 힘을 가지지 않으면 안 된다. 제약의 당사자인 언론이 통제에 복종하지 않을 경우, 그것을 굴복시킬 수 없다면 부분적으로나마 제약을 가해야 한다는 당위 자체가 무의미해질 것이기 때문이다. 이렇게 될 경우, 정부의 공권력 이외에 또 하나의 권력이 생겨 혼선을 빚을 가능성이 크다.

그렇다고 해서 그 기관과 언론 간에 의견 차이가 생길 경우, 그 해결을 정부로 대변되는 공권력의 손에 넘긴다면, 애초부터 통제권을 정부가 가지는 것과 큰 차이가 없어진다. 결국 둘 중 누구의 손을 들어줄지는 정부에 의해 결정되기 때문이다.

그렇다면 부분 제약론자들은 정부가 공익 혹은 국익에 어긋나는 경우 언론과 표현의 자유를 제약할 수 있고 또 그래야 한다고 주장해야 합리적일 수 있다. 그리고 이 주장은 표면상으로 볼 때 그럴싸해 보이기도 한다. 하지만 이러한 주장에는 심각한 문제점이 내포되어 있다. 그 문제점이 무엇인지를 정확하게 설명하기 위해서는 자유주의 사회에서 정부와 언론의 존재 이유를 먼저 이해할 필요가 있다.

우리 사회의 기본 이념인 자유주의에서는 모든 사회관계를 계약의 산물로 본다. 그 가운데에서 가장 중요한 것이 국가와 국민 간의 계약이다. 자유주의적 계약론에 따르면 국가란 본래부터 존재하는 실체가 아니다. 무법 상태에서 자신들의 자유가 침해될 것을 두려워한 국민들이 합의를 통해 만들어낸 존재이다.

하지만 국가가 생겼다고 해서 곧바로 구성원들의 자유가 보장되는 것은 아니다. 타인의 자유를 침해하는 사람들을 통제하기 위해서는 힘이 필요하다. 국민들은 자기 권리의 일부를 쪼개, 그것들을 모아서 국가에 양도한다. 5천만 국민이 자기 권리의 1퍼센트씩만 양도하더라도, 국가는 50만 명 분의 힘을 가지게 된다.

권리의 일부를 어떻게 양도하냐고? 먼저 국민들은 세금이라는 형태로 국가에 자기 재산권의 일부를 양도한다. 국가는 이 돈을 가지고 (다른 여러 가지 일에 사용하는 것은 물론이거니와) 경찰력과 군대를 비롯한 실질적인 힘을 확보할 수 있다. 다음으로 국민들은 국가에 계약을 어긴 구성원에 대한 통제권을 부여한다. 국가는 이 두 가지 과정을 통해 공권력을 확보하게 되는 것이다.

국가라는 공권력이 생겨남으로써 타인에 의한 자유의 침해는 상당 부분 걱정하지 않아도 좋게 되었지만, 더 큰 고민이 생겨나게 되었다. 권력의 가장 두드러진 속성은 부패이다. 이유는 간단하다. 공권력은 국민의 권리 위임에 의해 탄생했지만, 그것을 운용하는 것은 기계가 아닌 사람이다. 대다수의 사람들은 이기적일 수밖에 없기 때문에, 권력자들은 대개 자신에게 위임된 힘을 공정하게 쓰기보다는 자신에게 이익이 되는 방향으로 사용하게 된다. 엄청난 힘과 권력을 가진 새로운 존재가 국민의 자유를 침해할 때 어떻게 할 것인가 하는 고민이 생겨나게 된 것이다.

이에 대한 첫 번째 조치는 권력을 쪼개 서로가 서로를 견제하게 하는 것이다. 공권력을 입법부, 사법부, 행정부라는 3개의 권력으로 나눈 것은 어느 한쪽의 독주를 막기 위함이다. 민주주의 국가에서 삼권분립의 원칙을 채택하고 있는 가장 큰 이유가 바로 이것이다.

하지만 그것으로 문제가 해결되지는 않는다. 대통령 중심제의 경우 권력의 무게중심이 대통령에게 쏠리기 마련이고, 내각제의 경우에는 의회로 쏠리기 마련이다. 정권이 바뀔 때마다 대통령 측근 및 친인척 비리가 발생해 왔다는 사실을 보면, 권력의 속성이 부패라는 점과 권력의 분립만으로 그것을 막을 수는 없다는 점을 동시에 알 수 있다.

자유민주주의 국가에서 언론의 역할이 중요한 이유가 바로 이것이다. 언론은 부패해지기 쉬운 권력을 견제하는 역할을 한다. 그 방법은 물론 국민들에게 필요한 정보를 제공하는 것이다. 민주주의 사회에서 언론의 역할이 그만큼 중요하기 때문에, 입법, 사법, 행정의 3부와 견주어 '제4부'라고 불리기도 한다.

이야기가 여기까지 진행되면 독자 여러분은 서서히 눈치를 채기 시작했을 것이다. 뭔가 이상하지 않은가? 권력에게 자신을 감시하는 언론은 언제나 껄끄러운 존재일 수밖에 없다. 그런데 그 언론을 제약하고 통제하는 권한을 권력에 맡긴다면, 그야말로 고양이에게 생선을 맡기는 꼴일 수밖에 없다.

다음과 같은 가상적 상황에 대해 생각해 보자.

우리나라 국방부에서는 전 세계적으로 전례 없이 강력하고 간편한 무기 개발 방법을 고안해 내는 데 성공하여, 시험 생산 작업에 착수하였다. 무기의 개발과 양산에 성공하면 세계 최강의 군사력을 가지게 될 뿐만 아니라, 그 무기의 수출을 통해 경제적으로도 엄청난 이익을 올릴 수 있다. 이 무기를 고안하고 시험적으로 생산하는 모든 과정은 당연히 극비리에 진행된다. 다른 나라에서 눈치를 챌 경우, 견제와 방해로 인해 성공리에 개발 작업을 마치지 못할 수도 있기 때문이다. 그런데 어떤 경로를 통해서인지 중앙 일간지의 기자 한 사람이 그 사실을 눈치챘다. 그는 이미 상당 수준의 증거까지 확보한 상태에서, 무기 개발 책임자에게 사실 확인을 요구했다.

이런 경우에는 어떻게 해야 하겠는가? 물론 최선은 기자를 설득하여 기사를 내지 않도록 하는 것이다. 하지만 내가 대학원 다니던 시절, "기자와 검사와 정자의 공통점은 무엇인가?"라는 퀴즈가 유행한 적이 있다. 답은 "그것들이 인간이 될 확률은 1억 분의 1이다."라는 것이었다. 당시의 세태를 풍자한 이 유머는 검사와 기자라는 직업이 가지는 비인간적인 측면에 초점을 맞추고 있다. 기자는 특종을 위해서라면 무슨 일이든 한다. 인생에 한 번 올까 말까 한 기회를 잡은 그가 자발적으로 특종을 포기할 가능성은 별로 없어 보인다.

일전에 TV의 한 오락 프로그램에서 개그맨 최양락의 연애 에피소드를 들은 적이 있다. 아내인 팽현숙과 연애를 하다가 연예 담당 기자에게 들켰다는 것이다. 당시 톱스타였던 최양락으로서는 정말 곤란한 상황이 아닐 수 없었다. 게다가 신인이었던 팽현숙에게는 더 큰 일이었다.

그래서 최양락은 기자에게 간절하게 부탁을 했고, 기자는 최양락의 연애 기사를 내기는 하되 상대방을 익명으로 하겠다는 중재안을 내놓았다. 최양락은 그 정도면 그래도 다행이다 싶었는데, 다음 날 신문에 "최양락, 동료 연예인 팽모양과 열애 중"이라는 기사가 나갔다고 한다. 기자는 과연 약속을 지킨 것인가? 우리나라 연예인을 통틀어서 팽씨는 팽현숙 하나뿐이었는데 말이다.

그렇다면 독자 여러분을 포함한 대다수의 사람들은 당연히 보도를 금지해야 한다고 말할 것이다. 국민의 알 권리도 중요하지만, 이 경우에는 보도가 될 경우 국익에 엄청난 피해가 될 것이기 때문이다. 다시 한 번 확인하자면, 제약의 기준은 국익 혹은 공익이고, 제약의 주체는 정부이다.

논란의 여지가 있지만, 이 신무기 개발의 경우는 일단 여러분의 판단이 옳다고 해보자. 당연히 위의 보도를 금지하는 과정 또한 비밀리에 진행되어야 할 것이다. 하지만 이로부터 파생될 결과는 상상을 초래한다.

권력자의 아들이 중대 범죄를 저질렀다고 해보자. 이 사건이 알려지면 국익에 해가 되겠는가, 득이 되겠는가? 당연히 알려야 하는 사건이고, 덮어둘 경우 장기적으로 국익에 엄청난 해가 될 것임이 분명하다. 따라서 이 사건에 대해서는 절대 제약이 있어서는 안 되며, 오히려 낱낱이 파헤쳐 보도함이 마땅하다.

하지만 그것은 국민의 입장에서 한 판단일 뿐이다. 판단의 기준이 공익 혹은 국익이기는 하지만, 판단의 주체가 권력임을 고려해 본다면 생각처럼 쉽게 답이 나오지 않는다. 권력자도 사람이며, 그가 공정하기보다는 이기적일 확률이 훨씬 높다. 백 보 양보해서 이기적이지는 않다 하더라도, 주관적이고 편파적일 수밖에 없다.

권력형 비리를 밝혀내는 것이 어려운 이유가 바로 그것이다. 이해가 안 가겠지만, 그들이 그 비리를 감추는 것이 선의에서 나온 조치일 수도 있다. 이를 잘 보여주는 사례가 바로 위키리크스에 의해 공개된 미군의 민간인 학살 동영상이다. 미국 정부의 입장에서는 자국 군인들이 기자를 포함한 민간인들을 무차별 학살하는 장면을 극비에 부침으로써 혼란을 막는 것이 실제로 국익에 도움이 된다고 믿을 것이다. 권력자의 마음속에서는 "그저 국민은 모르는 게 약이야."라는 합리화가 쉽게 이루어진다.

현 정부 들어서 각계의 우려와 반대에도 불구하고 방송통신위원회라는 기구가 설치되고, 또 이 기구가 정부에 비판적인 보도에 대해 강력한 제재를 가한 점도 이러한 맥락에서 쉽게 이해할 수 있다. 민주국가의 권력자라 하더라도 껄끄러운 언론에 대해 따끔하게 본보기를 보임으로써 '알아서 기도록' 하려는 유혹을 쉽게 뿌리칠 수는 없는 것이다.

역사를 보더라도 독재자들은 집권을 공고히하기 위해서 검열을 통한 사상 통제에 열을 올렸다. 진시황이 그랬고, 히틀러나 박정희도 예외는 아니었다. 어떤 경우에도 정부에 언론에 대한 통제권을 맡겨서는 안 된다. 그 경우 도둑을 막기 위해 불러온 경찰이 강도로 돌변하는 상황을 피할 수 없게 된다.

언론에 부분적이나마 제약을 가할 제3의 기관을 둘 수도 없고, 그렇다고 정부에 그것을 맡길 수도 없다면 결국 언론에 대한 제약은 불가능하다는 결론이 나온다.

그렇다면 위에서 언급한 첨단 무기 개발의 사례와 같은 상황에 대해서는 어떻게 이해해야 할까? 해답은 매우 간단하다. 비밀을 지키지 못한 측에 책임이 있는 것이다. 일단 비밀이 유출되고 나면, 정부가 취할 수 있는 방법은 보도를 자제해 달라고 요청하는 것뿐이다. 최종 판단은 언론사와 기자의 몫이다.

때로는 기자단 사이에서 논의를 통해 보도를 자제 혹은 지연할 것을 결의하는 경우도 있다. 하지만 실제로 종종 문제가 되는 것처럼, 이를 어긴다 해도 법적 처벌을 받는 것은 전혀 아니다. 욕 몇 번 먹고 한동안 왕따당하면 그만인 것이다.

상황이 여기에 이르면 "그렇다면 언론이야말로 무소불위의 권력 아닌가? 언론이 부패하는 상황은 어떻게 막을 것인가?" 하는 의문이 당장 생긴다. 이에 대해서는 두 가지 측면에서 답할 수 있다. 하나는 언론의 다양성이 절실하게 필요하다는 것이다. 서로 다른 입장과 논조의 언론이 다양하게 존재할 경우, 그들은 서로 감시하고 견제하기 마련이다. 언론은 펜의 힘밖에 가지고 있지 못하기 때문에, 입장이 다른 언론들이 존재하면 자연스럽게 견제와 균형이 이루어지기 마련이다.

　다음으로는 자유주의의 기본 원리에 관한 것이다. 언론의 존재 목적도 궁극적으로는 구성원들의 자유를 보호하는 것이다. 따라서 언론이라 할지라도 구성원들의 자유를 침해할 경우에는 당연히 응분의 대가를 치러야 한다. 피해자가 언론에 의해 피해를 입었음을 입증한다면 당연히 그에 대해 배상 내지 보상을 해야 한다. 그러나 이는 검열과는 전혀 무관한 문제이다.

　표현의 자유 문제는 언론 자유 문제와 맞물려 있다. 정권 차원에서 표현을 통제하는 것은 언론 통제 못지않은, 아니 어쩌면 그 이상의 사상 통제 수단이다. 조지 오웰의 『1984』에서는 그 전형적인 사례를 보여주고 있다. 소설에서 권력자는 언어적 표현을 단순화함으로써 사회 구성원들의 사상을 통제하고자 한다.

　방법은 간단하다. 모든 국가 구성원들이 사용할 새로운 사전을 만드는 것이다. 그런데 그 사전에서는 '좋다', '훌륭하다', '멋지다', '최고다' 등의 다양한 표현을 한 가지 핵심 어휘로 단순화시킨다. '좋다', '더 좋다', '더더 좋다', '짱 좋다' 등이다. 이렇게 해서 표현의 방법 자체가 단순해진다면, 사상 범죄가 발생할 토양 자체가 사라진다는 것이다. 표현에 대한 간섭은 곧 사고와 사상에 대한 간섭인 것이다.

　아무리 자비롭게 해석하더라도, 표현을 통제하는 것은 특정 인물이나 집단의 취향을 강요하는 것에 불과하다. 노무현 대통령 시절에는 청와대 직원들 가운데 상당수가 청바지에 티셔츠를 입는 등 자유로운 복장을 했다. 그런데 이명박 대통령이 취임하면서 대통령의 짜

중 섞인 말 한마디에 총무 비서관실에서 각 비서관실에 복장에 대한 지침을 내려 직원들을 잘 '지도'하라고 했다 한다.

지침에서는 "청와대는 주요 내·외빈이 많이 방문하는 곳이므로, 대통령실 직원들은 항상 몸가짐과 마음가짐을 단정하게 할 필요가 있다."라고 그 이유를 밝히고 있지만, 중요한 것은 단정함에 대한 시각의 문제이다. 청바지를 입으면 단정하지 못한 사람이란 말인가?

사실 복장만 놓고 보더라도, 우리나라는 너무 엄격한 폐쇄적 사고에 갇혀 있다. 서양에서는 국가 수반들이 캐주얼한 차림을 하는 것을 너무나 쉽게 볼 수 있지만, 우리나라 대통령이 정장을 벗은 모습은 거의 볼 수 없다. 직장에서도 반드시 위아래가 일치되는 정장을 입어야지, 콤비라도 입었다가는 눈총을 받기 쉽다. 넥타이를 매는 것은 말할 것도 없고 말이다.

내가 가장 싫어하는 것이 바로 넥타이다. 아무런 실용성도 없고 답답하기만 한 그것을 왜 공식적인 자리에서는 암묵적으로 강요하는지 모르겠다. 왕이면 반드시 왕관을 써야 했던 과거에야 그런 것들이 특권의 표현이었으므로 시키지 않아도 했을지 모르지만, 모든 국민이 왕관을 써야 한다면 그것만큼 웃기는 일이 어디 있겠는가?

그리고 단정한 복장이 왜 반드시 양복 정장이어야 하는가? 나는 우리나라 대통령이라면 모름지기 한복을 입어야 한다고 생각한다. 개량 한복 말이다. 이는 여러 가지 효과를 가진다. 대통령이 그런 복장을 하면 그 파급 효과가 매우 클 것이다. 그리고 이는 국민들이 소속감과 자부심을 가지는 데 크게 기여할 것이다.

천박하게 자기네 전통문화도 아닌 복장을 따라하면서, 그것이 아니면 단정하지 못하다는 사고는 그야말로 사대주의적 발상에 불과하다. 명나라를 맹목적으로 추종했던 조선의 사대주의자들처럼, 사대주의자일수록 자기가 따르는 규칙을 엄격하게 준수할 것을 강조하는 경향이 있다. 특정 문화의 발상지에서는 그에 대한 변화와 재창조가 얼마든지 가능하지만, 그 문화를 받아들여 모방하는 입장에서는 그것이 쉽지 않기 때문이다.

청바지가 천박하다는 인식은 서양의 전통사회에서 귀족들이 입던 옷과 평민들이 입던 옷에 대한 구분에 기인하는 것이다. 신분제가 이미 타파된 마당에, 타 문화권의 귀족들이 입던 옷을 입고 스스로가 단정하다고 자부하고, 자신과 다른 복장을 한 사람들은 단정치 못하다는 사고야말로 극단적인 사대주의의 표본 아닌가? 그렇다면 개량 한복을 입을 때에도 과거 평민들의 복장을 개량해 놓은 편한 복장을 하면 단정치 못하단 말인가?

청바지를 입고 근무를 한다고 해서 자기 직무를 소홀히하는 것도 아니고, 타인에게 피해를 주는 것도 아니다. 그런데 '점잖은' 분들은 그것을 보고 '피해'를 입는다. 하지만 그런 피해라면 반대의 경우도 성립할 수 있다. 나는 돼먹지 않게 양복 정장 입고 깝죽대는 사람들을 보면 마음이 편치 않다. 그들에게 '피해'를 입은 것이다.

'점잖은' 분들이 포르노에 대해 우려하는 것도 동일한 논리에 근거한다. 포르노를 만드는 사람이나 보는 사람이나 천박한 짓을 하고 있으며, 그것은 사회를 전반적으로 타락시킬 것이다. 그분들은 그런 현상을 보면서 엄청나게 큰 '피해'를 입는다. 자신들의 개인적 기분을 상하게 할 뿐만 아니라 사회 전체를 타락시킬 수 있는 것을 어찌

금하지 않을 수 있겠는가?

과거에 한 미술 교사가 자신과 부인의 누드 사진을 개인 홈페이지에 올렸다가, 경찰에 의해 '음란물 유포 및 청소년 보호에 관한 법률' 위반 혐의로 긴급 체포되었던 적이 있다. 법원이 구속영장을 기각하고 이어 무죄를 선고함으로써 일단락되었지만, 이 사건은 '점잖은' 분들의 폐쇄적 인식 태도가 우리 사회에 얼마나 깊이 뿌리박혀 있는지를 잘 보여준다.

당시 나는 내가 가르치던 수백 명 이상의 학생들과 이 문제에 대해 토론한 바 있다. 나 자신은 그 사진을 보지 못했지만, 사진을 본 학생들의 반응은 "별것 없었다"였다. 하긴 몸짱이 되려고 벼르고 운동을 하지 않은 바에야 마흔 즈음의 미술 선생님과 그 부인의 몸이 뭐 볼 것 있겠는가? 모바일 화보에 등장하는 쭉쭉빵빵한 몸매의 여성들과 초콜릿 복근의 남성들에 비교하면 말이다.

하지만 그 모습에 '점잖은' 분들은 엄청난 수치심을 느꼈고, 자신의 아이들이 그것을 보고 타락할까 봐 그 교사를 비난하고 법적으로 처벌할 것을 요구하였다. 정작 피해 당사자로 지목된 사람들은 아무 피해가 없다는데, 주변에서 피해가 있으니 가해자를 처벌해야 한다고 날뛰는 웃긴 현상이 벌어진 것이다.

이유는 간단하다. 아마도 그 '점잖은' 분들(그 교사를 긴급 체포한 경찰이 당연히 포함된다)이 평범한 부부의 몸을 보고 마음속에서 음탕한 욕구가 솟아오르는 것을 느꼈나 보다. 그렇지 않고서야 아이들은 전혀 음란하다고 느끼지 않는 것을 보고, 어떻게 그렇게 흥분해서 아이들을 보호해야 한다고 소리칠 수 있겠는가?

아이들 가운데 "불쾌했다"는 반응도 일부 있었다. 이는 두 가지 측면에서 바라볼 수 있다. 첫째로 그 아이들도 벌써 우리 몸을 수치스럽게 여길 것과 관음증을 강요하는 이 사회에 의해 일정 정도 세뇌된 것이다. 둘째로 그가 바바리맨처럼 보기 싫다는 사람들에게 억지로 보여준 것은 아니므로, 불쾌하면 안 보면 그만인 것이다. 그 사건은 그리 호들갑을 떨 일이 절대 아니었다. 동일한 사건이 다시 일어난다 해도 마찬가지인 것이다.

영화에서 성기를 노출하는 장면이 있는 경우는 어떠한가? 영화를 보러 온 사람들에게 그 장면을 강요하는 것과 다를 바 없다고 생각할 수 있기 때문이다. 물론 나의 주장대로 사회가 더 긍정적이고 개방적으로 변한다면 아무 문제가 될 것이 없겠지만, 현재의 상태에서라도 몇 가지 조치만 취해진다면 역시 전혀 문제가 안 된다.

문제가 될 만한 장면이 있다면 영화 제작자와 상영자는 그 사실을 고지하도록 하면 된다. 그 장면 때문에 그 영화가 보기 싫은 사람은 안 보면 될 일이다. 고지의 의무를 어겨서 피해자가 생긴다면 고지의 의무를 어긴 데 대해 법적 조치를 취하면 될 일이다. 긍정적이고 개방적인 사회로의 진행이 다소 더뎌진다 하더라도, 이런 조치가 있다면 선의의 피해자가 생길 이유는 전혀 없다.

이상의 논의에서 알 수 있듯이, 자유주의 사회의 기본 원칙에 동의한다면 포르노를 금지할 이유는 전혀 없다. 좀 더 개방적인 사회에서는 포르노라는 말 자체가 필요 없을지도 모른다. 포르노를 금지하려는 모든 시도는 검열을 통한 사상 통제라는 악몽으로 이어질 가능성이 높으며, 그것은 어렵게 쟁취한 자유와 평등의 상실을 의미하는 것임을 명심해야 한다.

5. 그럼 매춘은?

이제 이 글의 두 번째 핵심 주제인 매춘에 대해 이야기할 차례이다. 노출과 성관계, 그리고 우리 사회의 기본 원리에 대한 논의까지 모두 마친 상태이기 때문에, 이 문제에 대해서는 짧은 논의로 충분할 듯하다. 하지만 그렇다고 해서 여러분이 짐작하는 그대로 결론이 날 것이라고 예단하지는 말기 바란다. 예상 못한 복병이 있을 수 있기 때문이다.

먼저 언급하고 넘어가야 하는 것은 우리나라 매춘 산업 규모의 방대함이다. 공식적으로 정확한 집계를 할 수는 없지만, 우리나라에서 매춘에 종사하는 여성의 숫자는 70만~100만 명 정도일 것으로 추산된다. 그 비율은 20~30대 매춘업 종사 가능 연령인 여성의 15퍼센트에 육박하며, 매춘 산업의 연 매출 규모는 GDP의 4퍼센트 내외로, 농림어업의 규모와 비슷할 정도이다.

매춘을 합법화하여 월드컵 특수를 누릴 정도로 매춘 산업이 활성화된 대표적 매춘 허용국인 독일의 경우조차도, 인구는 우리의 1.5배 이상인 데 반해 매춘 여성의 숫자와 매출 규모는 우리의 1/2~1/3 정도 수준임을 감안해 보면 우리나라 매춘 산업의 규모가 얼마나 큰지를 쉽게 알 수 있다. 매춘은 법으로 금지되어 있을 뿐만 아니라 성 구매자까지 처벌받지만, 한국은 여전히 어디에서나 쉽게 성을 살 수 있는 매춘의 천국인 셈이다. 게다가 우리나라 여성들은 미국을 비롯한 해외에서도 매춘으로 그 명성(?)을 날리고 있다고 한다.

이렇게 법과 현실에 괴리가 크다는 것이 매춘을 합법화해야 한다고 주장하는 사람들의 중요한 논거 가운데 하나이다. 이런 상황에서는 체포되어 처벌을 받더라도, 자신이 잘못했다기보다는 재수가 없었던 것이라고 생각할 가능성이 크다. 법의 권위가 무너지고 처벌이 실효성을 잃을 수 있는 것이다.

또 다른 근거는 역사적으로 보더라도 매춘을 근절하는 데 성공했던 국가는 없는 점이다. 불가능한 것을 법으로 금지하여 근절하려 할 경우, 그것은 지하로 숨어들어 관리와 통제 자체가 불가능해진다. AIDS와 같은 질병의 확산이 우려되는 부분이기도 하다.

흔히들 매춘의 합법화를 주장하면 부도덕한 사람으로 오인하기 쉽지만, 독일의 사례에서 볼 수 있듯이 합법화를 주장하는 사람들 가운데 상당수는 매춘 종사자들의 인권 보호에 깊은 관심을 가지고 있다. 독일에서 매춘 합법화가 진행될 당시, 사민당과 녹색당으로 구성된 연립정부의 여성부 장관은 "매춘을 합법화함으로써 매춘녀들을 포주와 손님들의 유린으로부터 보호하고, 다른 일자리를 찾도록 하기 위한 직업훈련의 기회를 더 많이 제공할 수 있게 되었다."라고 말하고 있다.

매춘이 법적으로 금지되어 있는 우리나라의 경우, 엄청난 숫자의 여성들이 법의 보호를 받지 못하는 사각지대에 방치되어 있는 셈이다. 그들은 폭행이나 감금, 갈취 등의 학대와 착취를 당하더라도 하소연할 곳이 없다. 가해자를 처벌하기 위해 경찰에 신고를 할 경우, 자신이 먼저 처벌받아야 하기 때문이다.

반면 매춘이 합법화되면 그들에게도 의료보험이나 연금과 같은 혜택이 주어질 뿐 아니라, 탈법적 행위에 의해 피해를 입었을 경우 공권력과 법에 의지하여 해결할 수 있게 된다. 국가적인 차원에서 보면, 엄청난 매출 규모에 비해 전혀 세수를 올릴 수 없었던 엄청난 탈세의 온상이 사라짐을 의미하기도 한다.

사회에서 소외된 소수 계층의 행복권 보장이라는 측면에서도 매춘 합법화는 커다란 의미를 가진다. 장애인이나 독거노인을 비롯해서 정상적인 방법으로는 성적 욕구를 해결할 수 없는 사람들에게, 무조건 그것을 참으라고 말하는 것은 그들의 행복권을 무시한 무책임한 처사일 수밖에 없는 것이다.

우리 사회의 근본 이념인 자유주의의 원리에 비추어 보더라도 매춘을 금지할 이유는 전혀 없어 보인다. 사실 매춘 금지법은 도박 금지법과 더불어 자유주의의 기본 원리에 어긋나는 입법의 대표적 사례인 듯하다. 두 가지 사안 모두 해당 당사자들의 합의에 기반한 행위이기 때문이다.

도박의 경우, 하기 싫어하는 사람을 억지로 감금하였다거나 상대방을 속였다면 물론 처벌받아 마땅하지만 이 두 가지 죄는 모두 도박 자체와 무관하다. 양측은 자신이 자유롭게 처분할 권리를 가진 소유물을 가지고, 당사자 간의 합의와 계약에 의해 행동한 것에 불과하다. 그것이 누구의 자유권을 침해했단 말인가?

매춘의 경우도 다르지 않다. 하기 싫어하는 사람에게 억지로 매춘을 시켰다면, 그것은 매춘과 관련된 문제가 아니라 감금 및 강간의 죄를 물어야 할 것이다. 하지만 그러한 경우가 아니라면 그것을 법적으로 금지할 이유는 전혀 없다.

처음 만난 낯선 사이라도, 당사자 간의 동의에 의해 성관계를 맺었다면 그들을 처벌할 수는 없다. 앞서 말한 개방적인 사회 풍토가 확립된다면, 그런 행위에 대해 도덕적 비난을 가할 이유도, 필요도 없다. 거기에 돈이 개입된다고 해서 갑자기 위법이 되는 이유는 무엇인가?

돈이 합의의 자발성을 손상시킬 수 있다고 반박할 사람이 있을지 모르겠다. 자신이 진정으로 성을 팔고자 한 것은 아닌데, 어려운 상황 때문에 어쩔 수 없이 매춘을 했다면 그 행위가 진정으로 자발적인 것이라고 할 수는 없다는 것이다. 매수자 또한 상대방의 그런 상황을 이용하여 돈을 매개로 비자발적 성행위를 강요했다는 것이다.

물론 그런 논리가 성립한다면, 매춘을 금지할 충분한 근거가 될 수 있다. 하지만 그 경우에 성을 매수한 사람은 처벌할 수 있지만 매춘을 한 사람을 처벌해서는 안 된다. 그는 자발성을 침해당한 피해자일 뿐이기 때문이다. 또한 그런 논리로 처벌하는 것이 합당하다면, 타인을 고용하여 대가를 지불하고 노동력을 구매하는 모든 고용주들 또한 처벌받아야 한다.

결국 현실적인 측면에서 보나 이론적인 측면에서 보나, 매춘과 도박을 법적으로 금지하고 그 당사자를 처벌할 근거는 전혀 없어 보인다. 도박의 경우, 노동하지 않고 우연적인 행운에 기대어 돈을 벌고자 하는 행위는 비판받아 마땅하다. 하지만 도덕적으로 비난받을 만한 행동을 했다고 해서, 그 행위자를 법적으로 처벌해도 좋다는 논리는 성립하지 않는다. 버스에서 노약자에게 자리를 양보하지 않았다고, 벌금을 물리거나 구류를 살리지는 않는 것이다.

매춘을 금지해야 한다는 주장은 근본적으로 성에 대한 부정적이고 폐쇄적인 사고에 기인한다. 그리고 이 또한 도덕적 영역의 문제일 뿐이다. 게다가 도박보다 한술 더 떠서, 이 경우에는 그러한 태도가 도덕적으로 합당한 것인지조차 확실하지 않다. 그런 사안에 대해 법적 처벌의 칼날을 들이대는 것은 전혀 설득력이 없다.

하지만 이것이 끝은 아니다. 매춘과 관련해서 우리가 반드시 고려해야 할 변수가 하나 더 있다. 그것은 바로 여성을 매춘 당사자로, 그리고 남성은 성 매수자로 고착화시키는 사회적 요인이다. 돈과 달리, 이 사회적 요인은 자발성을 잠식하여 계약의 정당성을 훼손할 수 있기 때문이다.

국가의 규모에 비추어 볼 때 우리나라의 매춘 규모는 가히 세계 최고 수준이지만, 매춘 당사자는 99퍼센트 이상이 여성이다. 내가 주장하고 전망한 대로, 성에 대한 사회의 인식이 개방화된다면 상황이 다르겠지만, 매춘이라는 직업은 아직까지 현실적으로 내세울 만한 긍정적인 것이 아님은 확실하다.

사회에 존재하는 여러 직업 가운데, 긍정적 속성의 특정 직업을 특정 집단 구성원들이 장악하고 있다면, 그 집단 구성원들이 특출나게 뛰어난 능력을 가지고 있거나 혹은 그 집단을 부당하게 우대하는 구조가 존재하는 것이다. 정부 고위층 인사에서 특정 지역 출신이 대거 기용될 경우, 타 지역 출신들이 불만을 가지는 이유가 바로 이것이다.

역으로 부정적 속성을 가진 특정 직업에 특정 집단의 구성원들이 지나치게 높은 비율로 분포되어 있다면, 가능한 이유는 둘 중의 하나이다. 그 집단 구성원들의 능력이 다른 집단 구성원들에 비해 현저히 떨어지거나, 사회적으로 그 집단을 차별하는 구조가 존재하는 것이다.

그렇다면 최소한 현 시점에서 부정적으로 인식되는 매춘이란 직업을 여성들이 독점하다시피 하는 이유도 위에서 말한 둘 중의 한 가지 때문일 것이다. 그렇다면 여성들은 본래 남성보다 열등하고 수동적인 존재일 수밖에 없거나 혹은 이 사회에서 차별대우를 받고 있는 것이다. 그리고 시대의 흐름에 역행하는 사람이 아니라면 둘 중 후자를 택할 것이다.[8]

사회의 구성원들이 좋은 것만 평등하게 나눌 수 있다면 좋겠지만, 그럴 수 없다면 나쁜 것도 또한 평등하게 나누어야 정의사회라고 할 수 있다. 두 명의 학생이 같이 땡땡이를 쳤을 때, 두 사람에게 최선은 둘 다 걸려서 혼나거나 처벌받지 않는 것이다. 이러한 상황이라면 두 사람 모두에게 불만이 있을 리 없다.

하지만 그럴 수 없다면, 다시 말해서 걸려서 처벌을 받아야 한다면 두 사람에게 동일한 처벌이 주어져야만 정당하다 할 수 있다. 한 사람은 훈방 조치되고 다른 한 사람은 정학이나 퇴학을 당한다면, 최소한 한 사람은 승복할 수 없을 것이다. 그리고 다른 중요한 변수를 제시하지 않는 한 그러한 조치를 정의롭다고 판단할 수도 없을

---

8 사실 능력의 문제에 대해서는 긴 논의가 필요하다. 하지만 그 문제는 「출산 vs 병역, 군 가산점제」에서 자세히 다룰 것이기 때문에 여기에서는 생략하기로 한다.

것이다.

사회적으로 볼 때에도, 구성원 모두에게 복지 혜택과 같이 긍정적 요소만이 균등하게 배분된다면 최선일 것이다. 하지만 그럴 수 없다면 부정적인 것도 동등하게 나누어야 정의사회라 할 수 있다. 강간의 대상과 매춘 종사자가 99퍼센트 여성이라면 그 사회를 정의롭다고 할 수는 없는 것이다. 남녀평등이 실현된 정의사회에서라면, 그리고 강간과 매춘을 없앨 수 없다면, 강간의 가해자-피해자나 매춘의 당사자-매수자의 성비가 비슷해야 하는 것이다.

이런 요소에 대한 고려 없이 무작정 매춘을 허용한다면, 여성에게 암묵적으로 매춘을 강요하는 구조적 요소로 인해 여성들의 자발성이 손상되고, 따라서 매춘을 허용해야 할 결정적 근거인 계약이 효력을 상실하게 된다.

장기적으로 볼 때 성에 대한 폐쇄성이 극복되고, 매춘에 대한 인식이 개선된다면 당연히 이러한 구조적 모순도 사라지고, 숫자가 적든 많든 남녀가 유사한 비율로 매춘에 종사하는, 나름 정의로운 사회가 될 것이다. 그리고 매춘 합법화는 막을 수 없는 대세가 될 것이다.

하지만 그때까지 어떻게 해야 여성들의 자발성 훼손을 막을 수 있는지에 대한 심각한 고민이 절실하다. 다소 웃기기는 하지만 남성 매춘을 장려하는 것과 같은 방법을 통해서라도 말이다.

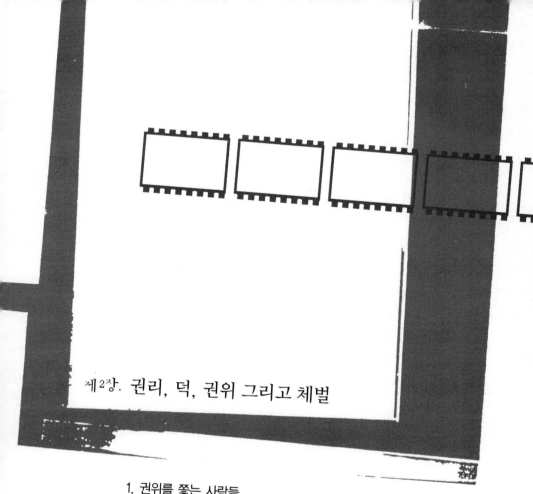

제2장. 권리, 덕, 권위 그리고 체벌

제2장. 권리, 덕, 권위 그리고 체벌

1. 권위를 쫓는 사람들

'권위'는 아마도 많은 사람들이 원하는 명예일 것이다. 대통령에서부터 시작해서, 학자, 의사, 판검사, 사장, 임원, 교사 등 어떤 지위에 있는 사람이나 '권위 있는 ○○'가 되기를 원한다. 그리고 사회가 잘 작동하지 않는 이유에 대해 권위의 탓을 하기도 한다. 국정 운영이 잘 안 되는 이유를 대통령의 권위가 추락한 탓으로 돌리고, 공교육이 표류하는 이유를 교사의 권위 실추에서 찾기도 한다. 이렇게 특정 사회가 올바로 작동하지 않는 문제의 원인을 권위 상실에서 찾을 경우, 문제의 해결책은 당연히 권위의 회복이 될 것이다. 그리고 권위 회복을 위해서 다양한 방안을 내놓는다.

흔히 볼 수 있는 대표적인 방안은 엄숙한 분위기를 조장하는 것이다. 과거 왕정시대에 왕에게는 반드시 계단 아래에서 엎드려 절을 하고, 고개를 들고 이야기를 해서는 안 되며, 물러갈 때에는 반드시 뒷걸음을 쳐야 했다. 왕은 언제나 높은 곳에서 내려다보며 신하들의 말을 듣곤 했다.

또한 왕 스스로도 다양한 장식을 한다. 곤룡포(袞龍袍)라 부르는, 보기에도 무겁고 불편해 보이는 거창한 옷을 입고, 왕관을 쓴다. 신발이나 허리띠와 같은 부수적인 것들도 물론 어마어마해 보인다. 사실 나 같은 사람은 그런 모습을 보면 언제나 "왜 저러고 사나?"라는 생각이 든다. 얼마나 불편했을까?

왕과 관련해서는 별도의 언어가 마련되어 있다. 일상적인 표현을 썼다가는 '불경죄'로 목숨을 잃을 수도 있다. 그의 얼굴을 '얼굴'이라 하면 큰일 날 일이다. 반드시 '용안(龍顔)'이라 불러야 한다(얼굴이 용과 같다는 것은 괴물처럼 생겼다는 말이고, 자랑이 아닐 텐데 말이다). 왕의 목소리는 '옥음(玉音)', 왕이 먹는 밥은 '수라', 왕의 옷은 '어의'라 부른다. 물론 왕을 '그대', '당신' 따위로 부를 수 없었음은 물론이다. '폐하'라 불러야 한다. 거창하게 꾸며서 스스로 불편했을 뿐만 아니라 주변 사람들까지 불편하게 한 것이다.

하긴 이런 심리를 이해 못할 바도 아니다. 우리가 전혀 의심치 않고 당연시하는 행동에도 그런 모습이 남아 있으니 말이다. 스포츠 중계를 보면 챔피언에게 벨트가 주어지는 모습을 자주 목격할 수 있다. 그런데 실용적인 측면에서 보면 그 벨트는 아무런 쓸모가 없다. 나는 그 벨트로 바지가 흘러내리지 않도록 하는 사람을 본 적이 한 번도 없다. 그런데 그것을 허리에 차고는 의기양양해 한다. 그래야 권위가 사는 모양이다.

이런 모습은 너무나 많은 곳에서 찾아볼 수 있다. 법률 용어는 도대체 한국말인지조차 알 수 없을 정도로 난해하고, 고위 공직자나 대기업 임원들은 어마어마하게 큰 차를 타고 거들먹거리며 다닌다. 그리고 더운 여름에도 긴 팔 와이셔츠에 넥타이까지 메고, 긴 팔 양복의 정장을 입어야 한다고 생각한다. 노무현 정부 때에는 청와대 직원들이 청바지 등 간소한 차림을 즐겼으나, 이명박 정부 들어 "대통령께서 싫어하신다" 하여 직원들이 다시 정장을 입기 시작했다고 한다. 이 또한 권위를 추구하는 성향에서 비롯된 것이다.

엄숙한 분위기는 그래도 양반 축에 속한다. 한 걸음 더 나아가 위협적인 분위기를 조장하거나 직접적인 폭력을 휘두르기도 한다. 과거 권위주의적인 독재정권에서는 국가의 정보기관을 이용하여 간첩사건을 조작하는 것과 같은 방법으로 공포 분위기를 조성하기도 했고, 삼청교육대와 같은 사건을 통해서 볼 수 있는 것처럼 직접적인 폭력을 휘두르기도 했다.

슬프게도 이와 같은 전근대적인 권위의 잔재를 가장 쉽게 찾아볼 수 있는 곳은 미래의 꿈나무들을 키워내는 학교이다. 교장 선생님은 한 달에도 몇 번씩 전교생을 부동자세로 줄지어 세워놓은 채 엄숙한 목소리로 일장 연설을 한다. 하지만 그 훈시를 듣는 학생들은 없다. 때론 졸기도 하지만, 햇볕이 쨍쨍한 날이면 일사병으로 쓰러지는 아이들까지 생긴다. 그래도 엄숙한 연설은 멈추지 않는다.

훈육을 담당한 선생님은 등교 시간이나 휴식 시간, 보충수업 시간 등을 막론하고 근엄하고도 매서운 눈길로 학생들을 지도(?)한다. 긴 머리나 옷매무새를 꾸짖기도 하고, 불경한 태도를 야단치기도 한다. 이런 일련의 조치에도 불구하고 아이들은 날로 빗나가고, 기성세대들은 교사의 권위가 실추되어 감을 한탄한다. 그리고 그 회복 방안 가운데 하나로 체벌이 합법화되기도 하였다.

몇 년 전 내가 서울의 한 유명한 외국어고등학교에서 논술 특강을 할 때의 일이다. 그 학교 아이들은 밝고 명랑하며 예의 바랐는데도, 그 학교에 강의를 하러 갈 때면 언제나 선생님이 학생들을 사정없이 때리는 모습을 목격할 수 있었다. 이유는 여러 가지였지만, 가장 흔한 것은 수업 종이 치고 나서 들어온다는 것이었다.

나는 고등학교 때 선생님들의 권위적인 행태에 반항하다가 아이스하키 스틱으로 50대를 맞고서 전학을 한 경험이 있다. 전교에서 몇 손가락 안에 들 정도로 우등생이었던 내가 그렇게 심하게 맞을 정도이니, 다른 학생들의 처지는 말할 필요도 없었다. 선생님이 학생을 향해 화분을 집어 던지는 장면을 목격한 적도 있다. 그런 경험으로 인해 권위적 체벌에 대해 반감을 가지고 있던 내게, 십여 년이 지난 후에 목격한 구태의연한 모습은 실망 그 자체였다.

그런데 더 놀라운 사건이 벌어졌다. 휴식 시간에 잠시 밖에 나갔다가 들어가고 있던 중 저쪽에서 선생님 한 분이 내게 "야, 이 자식아! 튀어!"라고 외치는 것이었다. 논술 수업은 주로 방과 후 보충수업 시간에 진행되었고, 그 선생님은 어둠 속에서 걸어오는 나를 보고 수업 시간에 늦은 학생으로 착각한 것이었다.

나는 정말 난감한 상황에 처한 셈이었다. 선생님의 호령대로 뛰어갈 수도, 그렇다고 그냥 천천히 걸어갈 수도 없었다. 어정쩡하게 걸어서 다가가고 있는 나에게 그 선생님은 "너, 이 새끼…"라고 소리치면서 당장 이단 옆차기로 달려들 듯이 뛰어왔다. 그리고 가까이서 나를 확인하고는 "아이고, 선생님 죄송합니다."라고 사죄를 연발했다. 나 역시 어색한 미소를 지었지만, 씁쓸한 마음을 지울 수 없었다.

어쨌든, 아이러니컬하게도 당사자의 이런 노력에도 불구하고, 권위란 그런 식으로는 잘 주어지지 않는다. 권위를 추구하는 자들은 다른 사람들이 자신을 존경하고 따를 것을 기대한다. 그러나 난해한 용어를 쓴다고 해서, 고급 승용차를 탄다고 해서, 불편한 정장을 입는다고 해서, 엄숙한 분위기나 위협적인 상황을 조성한다고 해서, 그리고 폭력을 사용한다고 해서 그 사람을 존경하지는 않는다. 물론 정장을 입고 고급 승용차에서 내리면 수위나 음식점 직원 등이 좀 더 굽신거릴지는 모른다. 하지만 그것이 진정한 존경과 복종의 표현이 아님은 너도 알고 나도 아는 일이다.

2. 부정적 권위와 긍정적 권위

이제 우리의 목표대로 따져 묻기를 시도하는 사람이라면 어떻게 행동할까? 아무 생각 없이 그런 식으로 상대방에게 위압감을 주는 행동을 하지는 않을 것이다. 먼저 권위란 무엇인지, 그리고 권위는 어떤 요소에 의해 어떤 과정을 통해서 형성되는지 따져 물어볼 것이다. 그에 대한 답이 나오면 권위 실추의 원인과 회복 방안도 자연스럽게 도출될 수 있을 것이다.

언제나 답은 가까운 데 있기 마련이다. 한 유명한 철학자의 방법대로 일상적 용어에 담긴 의미에 대한 분석에서 출발해 보기로 하자. 결과는 놀랍게도 '권위'와 '권리', '덕'이라는, 전혀 밀접한 관련이 없어 보이는 개념들이 서로 얽혀 있으며, 두 개념의 이해를 통해서만 우리가 다루고자 하는 권위라는 말의 의미를 정확히 이해할 수 있다는 것이다.

일상어에서 '권위'라는 말은 어떤 의미로 사용될까? 좀 더 쉽게 접근하기 위해 질문을 좀 바꾸어보자. 따져 묻기에서는 어린아이들이 언제나 '좋은 편, 나쁜 놈'을 구분하는 것처럼 흑백논리를 적용해 보는 것이 편리할 경우가 많다. 단순화해야만 명쾌한 결론을 얻을 수 있기 때문이다(논의 과정에서 자꾸 새로운 요소를 개입시켜 복잡하게 만드는 사람들은 대체로 문제의 해결보다는 논의 자체에서의 승리나 자신의 박식함을 과시하는 데 목적이 있는 경우가 많음을 명심하라). 권위는 긍정적인 의미일까, 부정적인 의미일까?

이렇게 대답하면 독자 여러분이 그럴 것을 왜 물어봤냐고 화를 낼지 모르지만, 흔히 '권위'라는 말은 이중적인 의미로 사용된다. '권위주의적 대통령', '권위적인 답변' 등과 같은 사례에서는 분명 그 말이 부정적으로 사용되고 있다. 반면, '권위 있는 학자', '권위 있는 의사', '권위 있는 교사' 등과 같은 경우에는 긍정적인 의미로 사용되고 있다. 도대체 동일한 말이 두 가지 의미를 동시에 가지고 있는 이유는 무엇일까? 두 가지는 어떤 공통점을 가지고 있기에 동일한 표현을 사용하는 것일까?

위에서 제시한 몇 가지 사례를 잘 살펴보면, 그것이 긍정적이든 부정적이든 간에 '권위'라는 말은 '복종'이라는 의미를 수반함을 알 수 있다. 왕이 굉장히 튀는 복장과 언행을 하는 것도, 대형 승용차를 타는 것도, 위협적인 공포 분위기를 조성하거나 폭행을 가하는 것도 모두 상대방의 복종을 얻어내기 위한 목적을 가지고 있다. 하지만 이러한 부정적 권위 유발 행위를 통해 상대방이 복종할지는 몰라도, 그것은 힘이 부족해서 그런 것일 뿐 진정한 복종은 아니다. 어쩌면 표면적인 복종 뒤에서 조소와 욕설을 뱉어낼지도 모른다.

반면 긍정적인 권위는 당연히 자발적인 복종을 수반한다. 몸이 아프면 권위 있는 의사를 찾고자 하고, 권위 있는 학자의 가르침을 받고자 하며, 권위 있는 기술자나 예술가가 만든 제품을 사고자 한다. 그것은 누가 억지로 시켜서 그러한 것이 아니다. 자발적으로 그 사람을 찾고 따르고자 하는 것이다. 그야말로 마음으로 복종하는 '심복(心腹)'인 것이다.

독특한 취향을 가진 극소수를 제외하면, 누구나 긍정적인 권위를 가지고자 할 것이다. 그리고 여태까지 사례로 들었던 방법으로는 그러한 목적을 달성할 수 없음이 분명하다. 이제 긍정적 권위란 '특정한 분야에서 타인으로 하여금 자발적으로 따르고픈 마음이 들게 하는 힘'임을 알았으므로, 권위자가 되고자 한다면 긍정적 권위가 어떤 과정을 통해 형성되는지를 따져보아야 할 것이다.

3. 표준적 권리의 형성 메커니즘

다소 의아하게 생각되겠지만, 권위의 형성 메커니즘을 올바로 이해하기 위해서는 먼저 '권리'와 '덕'이 어떤 과정을 통해서 형성되는지를 살펴보아야 한다. 권위란 권리와 덕의 중간 정도에 해당하는 개념이기 때문이다.

먼저 주목해야 하는 것은 권리가 계약의 산물이라는 사실이다. '천부인권'이나 '자연권' 따위는 미신적인 성격이 강한 형이상학적 사고의 산물에 불과하다(이에 대한 자세한 내용은 『철학 땅으로 내려오다』 제3부에서 이미 설명하였다. 따라서 여기에서는 따로 설명하지 않겠다). A가 B에게 X를 요구할 권리를 가지기 위해서는 반드시 다음 두 가지 조건이 선행되어야 한다.

(1) A는 B에게 X의 대가로 Y해 주기로 약속(합의/계약)하였다.
(2) A는 B에게 이미 Y를 이행해 줌으로써 약속(합의/계약) 내용을 이행했다.

무슨 귀신 씻나락 까먹는 얘기냐고? 쉽게 설명해 준다더니 이럴 줄 알았다고? 너무 성급히 판단하지 말라. 설명을 이제 막 시작할 참이니 말이다. 언제나 강조하는 바이지만, 논증이나 설명에 구체적인 사례만큼 좋은 것은 없다(독자 여러분도 명심하라. 구체적이고 비근한 사례가 생각나지 않는다면 그 사안에 대한 올바른 이해에 실패한 것이다). 이제 내가 다시 시도해 보겠다.

[사례 1] 민지는 자기 소유의 아파트를 주영에게 3억 원에 팔기로 하였다. 주영이는 통상적인 관례에 따라 계약금으로 매매 금액의 10퍼센트인 3천만 원을 지불하였고, 두 사람은 매매계약서를 작성하였다. 주영이는 한 달 후에 잔금을 치르고 집을 넘겨받기로 하였다. 그런데 불과 보름여 사이에 아파트 값이 급등하였다. 매매 대상 아파트

의 가격이 4억 원까지 치솟은 것이다. 잔금을 치르기 10일 전에 민지는 부동산 업자의 권유에 따라 이전 계약을 취소하고 4억 원을 주겠다는 사람에게 아파트를 팔고자 하여 계약을 체결하였고 주영에게 통보하였다.

주영은 펄쩍 뛰었다. 계약을 하고 계약금까지 지불했으니 아파트의 권리는 당연히 자신에게 있다고 주장했다. 10일밖에 남지 않았는데 이제 와서 어떻게 집을 구하라는 것인지 고래고래 고함을 질렀지만, 민지는 눈 하나 깜빡하지 않고 계약금을 돌려주면 그만이라고 맞섰다. 그러자 주영은 민지를 사기죄로 고소하였다.

[사례 2] 동욱은 H사의 승용차를 24개월 할부로 구입하였다. 20개월째 할부금을 불입한 상황에서 어머니가 큰 수술을 받게 되어 갑자기 목돈이 필요하였다. 달리 돈을 구할 방법이 없자 동욱은 승용차를 팔기로 결심하였다. 물론 나머지 할부금은 계속해서 납입할 계획이었다. 그러나 그 사실을 안 자동차 회사는 동욱을 횡령죄(타인 소유의 재물을 임의로 처리한 죄)로 고소하였다. 동욱은 항의하였다. 이미 자동차 금액의 80퍼센트 이상을 납입하였으며, 나머지 금액도 납입할 계획인데 무슨 횡령이냐고 말이다. 그리고 정 원한다면 나머지 금액을 일시불로 갚겠다고 했다. 하지만 자동차 회사는 고소를 취하하지 않았다.

독자 여러분이 판사라면 어떤 판결을 내리겠는가? 계약을 하고 계약금까지 주고받은 상황에서 아파트에 대한 권리는 누구에게 있는가? 차량 가격을 거의 모두 지불했고, 나머지 할부금도 지급할 의사가 있는 사람을 횡령죄로 처벌할 수 있는가?

첫 번째 사례에서 주영의 억울함은 이해가 간다. 하지만 그렇다고 해서 그 아파트에 대한 권리를 주영이 가지고 있다고 할 수는 없다. 만약 주영이 계약 시 돈을 다 지급한 상태라면 민지는 아파트에 대한 권리를 이미 주영에게 넘겨준 셈이라고 말할 수 있을 것이다. 그렇다고 해서 민지가 처음부터 약속을 어기고 주영을 괴롭힐 속셈으로 그런 일을 계획한 것은 아니다. 따라서 약속을 어긴 데 대한 책임은 물어야 하나, 그 이상은 아닌 것이다. 이런 경우에는 통상적으로 민지가 주영에게 계약금의 두 배를 물어주는 것으로 되어 있다.

만약 주영이 아파트에 대한 권리를 더 확실히 하고 싶었다면 어떻게 해야 할까? 앞서 말한 대로 계약 당시 아파트 대금을 다 지급해 버린다면 확실할 것이다(물론 이 경우에도 법적으로만 보면 민지는 계약을 취소할 수 있다. 그러나 이 경우에는 아파트 가격의 두 배를 지불해야 하므로, 현실적으로 이는 불가능하다). 그럴 여력이 없다면 계약금을 많이 걸수록 민지는 계약을 준수해야 하는 부담감을 더 많이 가지게 되는 것이다.

동욱의 경우는 어떻게 될까? 동욱은 억울하겠지만, 이는 분명 횡령죄에 해당한다. 동욱이 자동차 할부금을 상당 부분 지불했더라도, 자동차 가격을 전부 치르지 않은 한 자동차의 소유권은 여전히 (최소한 지불 안 된 만큼은) 자동차 회사에 있다. 따라서 그는 형사 책임을 져야 한다.

그가 돈을 갚을 의사가 있었고, 회사가 소송을 제기한 이후에 즉

시 돈을 갚았다는 사실은, 정상참작의 여지는 있을지언정 무죄의 사유가 되지 않는다. 보석상에서 주인의 허락 없이 보석을 가져갔다가 걸리면 당연히 절도죄에 해당한다. 다음 날 돈을 갚을 의사가 있었다거나, 주인에게 들켜서 곧바로 돈을 갚았다 하더라도 절도죄는 여전히 유효하다. 만약 그런 사유로 무죄가 되어야 한다면, 도둑들은 일단 훔치고 걸리는 경우 갚기만 하면 절대 처벌을 받지 않을 것이다.

이제 특정 사안이나 사물에 대해 권리를 가지기 위해서는 두 가지 조건이 전제되어야 한다는 말을 이해할 수 있을 것이다. 권리의 전제조건은 첫째로 계약이나 합의, 둘째로는 계약이나 합의에 명시된 자기 몫 의무의 이행인 것이다. (이에 대해서는 다음 장에서 좀 더 자세히 다룰 것이다.)

4. 중간 개념으로서의 덕, 그리고 덕치

권리의 성립 과정과 요소에 대해 이해했다 하더라도, 그것이 덕과 연결된다는 말은 여전히 이상하게 느껴질 것이다. 권리는 다소 법적인 뉘앙스가 강한 말인 반면, 덕이라는 말에서는 도덕적인 분위기만이 느껴질 뿐, 법적인 뉘앙스는 거의 (혹은 전혀) 감지할 수 없기 때문이다. 그리고 그러한 느낌은 정확한 것이기도 하다. 이에 대해 설명하기 전에, 이해를 돕기 위해 먼저 흥미진진한 옛날이야기로부터 시작해 보자. (이 이야기에 대해서는 다양한 설이 존재하지만, 어차피 어느 것이 정확한 사실인지는 알 수 없으므로, 내 의도에 가장 잘 맞는 쪽을 택하기로 하겠다.)

　멀고 먼 옛날 중국의 한 지방 소도시에 큰 재산을 가진 엄수라는 사람이 살고 있었다. 그런데 어느 날 그는 우연히 기이한 거지를 만나 인생의 전환기를 맞게 된다. 협루라는 이름의 그 거지는 정말 아는 것도 많고 똑똑했다. 엄수는 협루와 우연히 대화를 나누게 되었는데, 협루가 그에게 이상한 제안을 하나 했다. 자신에게 5억의 돈을 투자하면, 자신이 수도에 올라가서 자신의 학식과 그 돈을 주춧돌 삼아 두 개의 관직을 마련하겠다는 것이었다. 물론 하나는 자신의 것이고, 다른 하나는 엄수의 것이라고 했다. 돈은 있었지만 관직과 명예를 선망하던 엄수는 그 유혹에 빠져들고 말았다.

　엄수는 희망을 가지고 기다리고 기다렸지만 소식이 없었다. 그러던 중 협루가 국가의 고위 관직에 올랐다는 소식이 들려왔다. 그는 더욱 애가 달았지만 기별은 오지 않았다. 고민을 한 친구에게 털어놓으니, 친구는 협루가 국사를 처리하느라 경황이 없어서 그럴 것이라며 직접 찾아가 보기를 권했다. 엄수는 아예 수도로 옮겨 관직을 하며 살 작정으로 재산을 정리하고 협루를 찾아갔다.

　그런데 협루를 만나기는 쉽지 않았다. 한 나라의 고관대작이니 그럴 만도 하리라고 생각을 하면서도 엄수는 마음속 한편에 어두운 그림자가 드리우는 것을 막을 수는 없었다. 문지기에게 자신이 누구인지를 알리고 면담을 요청했건만, 그것마저도 일언지하에 거절당해 버린 것이다. 엄수의 불안한 예감은 적중했다. 많은 돈을 들이고, 갖은 기지를 동원해 결국 협루를 만나게 되었는데, 그는 엄수를 알지도 못하는 사람이라고 부인하면서 부하들에게 미친놈이니 내쳐버리라고 한 것이다.

엄수는 분노했다. 당장 뾰족한 수가 있는 것은 아니지만, 자신의 전 재산을 들여서라도 복수를 하겠다고 결심했다. 이런저런 생각을 하며 방황하던 중, 그는 눈이 번쩍 뜨이는 장면을 목격하게 된다. 한 사나이가 맨손으로 황소를 때려잡는 장면을 보게 된 것이다. 드디어 복수를 할 수 있는 방법이 생긴 것이다.

인사를 나누고 대화를 나누어 보니, 섭정이라는 그 사내는 의협심 또한 매우 강한 사람이었다. 이미 다른 마을에서 불의한 짓을 저지르는 못된 관리를 때려 죽이고는 숨어 사는 입장이었던 것이다. 엄수는 그 사나이에게 자초지종을 설명하고는 거액을 낼 테니 복수를 해달라고 부탁했다. 하지만 섭정은 자신이 노모와 시집 못 간 누이를 부양해야 한다면서 간곡히 거절하였다.

엄수는 포기하지 않았다. 장기전을 계획한 것이다. 그는 섭정을 이해한다고 말하고는, 그냥 친분을 맺고 지내기를 요구하였다. 자주 술을 마시고 대화를 나누면서 친분이 쌓이게 되자 두 사람은 의형제를 맺게 되었다. 물론 엄수가 언제나 술값을 내면서 호의를 베푼 결과였다. 그리고 엄수의 호의는 섭정의 노모와 누이에게도 이어졌다.

엄수는 의동생의 어머니이니 자신에게도 어머니와 같다고 하면서 노모를 극진히 모셨다. 좋은 옷을 해드리고 좋은 음식을 대접하는 데 돈을 아끼지 않았다. 노처녀인 누이도 거금을 동원하여 좋은 자리로 시집을 보내주었다. 섭정은 엄수의 호의에 언제나 몸 둘 바를 몰랐다.

그렇게 수년이 지나 섭정의 노모가 돌아가시게 되었다. 그러자 엄수는 성대한 장례를 베풀어줌으로써 다시 한번 섭정을 크게 감동시킨다. 장례가 끝나자, 섭정은 엄수에게 자신의 결심을 밝힌다. "형님은 제게 너무나 큰 은덕을 베푸셨습니다. 그 고마움을 모른다면 금수나 다를 바 없습니다. 제게 그에 보답할 수 있는 방법은 하나뿐입니다. 형님께서는 모든 마음의 짐을 덜어놓으시기 바랍니다."

그리고 다음 날 섭정은 협루의 관사로 찾아갔다. 문지기를 비롯한 수십 명의 제지를 무력으로 뚫고, 협루를 찾는 데 성공한 섭정은 그를 한칼에 살해하였다. 하지만 스스로는 급히 연락을 받고 달려온 수천 명의 병사들에게 포위당하는 신세가 되었다. 섭정은 자신이 사로잡히거나 얼굴이 알려지면 엄수에게 피해가 돌아갈 것을 걱정하여 칼로 자신의 얼굴을 난자한 후 스스로 목숨을 끊었다.

한 국가의 고위 관리가 관사에서 살해당한 사건은 충격 그 자체였다. 정부에서는 범인의 신원을 파악하여 진상을 밝히기 위해 섭정의 시체를 저잣거리에 전시하였다. 그러던 어느 날 한 여인이 섭정의 시체를 끌어안고 대성통곡하는 장면이 목격되었다. 관리들이 출동하여 그 여인에게 진상을 물으니, 여인은 협루가 불의한 짓을 하여 동생이 정의의 복수를 해준 것뿐이라고 말하였다. 더 자세한 진상을 물으니, 자신의 아우가 얼굴을 난자하고 자살한 이유를 아는데 어찌 더 밝히겠는가 하면서 스스로 목숨을 끊고 말았다.

대표적인 사례를 하나 뽑았지만, 역사를 살펴보면 이러한 사례는 헤아릴 수 없이 많다. 자신에게 은덕을 베푼 사람에게 목숨 바쳐 보답하는 사례 말이다. 이것이 바로 덕의 힘이다. 위의 사례는 덕이 어떻게 해서 생겨나며, 어떤 힘을 발휘하게 되는지를 잘 보여준다. 그런데 왜 권리 이야기를 하다가 갑자기 덕 이야기는 하느냐고?

덕이란 권리의 성립 요소 가운데 첫 번째 것, 즉 계약이나 합의가 없이 타인에게 뭔가를 베풀어주는 데에서 성립한다. 물론 이 경우 계약이 없기 때문에 그 수혜자에게 의무가 생기지는 않는다. 덕에 대해 보답을 하지 않는다고 해서 법적 책임이 생기지는 않는 것이다. 하지만 모든 행동은 반드시 그에 따른 결과를 낳는다. 유덕한 행동을 한 사람은 타인에게 그에 비례하는 영향력/지배력을 가지게 된다.

엄수는 특정 목적을 가지고 의도적으로 접근하기는 했지만, 섭정에게 덕을 베푼 것이다. 섭정에게 엄수는 엄청 유덕한 인물이었고, 섭정은 그를 인격적으로 존경하게 된다. 그야말로 마음으로 복종(心腹)하게 된 것이다.

하지만 여기에서 그치는 것은 아니다. 특정 목적을 가지고 있든, 자기만족을 위한 것이든, 혹은 그야말로 그가 원래 선한 사람이기 때문이든 간에 베푸는 사람은 존경을 받는 바람직한 결과를 맞이하게 되지만, 베풂을 받는 사람에게는 상황이 그리 녹록치 않다. 상대방이 존경을 받는 그만큼, 그냥 받기만 하고 입을 씻었다가는 파렴치한으로 낙인찍혀 버릴 것이기 때문이다.

전통사회로 내려갈수록 이는 더욱더 큰 문제이다. 세계 어느 나라 어느 문화권을 막론하고 전통사회로 내려갈수록 사회, 즉 공동체의 규모는 작아지기 마련이며, 소규모 공동체에서 파렴치한 사람으로 낙인찍힌 채 살아간다는 것은 매우 힘든 일이기 때문이다.

게다가 전통사회에서는 법과 도덕이 구분되지 않는 경우가 많았다. 현대의 경우 법을 어기면 처벌을 받고, 도덕을 어기면 비난을 받는 것으로 끝나지만, 전통사회에서는 도덕을 어겨도 처벌을 받는 경우가 비일비재했다. 부도덕한 행위를 저지르면 마을에서 '멍석말이'를 당하는 것이 대표적인 사례이다.

타인이 베풀어준 덕의 은택을 입고도 입을 닦아버린다면, 그 공동체에서는 당연히 부도덕한 파렴치한으로 낙인찍힐 것이다. 이 경우 왕따를 당할 것은 거의 분명하며, 때로는 공동체로부터 퇴출될 수도 있다. 극단적인 경우 이는 죽음을 의미하는 것이기도 했다. 구시대에는 벼슬을 받아 새 임지에 부임하는 경우나, 역병이 도는 경우 등을 제외하면 공동체를 이탈하는 일이 거의 없었기 때문이다. 물론 그렇기 때문에 관직을 받아 옮겨오는 것과 같은 제한된 경우를 제외하면 타 공동체의 구성원을 받아들이는 것은 매우 꺼림칙한 것이었을 수밖에 없는 것이다.

초등학교에 다니는 두 친구가 있다고 하자. 한 친구가 다른 친구에게 언제나 떡볶이나 햄버거 같은 음식을 사주고 장난감을 빌려주는 등 호의를 베푸는 경우를 생각해 보라. 받은 친구의 입장에서 보면, 한두 번은 그냥 넘어갈 수 있지만, 그런 일이 계속되면 마음의 부담이 커지게 된다. 계속 얻어먹기만 했다가는 면목도 서지 않을 뿐더러, 주변 사람들도 자신을 뻔뻔한 아이로 낙인찍을 것이다. 그에게 보답할 경제적 여유가 없다면 다른 방법을 통해서라도 갚아야 한다. 등하굣길에 가방을 들어주어서라도 말이다. 둘의 관계는 점점 평등한 관계에서 벗어난다.

옛날 학자들은 덕(德)을 득(得)으로 풀이하기도 했다. 다른 사람의 마음을 얻는다는 것이다. 영미권에서는 덕을 'power'라고 번역하는 경우가 종종 있는데, 이 역시 다른 사람에게 영향력을 획득한다는 의미에서일 것이다.

유가에서 강조한 덕치(德治)라는 것도 바로 이러한 메커니즘에 기초한다. 백성들은 통치자에게 일정한 역할을 기대한다. 그런데 어떤 통치자가 최선의 정치를 함으로써 백성들에게 기대 이상을 베푼다. 백성들은 그 통치자에게 덕을 입었다. 백성들은 그에게 보답해야 한다. 이를 잘 보여주는 사례가 있다.

오기라는 장군이 있었다(그는 후에 『손자병법』과 맞먹는 『오자병법』이라는 책을 지은 뛰어난 전략가이다). 그는 출세를 위해 자기 부인을 죽일 정도로 잔인한 인물이었지만, 전투에 임하면 진정으로 뛰어난 지휘관이었다. 그는 부하들과 더불어 먹고 잤으며, 행군도 함께 하였다. 부하들은 오기를 진심으로 존경하였다. 그러던 중 한 병사의 다리에 종기가 난 것을 오기가 발견하게 되었다. 오기는 놀랍게도 그 병사의 다리에 난 종기에 입을 대고 고름을 빨아내었다. 그런데 그 소식을 들은 그 병사의 어머니는 대성통곡을 하면서 아들의 죽음을 예언하였다고 한다. 예언대로 아들은 전쟁에서 오기를 위해 목숨 바쳐 싸우다가 죽고 만다.

사람들이 기대하는 장수의 역할과 행동이 있다. 오기는 장수로서 그 역할을 넘어서는 은덕을 베풀어줌으로써 그 병사로 하여금 목숨으로 자신에게 보답하도록 한 것이다. 물론 오기는 유가가 아니며, 자신의 출세를 위해 그런 기만적인 행위를 한 것으로 여겨진다. 그러나 유가의 덕치 메커니즘도 이에서 크게 다르지 않다.

공자는 "군자의 덕은 바람과 같고, 소인의 덕은 풀과 같다. 풀 위로 바람이 불면 풀은 반드시 눕는다."라고 말했다. 또 "덕으로 정치를 한다면, 북극성 주변에 뭇별들이 모이는 것과 같은 효과를 낼 것이다."라고 말하기도 했다. 통치자가 진심으로 백성들을 위해서 기대 이상의 노력을 보여준다면, 백성들은 그의 인도에 잘 따를 뿐만 아니라 그를 전폭적으로 지지함으로써 그에게 보답할 것이라는 말이다.

맹자는 더 극단적으로 덕치를 예찬한다. 진정으로 덕치를 행하는 군주가 있다면, 그 나라의 백성들이 심복하는 것은 말할 것도 없고, 다른 나라의 백성들까지도 그 군주의 나라에서 살기를 원할 것이다. 반면, 억압과 강제로 통치를 하는 군주의 경우에는 백성들의 마음이 이미 그에게서 떠나갔다고 보아야 한다. 만약 두 나라가 전쟁을 벌인다면 어떻게 되겠는가? 맹자는 "(덕으로 통치하는) 인자한 군주에게는 대적할 상대가 없다."라고 과감히 선언한다.

타인으로부터 베풂을 받은 사람은 어떻게든 자신의 능력 범위 내에서 그것을 갚아야 한다. 그리고 문화인류학자들에 따르면 이러한 관습은 어느 시대, 어느 문화권에서나 공통으로 발견된다. 따라서 그러한 생각은 인간의 잠재의식 속에 깊이 뿌리박혀 있게 된다.

우리나라의 경우 축의금이나 조의금과 관련된 관습에서 이는 너무나 잘 드러난다. 자녀의 혼사나 부모의 상례를 치르기 위해서는 목돈이 필요하다. 이 경우 주변 사람들은 축의금이나 조의금을 냄으로써 그 사람을 축하 혹은 위로함과 동시에 덕을 베푼다.

그러나 그것은 공짜가 아니다. 내 자녀를 결혼시킬 때 축의금을 내거나 부모의 상례를 치를 때 조의금을 낸 사람에게는 심리적인 빚을 지게 된다. 그 사람의 자녀가 결혼을 하게 되거나 그 사람의 부모가 돌아가시게 되면, 그 사람도 역시 축의금이나 조의금을 냄으로써 심리적인 빚을 갚게 된다.

재미있는 것은 그 빚을 갚는 방식이다. 한쪽 편이 경제적으로 어려움을 겪고 있는 상황이 아니라면, 축의금이나 조의금은 대체로 정확히 받은 만큼 내게 된다. 예를 들어, 선열이 결혼식에 윤영이 어머님이 축의금 30만 원을 냈다고 하자. 선열이가 외아들이고 윤영이는 3남매라면 선열이 어머님은 윤영이의 결혼 때 10만 원을 내게 된다. 그래야 서로에게 부담이 없어지는 것이다. 덕을 베풀고 갚는 방식은 고대사회, 소규모 공동체로 갈수록 정확히 균형이 맞게 된다.

만약 선열이 어머니가 30만 원을 낸다면? 선열이 어머니의 경우는 덕을 베풀었다는 만족감을 느끼겠지만, 윤영이 어머니는 마음의 빚을 지게 된다. 파렴치한이 되지 않기 위해서는 선열이네 집 대소사가 있을 때마다 달려가서 몸으로 때우기라도 해야 한다. 남에게 함부로 베푸는 것도 민폐가 될 수 있다.

더욱 흥미로운 사례는 이러한 덕과 보답의 메커니즘을 처벌에 응용하는 경우도 있다는 것이다. 저명한 인류학자인 레비-스트로스에 따르면, 북아메리카 인디언 가운데 범죄자에게 덕을 베풀어 범죄의 피해가 사회적으로 보상되도록 하는 관습을 가진 부족이 있었다는 것이다. 레비-스트로스의 입을 빌리면 이야기는 다음과 같이 진행된다. (글의 상당 부분이 너무 어려워 이해하기 힘들겠지만, 크게 염려하지는 말라. 뒤에서 자세히 설명한 내용을 읽고 나서 다시 한번 보면 잘 이해가 될 것이다.)

북아메리카 평원지대의 인디언을 예로 들어보자. 그들은 미개 민족 중 드물게 조직화된 경찰력을 지니고 있었다. 그들의 경찰력도 죄에 따른 형벌은 내렸지만, 그것이 사회적 유대와 단절된 형태를 취할 수 있다고는 상상할 수조차 없다. 그 부족의 법률을 위반한 인디언은 그의 모든 소유물―텐트와 말―의 파괴라는 선고를 받게 된다. 그러나 이러한 선고와 동시에 경찰은 그 인디언에 빚을 지게 되며, 그 인디언이 당한 고통에 대해 보상해 줄 것을 요구받는다. 여기에 대한 손해 배상은 그 범죄자가 다시 한 번 그 집단에 대해 빚을 지게 만들고, 그는 일련의 선물들을 제공함으로써, 경찰을 포함한 전체의 공동체가 그가 살아나도록 도와준다는 점을 인식해야만 한다. 이와 같은 교환은 선물과 답례 선물을 통하여 범죄와 그것에 대한 징벌에 의해서 생긴 처음의 무질서가, 완전히 완화되어 질서가 되찾아질 때까지 계속 되는 것이다. 이처럼 형벌의 개념 속에 함축되어 있는 죄인의 '유아화' 대신에 죄인이 어떤 종류의 보상을 할 수 있는 기회를 제공하도록 인정하는 것이 논리적이라고 생각한다. 만약 이것이 실천되지 않는다면 맨 처음의 조치는 효력을 상실해 버리고, 처음에 희망했던 것과는 정반대의 결과를 초래할 수 있다. 이 같은 관계에서 생각한다면, 우리들이 시행하고 있는 것처럼 죄인을 어린아이와 성인으로 동시에 취급하는 것은 불합리의 극치라 하겠다. 즉 우리는 죄인에게 형벌을 내림으로써 그를 어린아이로 취급하며, 모든 사후적인 위로를 거절한다는 점에서 그를 성인으로 취급하는 것이다. 단지 우리가 동료인 인간들을 잡아먹는 대신에 그들을 신체적으로, 도덕적으로 단절시킨다는 단순한 이유 때문에 우리들이 하나의 '위대한 정신적 진전'을 이루었다고 믿는 것은 우스꽝스러운 짓이 아닐 수 없다. (레비-스트로스, 『슬픈 열대』)

처벌 치고는 참으로 특이한 방식이 아닐 수 없다. 서구 사회로 대표되는 대다수의 이른바 '문명사회'에서는 전혀 상상조차 할 수 없는 처벌 방식이다. 그리고 "저게 무슨 처벌이야? 저래 가지고 처벌의 목적을 달성할 수나 있겠어?"라고 되물을 수도 있다. 하지만 레비-스트로스는 오히려 서구의 처벌 방식보다 그들의 처벌 방식이 일관되고 합리적이라고 말한다. 이유가 위의 글에 나와 있기는 하지만, 아마도 대다수의 독자들은 좀처럼 이해가 되지 않을 것이다. 한국말로 쓰여 있다고 한국인이 다 이해할 수 있는 것이 아님은 이 글을 보더라도 분명해 보인다.

하지만 염려하지 말라. 이 책의 저자는 철학을 땅으로 끌어내린 사람이 아니던가? 쉽게 설명해 보도록 하겠다. 다만, 좀 돌아가야 함은 양해해 주기 바란다. 스토리는 다음과 같다.

서구 사회에서는 범죄자를 사회로부터 축출하는 처벌 방식을 택한다. 중범죄자의 경우는 영원히 축출하는 방식(사형)을 택한다. 그렇지 않은 경우는 특정 지역(감옥)에 일정 기간 동안 격리함으로써 사회로부터 축출하는 방식을 택한다. 우리 모두는 그러한 처벌 방식을 당연시하지만, 레비-스트로스가 보기에 이는 정말 비인간적일 뿐만 아니라 비합리적이고 비효율적인 처벌 방식이다.

먼저 작은 공동체의 구성원들이 공동체로부터 벗어나는 것을 극도로 두려워할 수밖에 없는 이유에 대해서는 이미 설명한 바 있다. 인디언들의 입장에서는 어떤 식으로든 공동체로부터 축출시키는 것은 극도로 야만적인 처벌일 수밖에 없다.

다음으로 생각할 것은 처벌의 일관성 문제이다. 어린아이가 잘못을 저질렀을 경우와 성인이 잘못을 저질렀을 경우, 그 대응 방식에는 어떤 차이가 있을까? 다섯 살 난 어린아이가 실수로 당신 집 유리창을 깼다면 그 아이에게 책임지고 보상할 것을 요구할 것인가, 아니면 혼을 내버리고 말 것인가? 당연히 후자를 택할 것이다(물론 그 아이의 부모에게 보상을 요구하는 방법도 있겠지만, 여기에서는 논의의 범위를 사건 당사자로 한정시키도록 하자. 그래야 이해가 쉽기 때문이다). 물론 성인이 그런 잘못을 저질렀다면 전자를 택할 것이다.

우리 사회에서 죄인을 축출하는 방식은 두 가지 가운데 어떤 것에 해당할까? 그것이 자신의 실수나 잘못에 대해 책임지고 보상할 수 있는 기회를 주는 방식이 아님은 분명하다. 정해진 기간의 형기를 살고 나오면, 다시 말해서 그냥 혼나고 말면 되는 것이다. 그렇다면 이러한 처벌 방식에서는 죄인을 어린아이로 취급하고 있는 것이다.

물론 여기까지는 아무 문제가 없다. 죄를 짓는 사람은 철없는 어린아이와 다를 바 없다고 항변하는 것도 다소 일리는 있어 보인다. 그런데 중요한 것은 죄인을 다시 사회로 돌려보낼 때를 생각해 보면 도대체 일관성이 없다는 사실이다.

어린아이가 잘 모르는 곳에 혼자 가려고 할 때, 부모님은 어떤 조치를 취하는가? 한국에서 교육받은 사람들은 주관식을 싫어하니, 보기를 주도록 하겠다: (1) 충분한 돈을 주고, 가려고 하는 목적지와 과정에 대해 충분한 지식과 정보를 전달해 준다. (2) 아무런 준비 조치도 취해 주지 않고 혼자 알아서 하라고 한다. 내가 의도한 바도 그렇거니와, 여러분도 당연히 (1)번을 택할 것이다.

그런데 죄인을 교도소에 가둘 때는 그를 어린아이로 취급했던 우리 사회는 어떠한가? 교도소에서 오랜 기간을 지내고 나면 사회는 그에게 낯선 곳으로 변하고 만다. 그를 일관되게 유아로 취급한다면 출소할 때 그에게 지적, 경제적으로 충분한 준비를 시켜서 내보내야 할 것이다. 하지만 현실은 그렇지 않다. (2)번을 택하는 것이다.

영화 〈쇼생크 탈출〉을 상기해 보면 쉽게 이해가 간다. 그곳에서 수십 년을 보낸 도서관 담당 죄수는 가석방을 거부하지만, 끝내 가석방 조치를 '당하고' 만다. 사회는 그에게 "당신은 성인이니 알아서 자립하라."고 한다. 물론 마켓의 점원 자리를 구해주지만, 그것은 그가 자립하기에 너무나도 부족한 배려이다. 결국 그는 목숨을 끊고 만다. 그리고 주인공 가운데 하나인 모건 프리먼도 비슷한 충동을 느낀다.

교도소에 들어갈 때는 유아였지만, 그곳에서 교육을 받고 교화가 되었으니 성인으로 취급받아 마땅하다는, 말도 안 되는 억지스러운 변명을 늘어놓을 사람도 물론 있을 것이다. 하지만 현실은 정반대임을 많은 사람들이 너무나 잘 안다. 그들의 변명대로라면 재범률이 그리 높아서는 안 된다. 실제로는 성인으로 교도소에 들어갔다가, 어린아이가 되어 나오는 것이다. 죄인을 유아로 취급했다가 성인으로 취급했다가 하는 이러한 조치가 일관되고 합리적인 것이라고 생각할 수 있겠는가?

반면 서구인들이 야만적이라고 생각한 인디언들은 훨씬 일관되고 합리적인 방법을 택한다. 죄인을 일관되게 성인으로 여겨, 자신의 잘못에 대해 스스로 책임지고 보상할 기회를 제공하는 것이다. 그리고 여기에서 핵심적인 내용이 바로 덕의 메커니즘이다. (이제 제자리로 돌아왔다. 우리가 하던 얘기가 뭔지 잊은 독자는 없기 바란다.)

인디언의 경찰은 죄에 대한 처벌로 죄인의 텐트와 말을 없애버린다. 현대적으로 말하자면 아파트와 자동차를 압수해 버리는 것이다. 그런데 특이하게도 그 죄인에게 다시 다른 아파트와 자동차를 제공한다. 독자들은 궁금할 것이다. 그렇게 하려면 그냥 놔두지, 왜 압수하고 또 주나? 약 올리나? 하지만 거기에는 깊은 뜻이 숨어 있다.

죄를 지은 인디언은 텐트와 말을 **빼앗긴** 것이 자신의 죗값이라고 생각한다. 그런데 경찰은 그에게 다시 말과 텐트로 표현되는 호의를 제공했다. 경찰로 상징되는 부족은 그에게 덕을 베푼 것이고, 그는 마음의 빚을 진 것이다.

작은 공동체일수록 덕에 대해 보답해야 한다는 의식이 강함은 앞에서 설명한 바와 같다. 부족의 은덕을 입은 그 죄수는 부족에게 보답해야 함을 느낀다. 어떤 방식으로든 말이다. 그는 부족 공동체의 일에 솔선수범해서 나설 것이며, 노인과 아이들을 보호하고 돌보는 데 앞장설 것이다. 이러한 선행은 그가 자신의 빚을 다 갚았다고 생각할 때까지 계속되기 마련이다.

덕의 메커니즘을 이용한 이러한 처벌 방식은 죄를 지은 사람으로 하여금 스스로 책임질 기회를 제공한다. 사회로부터 축출하는 방식이 모순을 내포하고 있는 데 비하면 더 일관되고 합리적인 처벌 방식임을 부인할 수는 없을 것이다. 물론 이러한 방식이 잘 작동할 수 있는 공동체의 규모에는 제한이 있겠지만 말이다.

5. 권위와 체벌

도대체 권리와 덕이 권위와 어떤 관계가 있기에 이렇게 먼 길을 돌아서 온 것일까? 권위는 권리와 덕의 중간 정도에 해당하는 개념이다. 권리와 덕의 형성 메커니즘에서 차이가 나는 것은 계약 혹은 합의의 존재 여부임은 앞에서 설명한 바와 같다. 권위가 그 중간에 해당한다면 계약이 있다는 말인가, 없다는 말인가?

이를 분명하게 이해할 수 있는 좋은 방법 가운데 하나는 그 말의 일상적인 용례를 살펴보는 것이다. 여기에서 먼저 분명히 하고 넘어가야 할 것이 하나 있다. 앞에서 이미 언급한 것처럼, 권위라는 말에는 부정적 의미와 긍정적 의미가 동시에 존재한다. 그리고 그 공통분모는 '복종'이다. 우리가 원하는 것은 부정적 의미의 권위 획득이 아니므로, 그리고 부정적 의미의 권위는 폭력을 통해 가능함을 쉽게 이해할 수 있으므로, 이곳에서는 긍정적 의미의 권위로 논의의 범위를 제한할 것이다.

긍정적 의미의 권위가 들어가는 용법을 생각해 내기란 어렵지 않다: 권위 있는 학자, 권위 있는 의사, 권위 있는 발명가, 권위 있는 요리 전문가 등등. 그렇다면 이들은 앞서 말한 계약과 무슨 관련이 있을까? 도대체 우리가 그들과 계약을 맺기는 한 것일까?

정답은 계약이 암묵적으로 존재한다는 것이다. 권위 있는 치과 의사에게 진료를 받기 위해 진료대에 누워 입을 벌릴 때, 누구도 그 의사가 자신의 목을 찔러 죽이리라고 의심하지는 않는다. 그의 소임이 치아를 치료하는 것임은 그 자신이나 우리 모두가 이미 알고 있다. 미용실이나 이발소에 가서 머리를 자를 때도 마찬가지이다. "절대로 그 가위로 내 귀나 코를 잘라서는 안 됩니다. 당신은 내가 원하는 대로 머리를 다듬어주고, 일정 정도의 대가를 받아야 합니다. 그런 내용의 계약서에 먼저 서명하고 머리 자르는 일을 시작하도록 합시다."라고 말하는 사람은 없다. 그저 자리에 앉아 요구사항을 말하면 그는 그렇게 해줄 뿐이다.

이는 그저 대표적 사례일 뿐이다. 많은 사회적 관계에서는 분명한 계약이 없어도 당사자들은 이미 서로의 역할을 잘 알고 있다. 계약서를 쓴 적도 없고, 구두로 약속을 하지 않더라도 어떤 사람이 특정 분야의 일에 종사한다는 것 자체가 이미 사회와의 계약과 같은 역할을 하는 것이다. 권위란 그런 암묵적인 계약을 기대 이상으로 잘 이행하는 사람에게 생겨난다. 사람들은 최소한 그 분야와 관련된 일에 있어서는 그에게 자발적으로 복종하는 것이다. 반대로 암묵적 계약이 존재하지 않거나 혹은 그 계약을 이행하지 않은 상태에서 강제로 사람들을 복종시킨다면, 권위를 얻을 수 있을지는 모르지만, 그것을 바람직한 의미의 권위라고는 할 수 없을 것이다. 앞에서 말한 바 있는 부정적인 의미의 권위에 해당하게 되는 것이다. 슬프게도 이러한 부정적 권위의 대표적 사례를 발견할 수 있는 곳은 바로 교육의 현장이다.

우리나라의 교육법에서는 실추된 교사의 권위를 회복할 목적으로 제한된 범위에서나마 체벌을 허용하고 있다.[1] 사실 교육 현장에서 교사들의 모습은 왜소하다 못해 안쓰러워 보이기까지 한다. 과도한 업무와 사교육과의 경쟁, 그리고 버릇없는 아이들로 인해 젊은 시절 가졌던 꿈은 좌절되기 일쑤다. 그렇다고 해서 체벌을 통해 교사들의 권위를 회복할 수 있을까? 이에 대한 해답 역시 암묵적 계약과 그 이행에 대한 물음에 의해 쉽게 얻을 수 있다. 하지만 이 시점에서 잠시 돌아가는 길을 택해 보기로 하자.

여기에서 우리는 먼저 과거와 현대의 교육 목표가 상이함에 주목할 필요가 있다. 교육이란 사회에서 필요로 하는 인간상을 만들어내는 사회화 가운데 가장 중요한 부분을 차지한다. 따라서 교육의 목표가 무엇인가를 이해하기 위해서는 그 사회의 지향점이 무엇인가 하는 더욱 광범위한 질문이 필요해진다.

학생들에 대한 체벌의 필요함을 역설하는 사람들이 가장 자주 거론하는 것 가운데 하나가 바로 전통사회에서 훈장님이나 부모님이

---

1 초등교육법 시행령에서는 "교육상 불가피한 경우"에 체벌을 할 수 있도록 하고 있으나, 경기도와 서울시 교육감에 진보 인사가 당선되어 체벌 금지를 추진함으로써, 논란이 가열되고 있는 상황이다.

들었던 '사랑의 매'이다. 그들은 그것마저도 욕할 수 있느냐고 되묻는다. 이러한 질문에 맞닥뜨리면 쉽게 대답할 수 없는 것도 사실이다. 하지만 곰곰이 따져보면 당시의 체벌과 현대사회의 그것은 배경과 의미가 전혀 다름을 알 수 있다.

전통사회는 무엇보다 형이상학적인 질서가 지배하던 사회였다.[2] 동서양을 막론하고, 절대적인 우주적 도리가 존재하고, 인간은 그에 따라 살아가야 한다고 생각했던 것이다. 훈장님의 회초리가 통용되던 사회에서 그것은 도(道) 혹은 도리(道理)라는 이름을 가지고 있었다.

인간이면 누구나 그것을 따라야 한다. 개인적인 의지나 기호는 중요하지 않다. 사회의 구성원으로서 내가 어떠한 역할을 수행해야 하는지는 내 의견과 무관하게 정해져 있는 것이다. 양반집 여성으로 태어나면 마땅히 현모양처가 되어야 하고, 양반집 남성으로 태어나면 과거를 통해 입신양명해야 한다. 백정 집안에 태어났으면 백정이 되어야 하고, 서자로 태어났으면 서자의 삶을 살아야 한다.

동서양을 막론하고, 전통사회에서 자신에게 주어진 삶의 방식을 거부하면 그 사회에서 내쳐지는 수밖에 없다. 마녀 사냥의 희생양이 되거나, 홍길동이나 임꺽정 같은 인물이 되어야 하는 것이다. 당시에 사회에서 내쳐진다는 것은 정상적인 인간으로서의 삶을 포기하는 것과 같다. 스승이나 부모로서는 매를 쳐서라도 올바른 길(道)을

---

2 형이상학이라는 어려운 말을 쓴 것은 미안한 일이지만, 이에 대해서는 『철학 땅으로 내려오다』 앞부분에서 이미 자세하고 쉽게 설명해 놓았으니 그곳을 참고하기 바란다.

가도록 할 수밖에 없다. 길은 정해져 있으며, 그 길을 가는 것 외에는 선택의 여지가 없었던 것이다.

하지만 시대는 달라졌다. 민주주의의 시대가 온 것이다. 민주주의는 인식론적 회의주의를 기반으로 한다.[3] 절대적인 진리가 존재한다 하더라도, 어느 누구도 그것을 확실히 알 수 없음을 전제하는 것이다. 그렇기 때문에 대화와 타협을 통한 다수결의 원리에 의해 사회가 운영된다.

사회의 지향점이 바뀌면 교육의 지향점도 바뀌어야 한다. 전통사회에서 교육의 목표는 기존의 질서에 순응하는 인간을 길러내는 것이었다. 그러한 방법에 가장 잘 어울리는 것은 바로 주입식 교육이다. 그냥 '까라면 까야' 하는 것이다. 반발하거나 의심하면 패는 수밖에 없다. 때리는 입장에서 보더라도 그것만이 피교육자를 위한 최선의 길이다. 그 피교육자가 역사에 한 획을 그을 만한 위대한 혁명가가 되지 않는 한 말이다. 그리고 그러한 가능성은 거의 없다.

하지만 민주주의 사회란 그야말로 국민이 주인 되는 사회이다. 그리고 그 사회에서의 교육이란 스스로가 주인임을 자각하는 주인의식을 가진 민주 시민을 양성하는 것이다. 진정한 민주 사회의 올바른 민주 시민이라면 차이와 다양성을 인정할 줄 알아야 한다. 상호 비판과 견제를 통해 사회의 균형은 유지된다. 누구나 자신의 목소리를 낼 줄 알아야 한다. 거기에서 발생하는 갈등과 충돌에 대해서는 대화를 통해 해결을 모색하되, 대화로 문제가 해결되지 않을 경우에

---

3 이 역시 『철학 땅으로 내려오다』 후반부에서 자세히 설명하고 있다.

는 그 문제를 잠시 보류해 둘 줄도 알아야 한다. 삶의 목적과 방법을 스스로 선택하고, 다른 사람들의 선택도 존중할 줄 아는 시민의 양성이 민주사회에서 교육의 목표인 것이다.

따라서 과거의 사회에서 피교육자가 수동적인 교육의 객체였다면, 현대사회에서 피교육자는 능동적으로 참여하는 교육의 주체여야 한다. 현대사회의 교육 이념을 한마디로 정의한다면 이른바 '수요자 중심의 교육'이라고 할 수 있는 것이다. 교육의 목표 및 방향 설정에 피교육자가 능동적으로 참여하여 주체가 되는 교육이야말로 민주 사회의 바람직한 교육 형태이다. 과거의 선생이 주입과 강제, 폭력을 통해서라도 올바른 길로 인도해 주는 역할을 담당하였다면, 현대의 선생은 스스로가 길을 찾아갈 수 있도록 도와주는 조언자의 역할을 담당해야 마땅하다.

수학이나 과학 과목에서처럼 명백한 답이 존재하는 분야가 있다고 반문하는 독자가 있을지 모르겠다. 최소한 그런 과목들에는, 전통사회의 사례에서처럼 유일한 답이 존재하며, 그것은 민주적으로 가르쳐질 수 있는 것이 아니라고 말이다. 그런 경우에는 패서라도 가르치는 것이 선생의 본분이 아니겠냐고 말이다.

물론 그런 과목에는 분명 하나의 답이 존재한다. 하지만 그 과목들을 못한다고 해서 맞을 일은 절대로 아니다. 그 지식이 필요한 삶을 선택할지, 그렇지 않은 삶을 선택할지가 먼저 결정되어야 하며, 후자 쪽으로 결정이 내려진다면 그러한 지식을 습득하지 않는 것은 전혀 문제가 되지 않는다. 여기에서 잠시 내 경험을 이야기해 보도록 하겠다. 자꾸 돌아간다고 불평하지 말고 자비롭게 들어달라.

나는 고등학교 때 두 번의 전학을 경험한 바 있다. 첫 번째 전학은 다니던 학교가 먼 곳으로 이전하는 데서 비롯되었다. 그런데 문제는 전학 간 학교에 전혀 적응할 수 없다는 것이었다. 원래부터 자유분방한 영혼을 가진데다가, 전에 다니던 배재고등학교의 풍토 또한 내게 너무나 잘 맞았기 때문이다. 그 학교에서는 고 3이 바로 앞에 있는 초등학교 6학년과 같이 수업을 마치고 나오곤 했다. 추석 전날이라고 오전 수업을 하기도 하고, 미국 대통령이 방한했다고 오전 수업을 하기도 했다. 심지어는 바람이 너무 세게 분다고 오전 수업을 했던 기억도 난다.

이렇게 학생들에게 엄청나게 많은 자유시간이 주어졌지만, 그렇다고 해서 학생들의 학업 능력이 뒤떨어졌던 것은 아니다. 현재도 그러하지만, 당시 학교 학업 능력의 척도였던 일류대 진학률이 서울 전체 평균을 훨씬 상회했던 것이다. 나는 그러한 풍토 속에서 언제나 동아리 활동에 열심이었으며, 운동도 그에 못지않게 열심히 했다.

학교의 이사로 인해 전학을 결심하기는 했지만, 학교가 바뀐다고 해서 모든 것이 그렇게 크게 바뀔 줄은 정말로 몰랐다. 전학 간 학교에서는 우선 머리를 짧게 자르도록 했다. 이른바 스포츠형 머리를 강요한 것이다. 제일 먼저 맞닥뜨린 이 사태는 정말 슬픈 일이었다. 나는 중학교 2학년까지 영화 〈친구〉에 나오던 검은색 교복에 국방색 가방을 들고, 빡빡머리로 학교에 다녀야 했다. 3학년 때 비로소 두발 자율화가 실시되었고, 다음 해부터는 교복도 자율화되었는데, 그때의 해방감이란 이루 말할 수 없는 것이었다. 그런데 2년 만에 다시 '군바리 머리'로 되돌아가야 했던 것이다.

그에 못지않게 충격적이었던 것은 밤 10시가 넘어서까지 이른바 '자율학습'을 해야 한다는 사실이었다. 말이 그렇지 그것이 타율학습임은 누구나 아는 바이지만 말이다. 게다가 매주 월요일이면 '애국 조회'를 하는데, 여학생들까지 똑같은 색의 체육복을 입고(당시에는 교복 자율화가 시행된 초기라 그 학교도 교복을 입지 않았다) 오열을 맞추어 서서 교장 선생님의 훈화를 듣곤 했다.

요즘은 어떤지 모르겠지만, 교장 선생님의 훈화 시간은 그야말로 죽을 맛이었다. 아마 조회 시간의 훈화는 결혼식장의 주례사와 더불어 세상에서 가장 지겨운 이야기 중의 하나이리라. 30~40분 동안 부동자세로 서서 귀에 들어오지도 않는 뻔한 말을 들어야 했는데, 더운 여름이면 쓰러지는 학생들까지 속출했다. 그리고 조회가 끝나면 군인들이 행군하듯이 오열을 맞추어 교실로 걸어 들어가야 했다.

전학 가기 이전에도 조회는 있었다. 그런데 당시 교장 선생님의 훈화는 정말 인상적이었다. 절대로 30초를 넘기는 일이 없었으니 말이다. 처음 접한 조회 시간의 훈화는 정말 충격 그 자체였다. "여러분, 배재를 사랑합시다!" 이것이 끝이었다. 그 다음 주에는 "여러분, 배재는 영원합니다!"였다. 어언 20여 년이 흘렀지만, 여전히 그 말씀들은 여전히 기억 속에 생생하다.

오염된 도시 공기만을 마시고 살아온 사람은 그에 대해 그다지 괴로움을 느끼지 못한다. 하지만, 현재의 우리 가족처럼, 물 좋고 공기 맑은 촌에 사는 사람이 도시에 한번 나가면 그 괴로움이란 말로 표현하기 힘들다. 자유란 그보다 더 심한가 보다. 전학 간 학교에서의 삶은 숨 막히는 것이었다.

　체벌도 상상을 초월하는 수준이었다. 성적이 떨어졌다고 수십 대 맞는 것은 예사였다. 나는 선생님이 분을 참지 못한 나머지 학생에게 화분을 집어 던지는 것을 본 적도 있다. 나는 당시 전교에서 몇 손가락 안에 꼽을 정도로 상위권의 성적을 유지했기 때문에, 그로부터 예외이기는 했지만, 이건 아니라는 생각이 점점 고개를 들었다.

　정확히 이유는 알 수 없지만, 나는 일부러 선생님께 맞는 길을 택했다. 한번 맞아보고 싶었는지도 모른다. 내 마음을 알았는지, 선생님도 사양하지 않고, 다른 아이들처럼 때려주셨다. 아이스하키 스틱으로 50대였다. 일주일 간 제대로 앉지도 못할 정도였다. 나는 바로 전학을 신청했고, 선생님도 그럴 줄 알았다는 듯이 아무 말도 없이 보내주었다. 그리고 약간의 편법을 동원해서 이전에 다니던 학교로 다시 전학을 가게 되었다. 이것이 한 학기 동안의 일이었다.

　낚시에 걸렸던 물고기가 다시 물로 돌아간 느낌이랄까? 나는 다시 자유를 만끽하면서 학창 시절을 보낼 수 있게 되었다. 물론 등하교 시간이 최대 4시간까지 걸릴 수도 있다는 점을 감수해야만 했지만 말이다. 그런데 작은, 아니 매우 심각한 문제가 발생했다. 두 학교는 서로 다른 교과서를 채택하고 있었는데, 다른 과목은 큰 문제가 안 되었지만, 수학 과목의 진도가 두 번이나 꼬여서 상당 부분을 배우지 못한 채 지나가게 된 것이었다. 게다가 그것은 고등학교 수학 전체에서 가장 핵심적인 부분이었다.

　학교 시험은 어떻게 어떻게 처리해 나갔지만, 문제는 모의고사였고, 궁극적으로는 대학입학시험이었다. 3학년 첫 모의고사에서 나는 지망 학교와 학과 란에 서울대 철학과를 써넣고 시험을 보았는데, 컴퓨터로 분석한 결과 나온 답은 "학생은 약 34점이 모자라니, 포기하십시오."라는 것이었다. 당시 학력고사 만점이 340점이었으니, 얼마나 큰 점수가 모자라는지 알 수 있다. 그런데 그 점수가 온전히 수학 한 과목에서 부족한 것이었다. 당시 수학 과목의 만점이 40점이었는데, 나는 10점 정도를 받은 것이었다.

이런 일은 여름방학 전까지 계속되었다. 다각도로 노력을 하지 않은 것은 아니지만, 혼자서 그것을 만회하는 것은 쉽지 않았다. 하지만 나는 포기하지 않았고, 여름방학 동안 이를 악물고 문제 천 개를 풀어서 방학 후에 모의고사에서 34점, 학력고사에서는 36점을 맞아 내가 원하던 서울대 철학과에 진학을 할 수 있게 되었다.

그런데 그 이후 20년이 넘도록 나를 그토록 애먹인 그 수학적 지식을 써먹을 기회는 전혀 없었다. 생활인으로뿐만 아니라 철학자로서도 그것은 내게 전혀 필요가 없었던 것이다. 단 한 가지, 과외를 할 때를 제외하면 말이다.

다시 원래의 맥락으로 돌아가보자. 나처럼 나름 한 분야의 전문가로서 살아온 사람에게도 그 지식은 전혀 필요하지 않았다. 나는 지금도 모든 고등학교 학생들에게 그렇게 어려운 수학을 가르쳐야 하는 이유를 모르겠다. 학생들에게 말 못할 스트레스를 주면서까지 말이다. 이과생이나 특정 분야의 전문가가 아니라면 미적분이나 삼각함수(내가 배우지 못한 대표적인 분야가 이 부분이다)와 같은 내용을 어디에 써먹겠는가? 내 생각에는, 중고등학교의 수학에서는 실생활에 적용될 수 있는 대표적인 응용 문제들을 정해 놓고, 그것을 풀기 위한 방편으로 수업이 진행되어야 한다.

물론 철학을 전공하는 사람들 가운데에도 전공에 따라서는 고도의 수학적 지식을 필요로 하는 사람들이 있다. 하지만 그 사람들은 필요하면 알아서 다 공부하게 되어 있다. 교양 수학 수업을 듣든, 아니면 수학과 과목을 듣든 말이다. 경영학과와 같은 경우도 마찬가지이다. 학과 커리큘럼에 수학을 넣거나, 수학의 몇 과목을 필수로 수강하게 하면 되는 것이다. 그렇게 스스로 필요성을 느낄 때 학습의 효과는 배가되기 마련이다.

그런데 이 모든 것은 자신이 어떤 방향으로 살아갈 것인지를 결정한 후의 일이다. 애초부터 나처럼 철학을 전공하기로 결정한 사람에게 수학을 잘 못한다고 매를 들 일은 아니다. 비보이가 되고 싶다거나, 미술을 하고 싶다거나 한다면 더욱더 그러하다.

수요자 중심의 교육에서 무엇보다 중요한 것은 동기부여이다. 교육의 목표와 방향 설정에 적극적으로 참여함으로써 피교육자는 교육과정에 의욕을 가지고 자발적으로 참여하게 된다. 피교육자의 선택은 정당하고도 분명한 이유를 제시할 수 없는 한 일단 존중되어야 한다. 전통사회에서 백정의 아들이 과거에 응시하기를 꿈꾼다면 패서라도 말려야겠지만, 현대에는 모든 길이 열려 있다고 해도 과언이 아니다. 최고의 래퍼, 최고의 댄서, 최고의 무술가, 최고의 농업인 등등, 무엇을 꿈꾸든 문제될 것은 없다.

설사 타당한 이유를 제시할 수 있는 경우라 하더라도 그 이유를 제대로 납득시키는 것은 선생의 역할이자 책임이다. "내 이야기를 왜 못 알아듣는 거야? 바보 같은 녀석!"이라는 태도를 가진 자는 현대사회에서 선생의 역할을 수행할 수 없다. "학생들이 못 알아듣다니… 내 설명이 잘못되었거나 너무 어려웠나보군!"이라는 태도를 가진 사람만이 훌륭한 선생이 될 수 있는 것이다.

수요자 중심의 교육이 쉽지 않음을 보여주는 대표적인 문제를 두 가지만 거론해 보겠다. 첫 번째, 문제의 전형적인 사례는 "자신이 담임 선생님이라면 급훈을 무엇으로 정할 것인가?" 하는 것이다. 문제는 얼마든지 변형 가능하다. "자신이 교장 선생님이라면 교복 및 두발 문제를 어떻게 할 것인가?" 등으로 말이다. 급훈 문제로 돌아가보자. 대다수의 응답자들은 "언제나 최선을 다하자", "최후에 웃는 사람이 되자" 등 자신이 가장 훌륭하다고 생각하는 내용을 찾고자 애쓴다. 그러나 급훈에서 가장 중요한 조건이 무엇인가를 물으면 바로 대답이 달라질 수밖에 없다. 급훈이란 학생들에게 가장 절실하고 필요한 내용이어야 하며, 그 결정은 학생들 스스로가 해야만 한다.

그렇다고 해서 학생들의 결단에 그저 맡겨두기만 하는 것으로는 선생의 역할을 충분히 했다고 할 수 없다. "흡연의 자유를", "못 따라오는 놈은 왕따시키자" 따위가 급훈이 될 수 없음은 분명하다. 사실 그러한 급훈을 정할 아이들은 없다. 하지만 급훈을 정하는 과정에서 뭔가 문제가 있다고 여겨질 때 선생의 역할은 그러한 급훈이 왜, 어떤 문제가 있는지 설명하고, 학생들이 지식과 정보의 부족으로 인해 고려하지 못하는 측면이 없도록 도움을 주는 것이다.

두 번째 사례는 모 교육대학의 면접시험에서 출제되었던 문제이다. "연로하신 부모님이나 조부모님께서 인터넷을 배우고자 하신다. 어떤 순서에 따라 가르쳐드릴 것인지 우선순위에 따라 설명해 보라." 이 문제도 또한 얼마든지 변형 가능하다. 그리고 바람직한 응답도 대다수의 사람들이 대답하는 그 '순서'는 아니다. 대개의 사람들은 "컴퓨터 켜는 법을 먼저 가르쳐드리고, 그 다음에는 마우스 사용법과 키보드 사용법…"이라고 대답한다. 그에 대한 반론은 한마디로 충분하다. "당신은 그렇게 배웠나요?", "당신이 그런 순서로 배운다면 잘 배울 수 있을 것 같은가요?" 이제 이 문제에 대한 답은 상상에 맡겨도 좋을 듯싶다. 그리고 애초부터 논의하던 교사의 권위 문제로 다시 돌아가보자.

앞에서 말한 것처럼 진정한 권위란 암묵적 계약의 이행에서 얻어진다. 체벌이 교사의 권위 회복에 도움이 될 수 있는지 하는 문제 역시 이로부터 해결할 수 있다. 교사가 학생 및 학부모, 그리고 사회와 맺고 있는 암묵적 계약은 무엇일까? 너무도 쉽게 '지식의 전수'라고 대답해서는 안 된다. 학교의 목적이 단순한 지식 전수에 있다면, 학교가 아니라 학원에 다니는 편이 훨씬 낫다. 검정고시 과정을 거치면 고등학교 3년 과정을 1년 내에 1등급으로 마치기도 그리 어렵지 않다.

지식의 전수는 물론 교사의 역할이다. 그러나 교사는 학원 선생과 달리 또 다른 역할을 가지고 있다. 이른바 '전인교육'이 그것이다. 학생의 지식뿐만 아니라 인격적인 측면까지 책임지는 것이 교사이다. 어린아이가 옆집의 유리창을 깨거나 하는 등의 잘못을 저지르면 부모가 책임을 진다. 보호자이기 때문이다. 학교에서 보호자는 교사이다. 학생에게 잘못이 있다면 학생을 때리기 전에 보호의 의무를 다했는가 생각해 보아야 한다.

보호의 의무는 어떻게 이루어지는가? 지식의 전수로 끝나는 것이 아님은 물론이다. 언제나 관심과 애정을 가지고 자상한 대화로 학생들 하나하나의 문제를 파악하고 조언을 해주어야 한다. 훌륭한 부모는 자식을 행동만 가지고 판단하고자 하지 않는다. 예상에서 벗어나는 행동을 하면 무슨 고민이 있어서 저러는 것일까 알고자 노력한다. 이는 교사의 경우에도 마찬가지이다.

교사와 사회의 암묵적 계약은 지식의 전수와 인격 도야, 두 가지이다. 암묵적 계약을 완수하는 교사에게 권위는 저절로 주어진다. 몇 가지 경우를 생각해 보자. 먼저 지식 전수는 완벽하게 하지만 인격적인 측면에서 도움이 되지 않는 교사를 생각해 볼 수 있다. 그 교사의 수업을 들으면 학원에 갈 필요도, 다른 참고서를 살 필요도 없다. 그러나 그는 학생들을 무시하고, 욕하고, 때리기 일쑤이다. 그렇다면 학생들은 그 교사에게 어떤 태도를 취할까? 어정쩡한 태도를 취한다. 완전히 복종하지도, 그렇다고 해서 전적으로 무시하지도 않는다. 계약의 반만을 이행했기 때문이다.

이번에는 반대의 경우를 생각해 보자. 수업은 별로이지만, 언제나 학생들을 존중하고 관심과 애정으로 대하는 선생님을 생각해 보라. 기억 속에서든, 현재 진행형이든, 이 두 가지 형태에 가까운 선생님은 한 사람 정도 존재하기 마련이다. 하지만 이 후자의 경우 역시 완전한 복종도, 무시도 하지 않는다. 그 역시 계약의 반만을 이행했기 때문이다.

이번에는 슬프지만 현실에 잘 존재하지 않는 교사를 생각해 보자. 더 이상 말하지 않아도 알 것이다. 두 가지 조건을 모두 갖춘 교사

말이다. 그런 교사가 존재한다면 어떨까? 대다수의 학생들이 그에게 자발적으로 복종하고, 학교에 가는 것을 즐거워할 것임은 명약관화하다. 학생들이 복종하지 않는, 다시 말해서 권위가 실추된 근본적인 원인은 학교와 교사에게 있다. 그것은 체벌을 통해 회복될 수 있는 것이 아니다. 부정적인 의미의 권위를 얻고자 하는 것이 아니라면 말이다.

사실 조선시대의 교사에게 체벌이 큰 문제가 되지 않았던 것은 그 이유가 사회상에만 있는 것은 아니다. 조선시대의 훈장은 그 마을에서 가장 학식이 높고 인격으로 존경받던 사람이었다. 권위를 위해 체벌을 한 것이 아니라, 이미 권위를 가지고 있었던 사람이 체벌을 한 것일 뿐이다.

교육에 관한 내용을 다룰 때면, 내가 학생들과 같이 보곤 하는 영화가 있다. 원제목은 〈To Sir With Love〉인데, 우리나라에서는 〈언제나 마음은 태양〉이라는 제목으로 상영되었던 영화이다(그 영화의 리메이크작이라 할 수 있는 것이 바로 〈위험한 아이들〉이다). 지금은 DVD나 비디오도 구하기 힘들지만, 내가 보기에는 모든 교사와 교사 지망생들이라면 최소한 그 영화는 보아야 한다.

그 영화에서 주인공 역의 흑인 배우는, 원래 교사가 되려던 것은 아니지만, 원하던 직장을 얻지 못해 당분간 빈민가의 문제아들이 있는 학교의 교사로 일하게 된다. 아이들은 정말 골칫덩어리이다. 학교의 다른 선생님들은 이미 그들을 포기한 채, 그저 하루하루를 때우며 지낸다. 아이들이 선생님 앞에서 담배를 피우는 것은 물론이고, 수업 시간에 선생님 무시하기, 무단 결석, 싸움 등도 아무 일도 아니다(물론 요즘과 비교해 보면 그 아이들의 반항도 다소 순진해 보이기까지 한다. 하지만 그것은 어디까지나 시대적 상황의 문제일 뿐이다. 영화에서 의도한 바에 따르면 그들은 엄청난 문제아들이다).

비록 임시로 하는 일이지만, 주인공은 다른 선생님들과 달리 최선을 다한다. 아이들을 설득하고, 결석하는 아이가 있으면 집에 찾아가 무슨 문제가 있는지 상담하고 도와주고자 한다. 하지만 아이들은, 이미 다른 선생들이 잠시 그렇게 하다가 포기했음을 경험한 탓인지 모르겠지만, 그에게 비아냥거리고 그를 조롱한다.

그러던 어느 날, 아이들의 우두머리 격에 해당하는 불량스러운 학생이 이 교사를 욕보이기 위해 체육 시간에 교사와 권투 시합을 할 것을 청한다. 교사는 거절하지만, 학생들의 계속적인 요구에 못 이겨 결국 시합에 임하게 된다. 처음에는 학생의 일방적인 우세로 진행되었다. 하지만 그것은 그 교사가 참고 있었기 때문이었다. 강편치를 몇 대 맞은 교사는 분을 참지 못하고 학생에게 카운터펀치 한 방을 날려 KO시켜 버린다.

학생들은 쑥맥인 줄만 알았던 선생이 강한 데 대해 놀라지만, 주인공은 몹시 괴로워한다. 비록 권투 경기 중이었지만, 자신이 선생의 본문을 잊고, 분에 못 이겨 학생을 때린 데 대한 자책이다. 그리고 상황은 다시 전과 같이 반복된다. 계속되는 학생들의 일탈과 그것을 막기 위한 노력의 연속이다.

그런데 선생의 노력이 조금씩 결실을 맺게 되는 결정적 계기는 선생 스스로 발상의 전환을 한 것이었다. 그는 학생들을 온전한 인격체로 대하기 시작한다. 학생들에게도 반드시 존칭을 쓰고, 스스로 존중받을 만한 행동을 할 것을 요구한다. 선생을 포함한 모든 기성 세대들로부터 문제아로만 취급받던 아이들은 신선한 충격을 받는다.

선생은 또한 책을 휴지통에 버린다. 어차피 그들은 교과서적인 공부에 전혀 관심이 없었기 때문이다. 그는 학생들이 진정으로 궁금해하는 것들, 학생들에게 진정으로 필요한 것들에 대해 대화를 나누고 해결책을 찾아나간다. 아이들의 질문에 대해 토론하고, 옷 입는 법, (여학생들에게는) 화장법 등과 같은 것들을 가르쳐준다. 아이들에 대한 믿음을 버리지 않고 모든 학교 관계자들이 반대하던 박물관 견학을 수업의 일환으로 실시하기도 한다.

아이들은 속으로 그를 좋아하기 시작했지만, 그렇다고 아이들이 급작스럽게 달라져 모범생이 된 것은 아니다. 다른 선생님들이 보기에 그들은 여전히 문제아들일 뿐이다. 어느덧 그 학생들이 졸업할 때가 온다. 그런데 주인공에게 드디어 기회가 찾아왔다. 원하던 직장으로부터 합격 통지서가 날아온 것이다. 그는 이 아이들을 끝으로 이 지긋지긋한 곳에서 탈출하리라 결심한다.

그런데 어느 날 한 여학생이 주인공을 강당으로 끌고 간다. 내색은 안 했지만, 아이들은 선생님의 진심에 감동받고 감사해 왔던 것이다. 그리고 선생님 몰래 감사의 이벤트를 준비한 것이다. 당시 학생 역으로 출연한 루루라는 가수가 그 영화의 주제가를 부르는데, 그 장면은 이 글을 쓰는 지금도 가슴이 찡할 정도로 감동적이다. 그 노래의 제목이 바로 영화의 원제목인 〈To Sir With Love〉, 즉 〈사랑하는 선생님께〉인 것이다.

Those schoolgirl days of telling tales And biting nails are gone

수다를 떨며 손톱을 깨물던 여학생 시절은 가버렸습니다.

But in my mind I know They will still live on and on

하지만 내 마음속에는 그 추억들이 계속 남아 있으리라는 것을 알아요.

But how do you thank someone who has taken you from crayons to perfume,

그러나 크레용을 만지던 소녀를 향수를 뿌리는 숙녀로 인도해 주신 분에게 어떻게 다 감사를 해야 할까요.

It isn't easy but I'll try

쉽진 않겠지만, 노력할게요.

If you wanted the sky

당신이 하늘을 원하신다면

I'd write across the sky in letters That would soar a thousand feet high To Sir, With Love

하늘에 글씨를 쓰겠어요. 그 글씨는 하늘 높이 "선생님, 사랑해요"라고 수놓아질 거예요.

The time has gone, for closing book and long last looks must end

그 시절은 가버렸고, 책을 덮고 아쉬운 마지막 작별의 눈길도 멈추어야 합니다.

And as I leave I know that I am leaving my best friend

그리고 이제 떠나면 내 최고의 친구와 작별하게 된다는 것도 알아요.

A friend who taught me right from wrong and weak from strong that's a lot to learn

그 친구는 내게 옳고 그름, 약하고 강함을 구별하는 등 배워야 할 많은 것을 가르쳐주었죠.

What, what can I give you in return

무엇으로, 무엇으로 당신께 보답할 수 있을까요.

If you wanted the moon I would try to make a start

당신이 달을 원하신다면, 그걸 따오려는 노력을 시작해 보겠어요.

But I would rather you let give my heart To Sir, With Love

그러나 그보다는 차라리 "선생님, 사랑해요"라고 말하는 제 마음을 드리고 싶어요.

Those awkward years have hurried by why did they fly away

그 힘들었던 시절은 왜 그렇게 빨리 지나가버렸을까요.

Why is it Sir children grow up to be people one day

선생님, 왜 아이들은 어느 날 자라서 어른이 되는 걸까요.

What takes the place of climbing trees and dirty knees in

the world outside

　나무를 타고 무릎을 더럽히며 놀던 우리를 저 밖에 있는 세상으로 데려가는 것은 무엇일까요.

　What is there for you I can buy

　거기에 당신을 위해 내가 살 수 있는 것이 무엇이 있을까요.

　If you wanted the world I'd surround it with a wall I'd scrawl these words with letters ten feet tall To Sir With Love

　당신이 세상을 원하시면, 나는 내가 그 세상을 벽으로 둘러싸 그 벽에 높이 높이 "사랑해요, 선생님"이라고 쓸 거예요.

아! 독자 여러분도 반드시 한번 보기 바란다.

　영화 이야기로 다시 돌아가보면, 주인공은 아이들의 마음에 감동을 받는다. 그리고 집으로 가는 길에 원하던 회사에서 온 취업 통지서를 찢어버린다. 어떤가? 그가 학생들의 마음을 얻은 방식은? 그는 그야말로 진정으로 권위 있는 선생이 되었다. 학생들은 그에게 진심으로 복종하고, 그의 가르침에 따라 살기 위해 노력할 것이다.

　철학과에 다니던 시절, 범민족철학자대회라는 것이 열린 적이 있었다. 그 가운데 한 파트의 토론 시간에 참여한 적이 있는데, 여러 학교 교수님들이 모여 발표와 토론을 하고 있었다. 그런데 우리 학교에 있는, 당시로는 꽤 젊었던 교수님 한 분이 들어오자, 나머지 모든 분들이 마치 선생님 앞의 초등학생들처럼 존경을 표하며 말씀을 듣고 질문을 하던 기억이 난다.

　그런데 그 교수님에 대해 내가 기억하는 사건은 이것으로 끝이 아니다. 복도에서 그분을 만나 인사를 하면, 그 교수님은 나보다 더 깊이 머리를 숙이며 "예" 하고 웃으며 답을 하곤 했다. 그러던 어느 날인가, 그냥 평소에 궁금히 여기던 것이 한 가지 있어서 교수님께 질문을 하게 되었다. 고백하건대, 학문적으로 심각하게 고민하던 문제가 아니라, 수업을 듣다가 궁금했던 것을 당시에 질문하지 못했기 때문에, 우연히 만난 참에 여쭤본 것일 뿐이다. 나는 사실 그리 절실하거나 심각하지 않았다.

그런데 교수님께서는 당신의 연구실로 나를 불러들이더니, 영어, 프랑스어, 독일어, 라틴어까지 온갖 언어로 된 책들을 다 꺼내어 뒤적거리며 30여 분간 열심히 대답을 해주었다. "이곳에는 이렇게 되어 있구요, 이곳에는 이렇게 되어 있네요." 언제나 그렇듯이 존댓말로 말이다. 나는 속으로 너무나 송구스러웠다. 저렇게까지 해 주시다니….

그리고 나는 지금도 그분을 너무나 존경한다. 그분이야말로 진정한 권위를 가진 교수님인 것이다. 자기 분야에서 학자로서 최고의 지적 능력을 가졌을 뿐만 아니라, 겸손함과 교육에 대한 열정까지 보여준 것이다. 학자로서의 암묵적 계약을 이보다 잘 이행할 수 있겠는가? 내 이름으로 출판된 첫 번째 책이 나왔을 때, 나는 그분께는 직접 찾아가 드려야겠다고 마음 먹었고, 실제로 그렇게 했다.

그 교수님이 교육 관련 토론 프로그램에 나와서 하신 말씀이 기억난다. 지금도 그러하지만, 그때도 우리 교육의 미래는 암담하기만 했다. 앞으로의 대책과 방안을 묻는 진행자의 질문에 선생님께서는 공허한 선문답과 같은 말씀을 한마디 하셨다: "선생님이 자신의 직분을 묵묵히 다할 때 교육이 제자리를 찾습니다."

그 말씀을 이해한 사람이 몇이나 될까? 많은 시청자들이 "할 말 없으니까 말 같지도 않은 말을 대책이라고 내놓고 있네."라고 생각했을지 모른다. 하지만 내가 이해하기로는, 교수님께서 하신 말씀은 정확히 이것이다: "선생님들이 지식의 전수와 인격 도야라는 두 가지 암묵적 계약을 묵묵히 잘 이행하면, 학생들과 학부모뿐 아니라 사회 전체로부터 존경받을 것이며, 그렇게 될 때 교육 문제는 해결될 것입니다."

이보다 더 확실한 대안이 있겠는가? 너무 요원하다고? 그런 심각한 문제에 근시안적인 대안으로는 아무것도 해결되지 않는다. 오래된 병에 쓸 약은 오랫동안 준비해야 하는 법이다. 진정한 권위는 매 몇 대로 얻어지는 것이 아니라, 그렇게 오랜 시간과 노력을 필요로 한다.

이는 비단 교육에 있어서만이 아니다. 대통령이 권위를 얻기 위해서는 자신의 공약을 잘 실천하면서 정치를 잘 해나가면 된다. 검찰이나 경찰, 정보기관과 같은 권력기관을 동원해서 국민을 복종시킨다면, 설사 그렇게 해서 권위를 얻을 수 있을지는 모르지만, 그것은 긍정적 의미의 권위가 아닌 것이다. 스스로를 낮추고, 국민에게 다가서 그들의 목소리에 귀 기울이며, 진정으로 국민을 사랑하고, 다수의 국민을 위한 정책을 펴나갈 때 국민은 그를 따르고, 그에게 복종한다. 그래야 진정한 권위 있는 대통령이 될 수 있다.

의사는 맡은 분야에서 사람들을 열심히, 잘 치료하면 권위 있는 의사가 된다. 학자는 훌륭한 학문적 성과를 내야 권위 있는 학자가 된다. 어느 한 분야도 예외는 아니다. 닭을 정말 맛있게 튀겨낸다면 닭튀김의 권위자가 될 수 있을 것이다. 다른 사람들이 자신을 존경하고 따르기를 원하는가? 그렇다면 먼저 사회가 당신에게 요구하는 역할을 충실히 해내야 하는 것이다.

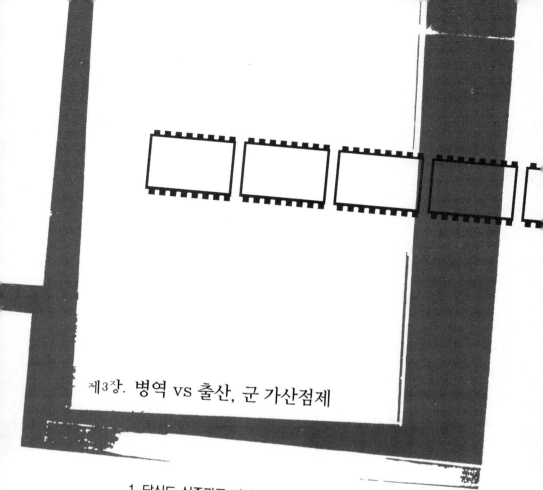

제3장. 병역 vs 출산, 군 가산점제

제3장. 병역 vs 출산, 군 가산점제

1. 당신도 십중팔구 여성차별주의자이다

현대사회에 들어와서 (최소한 표면적으로는) 남녀평등에 반대하는 사람을 찾아보기란 쉽지 않다. 하지만 조금만 깊이 따져 물어보면 남녀를 불문하고 대다수의 사람들은 여전히 여성차별주의자이다. 아니라고? 그럼 간단한 사고 실험을 해보자.

[실험 1] 애인과 데이트를 하는 커플을 상상해 보라. 그 커플이 버스나 지하철을 타게 되었는데. 자리 하나가 비게 되었다면 누가 앉아야 한다고 생각하는가?

이 질문에 대해 독자 여러분 대다수는 당연히 여성이라고 대답할 것이다. 그렇게 해야 이른바 '매너남'이 될 것이기 때문이다. 하지만 왜? 이유를 물어보면 대답이 쉽지는 않겠지만, (역시 남녀를 불문하고) 대다수의 사람들은 "여성은 약하기 때문에 보호하는 것은 당연하다."라고 대답할 것이다. 그렇게 대답하는 사람이 차별론자일 가능성은 99퍼센트이다. '약함'이라는 성질은 분명 긍정적인 것이 아니기 때문이다. 이는 다음과 같은 더 간단한 사고 실험을 통해 해결 가능하다.

[실험 2] 당신은 작은 회사의 사장이다. 신입사원을 한 명 뽑아야겠는데, 두 사람이 지원하였다. 둘의 나머지 조건은 동일한데, 한 사람은 매우 강인하여 자립적으로 많은 일을 처리할 수 있는 반면, 다른 한 사람은 매우 약하기 때문에 많은 경우 보호를 필요로 한다. 당신은 누구를 뽑겠는가?

내가 이러한 질문을 던졌을 때, 약한 사람을 뽑겠다고 대답한 사람이 몇몇 있었다. 하지만 그들은 단지 어깃장을 놓고 있을 뿐이었다. 나름의 근거를 제시하기도 했지만, 그것이 설득력이 있을 리 없다. 합리적인 사람이라면 전자를 선발하는 것이 너무나도 당연하다. '보호를 필요로 하는 약함'이라는 성질은 부정적인 것임에 분명하다.

그렇다면 애인을 보호하고자 하는 남성이나 애인으로부터 보호받고자 하는 여성 모두 여성이 남성보다 부정적 성질을 지닌 존재라고 생각하고 있음이 분명하다. 자신이 표면적으로 의식하고 있든 그렇지 않든 간에 여성을 남성에 비해 열등한 존재로 간주하고 있는 것이다.

일단 여기에서 잊기 전에 짚고 넘어가야 할 것이 한 가지 있다. 나는 앞에서 "여성은 약하기 때문에 보호해야 마땅하다고 말하는 사람은 차별론자일 가능성이 99퍼센트"라고 말한 바 있다. 그러면 나머지 1퍼센트는 뭐냐고? 당연히 그들은 차별론자가 아니다. 왜냐하면 그들은 "여성이 약하기는 하지만 너무나 귀한 존재라 보호해야 한다."라고 생각하고 주장할 것이기 때문이다. 마치 깨지기 쉬운 고려청자를 소유한 사람이 그것을 소중히 간직하고 보호하는 것처럼 말이다.

이런 얘기를 듣고 나면, "그래, 내 얘기가 그거야. 나는 차별론자가 아니란 말이지."라고 스스로에 대한 정당화 논리를 찾았다고 생각하는 사람이 있을지 모른다. 아마도 그렇게 생각하는 사람들은 적지 않을 것이다. 하지만 그 가운데 애초부터 그러한 논리를 견지하고 있었던 사람은 1퍼센트도 안 됨이 확실하다. 약하기 그지없지만 귀한 고려청자를 소유한 사람은 평생토록 그것을 소중히 간직하고 보호할 것이다. 여성에 대해서도 그와 같은 생각을 가진 사람이라면 평생 그러한 태도를 취해야 마땅하다.

현실은 물론 그렇지 않다. 연애 시절에는 그런 태도를 취하던 많은 남성들이 결혼을 하고 나면 자신의 배우자를 비하하고, 그에게 더 많은 노동과 희생을 강요한다. 심지어는 맞벌이를 하는 경우조차도 육아나 가사는 대체로 여성의 몫이다. 평생을 소중히 간직하고 보호해야 할 존재를 그렇게 대할 수는 없는 것이다. 자신의 배우자를 평생 고려청자처럼 소중히 간직하고 보호하는 사람이라면, 그리고 그러한 사람이라야만 차별론자의 범주에서 일단 벗어날 수 있는 것이다.

2. 전통적 차별 논리와 그에 대한 어리석은 대답들

전통적인 차별의 논리는 단순히 육체적 능력의 차이에서만 머물지 않는다. 육체적 측면은 말할 것도 없고, 여성들은 남성에 비해 정신적으로도 열등하다고 생각한 것이다. 고대 그리스인들 가운데 일부는 이를 다소 충격적인 방식으로 설명하고 있다. 성인 남성이 10의 이성을 갖추었다면, 동물의 이성은 0이며, 어린이와 여성은 그 중간의 이성을 갖추고 있다는 것이다. 이성적 능력에 있어서 여성은 기껏해야 인간과 동물의 중간 수준이었던 것이다.

현대에 들어오면서 교육과 사회적 경험의 기회가 확대되고, 그에 따라 여성들의 지적 능력이 신장되자, 이 논리는 다소간의 변형을 겪게 된다. 이는 아마도 남성과 여성의 차이점은 인정하되, 그것이 차별로 이어져서는 안 된다는 주장을 하기 위한 목적에서 비롯된 것인 듯하다. 남성은 수학적이고 논리적인 측면에서 강점을 가지고 있으나 여성들은 감성적인 측면에서 강점을 가지고 있다는 논리가 그것이다.

잘 교육받은 현대의 여성들조차도 이러한 질곡에서 벗어나지 못한 경우가 많다. 대표적인 사례가 운전에 관한 것이다. 일류대 출신이자, 최고 기업에 다닌 경험이 있는 여학생이 하나 있었는데, 그녀는 "제가 직접 운전을 하면서 경험해 보니까요, 여성들은 확실히 공간 지각 능력이 떨어지는 것 같아요."라고 말했던 것이다.

이렇게 새로운 논리를 개발한 여권론자들은 남성과 여성의 차이를 인정하더라도 그것이 남성을 우대하고 여성을 차별할 근거는 아니라고 주장한다. 그들은 "차이와 차별은 다르다."라고 주장하는 것이다.

그러나 일견 그럴싸해 보이는 이러한 주장은 전혀 논리적이지 않다. 차이와 차별은 다르다는 주장은 인종차별과 같이 전혀 합리적이지 않은 사실에 근거해서 불합리한 대우를 하는 경우에 적용 가능하다. 예를 들어, 변호사를 선발할 때 피부색과 변호사로서의 업무 수행은 아무런 연관관계가 없는데, 피부색을 근거로 특정인 혹은 집단에게 불이익을 준다면 그러한 논리가 적용 가능한 것이다. 하지만 남녀의 문제는 이와 전혀 다르다.

만약 수학적이고 논리적인 측면에서는 남성이 우월하고 여성은 감성적인 측면에 강점을 가지고 있다면, 남성과 여성은 서로 다른 능력을 가지고 있는 셈이고, 그들을 다르게 대하는 것이 올바른 대접이 될 것이다. 서로 다른 능력을 가지고 있음에도 불구하고 그들을 똑같이 대한다면 오히려 그것이 불평등하고 부정의한 대우인 것이다. "나와 박찬호는 투구 능력에서 차이가 난다. 하지만 차이는 차별과 다르니 나와 박찬호를 동등하게 대해 달라."라고 요구한다면 누가 고개를 끄덕이겠는가?

여기에서 중요한 것은 전통적으로 인간의 고유성을 규정해 온 이성이라는 능력이 과연 무엇을 의미하는가 하는 점이다. 이 문제를 해결하기란 그리 어렵지 않다. 일상 어법 속에서도 그 의미를 쉽게 찾아낼 수 있는 것이다. 돈을 아무 계획 없이 쓰는 자식에게 부모가 "야, 좀 이성적으로 소비하도록 해라!"라고 말했다면 그 말은 충동적 소비를 자제하고, 합리적으로 따져본 후에 소비하라는 뜻이다.

결국 이성이란 충동과 반대되는 말로, 계산적이고 합리적으로 따지는 능력인 것이다.

그렇다면 남성과 여성의 차이를 논리와 감정으로 규정할 경우, 차이와 차별의 구분을 통해 여성의 평등권을 주장하고자 했던 애초의 의도와는 무관하게, 오히려 여성을 더욱 곤혹스러운 위치에 처하게 하는 것이다. 남성은 이성이라는 인간의 특성에 잘 부합하는 수학적이고 논리적인 능력을 갖춘 반면, 여성은 인간과 동물이 공통적으로 소유하고 있는 본능적이고 충동적인 감정적 영역에 충실한 존재가 되어 버리는 것이다. 감정이란 결국 충동적이고 본능적인 영역이 아닌가? 그렇다면 남성은 여성보다 훨씬 인간적이고, 여성은 남성보다 훨씬 동물적인 존재에서 벗어날 수 없게 되어 버린다.

이러한 논리로부터 필연적으로 도출되는 결론은 다음과 같다: 거대하고 장기적이며 치밀한 계획이 필요한 일에 여성은 어울리지 않는다. 육아와 같이 풍부한 감성을 필요로 하는 일에서조차도 여성은 남성에게 감독과 지휘를 받아야 한다. 이러한 문제가 발생한 원인은 더 깊이 있게 따져 묻지 않았기 때문이다. 스스로 페미니스트라고 주장하는 사람들조차도, 철학이 부재하다면, 애초에 자신이 의도한 것과 상반되는 어리석은 결론에 이를 수 있는 것이다.

다행히 이러한 어리석은 논리는 교육의 발전과 함께 저절로 소멸되어 가고 있다. 현재 각급 학교에서는 여학생들의 수학 성적이 남학생들에게 결코 뒤지지 않으며, 사법고시를 비롯한 각종 시험에서도 여성의 합격률이 남성보다 떨어지지 않게 된 것이다. 수학적이고 논리적인 분야에서 여성이 열등했던 것은 교육과 사회적 경험의 부재 혹은 부족에서 기인했을 뿐이다. 이제 여성과 남성의 정신적 능력 차이를 지적하는 것은 그리 설득력이 없다.

하지만 그렇다고 해서 평등의 문제가 깔끔하게 해결된 것은 아니다. 앞에서 말한 육체적 능력의 차이는 분명히 존재하기 때문이다. 인간은 분명 정신적일 뿐 아니라 육체적 존재이기도 하며, 둘 중 한 부분에서 동등한 능력을 가지고 있을지라도 나머지 한 분야에서 열등하다면 그에 걸맞은 대우를 하고 또 받는 것이 평등일 것이기 때문이다.

여기에서 잠시 또 다른 어리석은 페미니스트의 논리를 소개하고 넘어가고자 한다. 그 논리를 전개한 사람은 바로 나의 대학원 선배이다. 서울대 철학과에서 박사 학위를 받고, 현재도 대학에서 강의를 진행하고 있으니, 누구라도 그의 말에 어느 정도의 신뢰를 가지지 않을 수는 없으리라. 하지만 이 경우는 깊이 있게 따져보지 않더라도 그의 논리가 얼마나 허무맹랑한가를 쉽게 알 수 있을 것이다.

내가 대학원 연구실에서 공부를 하고 있을 때의 일이다. 내 뒤에서 그 선배가 몇 명의 여학생들과 남녀평등의 문제에 대해 열띤 토론을 벌이고 있었다. 나는 본의 아니게 그 이야기를 엿들을 수밖에 없었는데, 그 선배 주장의 요지는 이러했다: 남성들은 태생적으로 폭력적이고 권력 지향적인 존재이며, 여성들은 평화적이고 따라서 도덕적인 존재이다. 이러한 속성 때문에 권력투쟁에서 여성들이 패하는 것은 불가피한 결과이다. 하지만 그러한 결과는 남성들의 부도덕함과 여성들의 도덕적 속성에서 기인하는 것이므로, 그렇게 살 수밖에 없는 남성들을 불쌍히 여기고 살아가자.

사실 나는 그 이야기를 들으면서, 그것이 우리나라 최고의 대학에서 박사 학위를 받은 사람의 입에서 나온 말인지 의심할 수밖에 없었다. 그리고 그 이야기에 고개를 끄덕이면서 만족하고 듣고 있는 후배들조차도 이해할 수 없었다. 일제강점기에 "폭력적이고 침략적인 일본을 이길 수는 없으므로, 평화를 사랑하는 조선인들은 그들을 불쌍히 여기자."라는 주장과 무엇이 다르단 말인가? 진정한 평등론자가 되고자 한다면, 철학이 절실히 필요한 것이다.

3. 여성에 대한 우대와 역차별 논란

1) 차별수정조치와 그 의미

전후 사정이야 어찌 되었든 간에 현대에 들어와서 스스로를 차별론자라고 규정하는 사람은 거의 없다. 속마음이야 알 수 없지만, 누구나 최소한 입으로는 남녀평등을 주장한다. 만약 남녀가 평등한 대접을 받아야 하는 것이 당위적인 일이라면[1], 그동안 행해져 왔고 지금 현재도 진행되고 있는 모든 차별적 관행들은 수정되어야 마땅하다.

하지만 그러한 관행들은 너무나 오랫동안 깊이 뿌리를 내린 채 행해져 왔기 때문에, 수정 자체도 용이하지 않을 뿐만 아니라 설사 그

---

1 이러한 당위에 대한 주장이 합리적인지에 대해서는 아직 따져보지 않았다. 이에 대한 논의는 뒤에서 다시 진행할 것이다.

것이 쉽게 가능하다 하더라도 그것만으로는 충분하지 않다. 그러한 관행들로 인한 기존의 피해 또한 막대하기 때문에 그에 대한 보상도 함께 이루어져야 하는 것이다. 이 두 가지 과제를 동시에 수행하기 위한 방법이 바로 차별수정조치이다. 이제 그 대표적 사례를 통해 설명해 보도록 하겠다.

독자 여러분에게는 다소 쇼킹한 사실일지 모르지만, 남녀평등에 관한 한 우리나라는 아시아에서조차 후진국 신세를 면치 못하고 있다. 일본을 제외한 아시아 국가들은 대부분 우리나라보다 후진국이라 여기고, 그들에 대해 상대적 우월감을 가지고 있던 사람들에게는 매우 기분 나쁜 이야기가 아닐 수 없지만, 그것은 사실이다.

우리나라 국회의원은 300명 가량이다. 하지만 16대 국회에 이르기까지 여성 국회의원 숫자가 10명을 넘은 것은 딱 두 번뿐이었다. 9대에 12명, 16대에 16명을 기록했을 뿐, 언제나 한 자릿수에 머물러 있었다. 정치권에서 여성을 대변할 수 있는 목소리를 낼 수 있는 사람은 5퍼센트 미만에 불과했던 것이다. 당시 아시아 평균치가 14퍼센트임을 감안한다면, 한국이 남녀평등과 관련해서는 아시아에서 정치적 후진국임이 분명한 사실이었다.

그런데 17대 국회에서는 사상 유례없이 많은 여성들이 의회에 진출하였다. 총 39명이 국회의원에 당선되었으며, 의원직을 승계한 여성 의원이 한 명 추가되어 여성 국회의원이 총 40명에 달하게 된 것이다. 여전히 13퍼센트에 불과한 숫자이지만, 이전과 비교해 보면 획기적인 발전이 아닐 수 없다. 어떻게 이런 일이 일어난 것일까? 여성들의 정치적 역량이 갑자기 높아졌고, 그에 대한 국민들의 인식이 급격하게 변화했기 때문일까?

　이러한 비약적 발전이 가능했던 것은 인위적인 조치가 있었기 때문이었다. 여야 각 당에서 전국구 의원의 절반을 여성에게 할당한 것이다. 최소한 전국구에서는, 능력이나 기타 배경 여부와 상관없이, 여성들에게 50퍼센트의 당선이 무조건 보장된 것이다. 이러한 과정을 통해 현재 우리는 다양한 차원에서 너무나 쉽게 여성 국회의원의 존재를 확인할 수 있게 되었다.

　이렇게 특정 분야에서 차별받아 온 집단이나 계층에게 특혜를 주는 조치를 차별수정조치라고 부른다. 차별수정조치는 대체로 입학, 고용, 승진 등에서 특혜를 주는 방식으로 적용된다. 미국의 대학에서 흑인이나 혹은 기타 소수인종(민족)에게 일정 부분 입학을 보장한다든지, 우리나라의 대학에서 지방 학생들에게 입학 정원의 일정 비율을 할당하여 입학을 보장하는 것 등이 그 대표적 사례이다. 이러한 할당제가 취업이나 승진 등에서도 광범위하게 적용될 수 있음은 물론이다.

　바람직하지 않은 차별의 관행이 이어져왔음을 인정하기만 한다면, 차별수정조치가 갖는 의미는 매우 심대하다. 무엇보다 중요한 것은, 동등한 능력과 자질을 가지고 있음에도 불구하고 교육이나 경제적 여건 등에서 기회가 주어지지 않았던 사람들에게 잠재적 능력을 발휘할 수 있는 기회를 부여한다는 사실이다.

　교육 여건이 잘 갖추어진 지역에 살면서 유복한 환경에서 교육을 받아 전체 수험생 가운데 5퍼센트 안에 든 학생과, 교육적 여건이 거의 전무한 지방의 경제적으로도 어려운 가정에서 자랐는데도 전체 수험생 가운데 20퍼센트 안에 든 학생 가운데 어느 쪽이 실질적으로 우수한 능력을 지녔는지, 유사한 여건이 주어질 때 미래에 어느 쪽이 더 커다란 잠재력을 발휘할 수 있는지는 쉽게 판단할 수 있는 문제가 아니다. 따라서 대도시보다 교육의 기회가 극히 제한된 농어촌의 학생들에게 일정 비율을 할당하는 것은 충분한 타당성을 가지는 조치이다. 이러한 논리가 흑인이나 여성들에게도 동등하게 적용됨은 물론이다.

쉽게 떠오르지는 않겠지만, 그에 못지않게 중요한 것은 '역할 모델(role model)'에 관한 것이다. 우리나라의 경우 초등학생들 가운데 남학생들은 누구나 한번쯤 대통령을 꿈꾸어보았을 것이다. 하지만 여학생들 가운데 그런 꿈을 가진 학생을 찾아보기란 쉽지 않다. 이유는 간단하다. 여태까지 여성 대통령이 없었기 때문이다.

오바마 대통령의 중요성은 흑인에게 새로운 영역에 대한 역할 모델이 생겼다는 점이다. 방송 매체를 통해 더 많은 여성 국회의원들을 접하면서 국회의원을 꿈꾸고, 또 그 꿈을 성취하는 여성들이 더 많아질 것이다. 유럽이나 남미 등에서 여성들이 국가의 수반으로 등장하는 일이 잦아지면서 더 많은 여성들이 대통령의 꿈을 품게 되고, 그 고지에 오르게 될 것이다. 여태까지 서울대에 한 명도 진학한 적이 없는 군 단위 자치단체에 서울대에서 한 명을 할당한다면, 그 군에서 고등학교를 다니는 학생들도 비로소 서울대 진학의 꿈을 더 확실하게 가지게 될 것이다.

중요한 것은 그들 가운데 대부분은, 아마 역할 모델이 없었더라면 애초에 좌절했을 것이라는 점이다. 잠재적 능력의 소유 여부와 무관하게, 역할 모델이 없다면 우리는 애초에 좌절할 가능성이 매우 크다. 조선시대의 여성들이 국정을 좌우하는 정치인을 꿈꿀 수 없었던 것은 그들에게 그런 능력이 애초부터 없었기 때문은 아닐 것이다. 이런 측면에서 역할 모델은 잠재적 능력 발휘에 있어서 매우 중요한 초석의 역할을 하며, 차별수정조치의 커다란 의미를 여기에서도 찾을 수 있는 것이다.

그렇다면 할당제는 어디까지 시행되어야 할까? 이미 국회의원까지는 실질적 시행 단계에 들어갔으므로, 대통령까지 할당제를 실시하는 것은 어떨까? 내가 이렇게 질문을 던지면, 많은 학생들은 "대통령은 좀 곤란하지 않을까요?"라는 반응을 보이곤 한다. 이유는 두 가지이다. 첫째로, 대통령은 한 사람이기 때문에 할당이 불가능하다는 것이고, 둘째로 대통령은 너무나 중요한 자리라는 것이다.

먼저 첫 번째 대답에 동의한다면, 창의성이 다소 부족한 것이다. 이번에는 각 당에서 여성 후보를 내고, 다음번에는 남성 후보를 내기로 합의한다면 간단하게 해결되는 문제인 것이다. 사실 이러한 대안을 생각하지 못하는 이유는 내면적으로 두 번째 이유에 어느 정도 공감하기 때문이다. 대통령을 그렇게 선발해서야 되겠느냐는 것이다.

하지만 만약 대통령을 그렇게 선발해서 안 된다면, 국회의원을 그렇게 선발하는 것은 괜찮은가? 대통령이 더 중요한 지위인 것은 분명하다. 그렇다면 여성들이 가진 능력이란 국회의원직을 감당할 정도에 제한된단 말인가? 앞서 말한 바 있듯이, 중남미와 유럽의 많은 국가에서 여성들이 국가 수반의 역할을 모범적으로 수행해 내고 있음을 볼 때, 그러한 걱정은 아마 기우에 불과할 것이다. 결국 스스로 차별적 인식을 드러내 보인 것일 뿐이다.

2) 남성이라서 차별받아야 하는가? - 역차별 논란

이러한 차별수정조치, 즉 할당제에 대해 예상되는 즉각적인 반응은 기득권층의 반발이다. 흑인과 소수민족에 할당제를 실시한 미국 대학의 조치에 대해서는 백인들의 반발이 있었고, 농어촌 학생에 대해 할당제를 실시한 우리나라 대학의 조치에 대해서는 대도시 지역 학생들의 반발이 있었다. 그들의 논리는 기회의 평등과 결과의 평등에 대한 구분에 근거한다:

> "우리는 자유주의 사회에 살고 있다. 만약 기회의 평등이 아니라 결과의 평등을 보장하려 한다면 이는 자유주의 자체를 부인하려는 것이다. 그들에게 교육의 여건이 부족하다면 충분한 여건을 갖추어 주도록 노력해야지, 왜 실력을 검증할 수도 없는데 일정 부분을 할당하여 선발한단 말인가? 어떤 학생은 흑인 혹은 농어촌 학생이라는 이유만으로 80점을 받았는데 합격을 하고, 어떤 학생은 백인 혹은 대도시 학생이라는 이유만으로 90점을 받고도 탈락한다면 그것이 어떻게 정의로운 조치라 할 수 있겠는가?"

아주 쉽게 예상할 수 있는 것처럼, 이러한 논리는 차별수정조치가 진행되는 모든 분야에서 제기될 수 있다. 여성 할당제의 경우 "여성들의 정치적 입지가 좁다면, 차별적 법규나 관행을 없애고 교육의 기회를 늘리는 등 능력을 발휘할 수 있는 기회를 동등하게 제공해야지, 50퍼센트 여성 당선이라는 선거 결과를 미리 정해놓는 것이 말이 되는가?"라는 식의 논변이 될 것이다. 그들은 이렇게 주장한다:

"과거에 그들이 단지 흑인, 소수민족(인종), 여성, 지방 학생이라는 이유만으로 차별받은 것은 분명 부당한 일이었다. 하지만 현재 우리가 백인, 다수, 남성, 대도시 학생이라는 이유로 능력만큼 대우받지 못하는 것도 또한 동일하게 부당한 것이 아닌가?"

기득권층 가운데 일부는 스스로가 역차별의 희생자가 될 것이라고 주장하고 있는 셈이다. 하지만 일견 너무나 정당해 보이는 이들의 주장 역시 깊이 있게 따져보면 성립하기 힘들다. 물론 그들이 흑백, 남녀, 지방과 도시에 대한 평등이 당위적임을 인정하고 있을 경우에 말이다. 논변은 다음과 같이 진행된다.

전제 1 : 흑인과 백인, 남성과 여성, 지방과 대도시의 주민은 평등하게 대우받아야 한다. (당위)
전제 2 : 하지만 과거부터 현재까지 흑인과 여성, 지방 주민에 대한 차별이 존재해 왔고, 현재에도 또한 이어지고 있다. (사실)

결론 : 현재의 차별은 마땅히 수정되어야 하며, 과거의 차별에 대한 보상 또한 필요하다.

매우 간단한 논리이지만, 좀 더 설명이 필요할 듯하다. 따져 묻기, 즉 철학적 훈련이 잘 갖추어지지 않은 독자라면 쉽게 이해할 수 없을 수도 있기 때문이다. 한 가지 사례를 들어 설명해 보도록 하자.

두선은 20년 이상 은실을 노예로 학대해 왔다. 교육의 기회도 전적으로 박탈했을 뿐만 아니라, 탈출을 방지하기 위해 발가락 하나를 자르는 만행도 서슴지 않았다. 그 사실이 알려지면서 사람들이 그를 비난하자, 그는 이렇게 항변하였다: "사람이 동물을 소유하고 마음대로 처분하는 것은 더 우수한 유전자를 가졌기 때문이다. 이는 자연의 섭리이다. 나는 지적으로 보나 육체적으로 보나 은실이보다 우수하다. 따라서 자연의 섭리에 따라 내가 그를 소유하고 마음대로 좌지우지할 권리를 가지는 것은 당연하다."

이러한 주장은 어떠한가? 백 보 양보해 두선의 주장을 수용한다 하더라도, 두 사람의 능력을 일단 검증해 볼 필요가 있다. 하지만 현재 상태 그대로 두 사람의 지적, 육체적 능력을 평가하는 것은 전혀 무의미하다. 역차별론자들의 주장대로라면 은실에게도 두선과 동일한 교육을 받을 기회를 제공하고, 신체적 결함을 충분히 치유한 후에 평가를 해야 정당하다고 할 것이다.

그런데 만약 지금 당장 평가를 해야 한다면 어떤 방법이 있겠는가? 100미터 달리기를 해야 한다면 당연히 은실이 두선보다 상당 부분 앞에서 출발할 수 있도록 해주어야 할 것이고, 지적인 능력에 대해 평가를 한다면 문제의 난이도 조절이나 일정 부분의 핸디캡을 적용해 주어야 할 것이다. 이에 대해 두선이 "그것은 역차별이며, 기회의 평등이 아니라 결과의 평등을 보장하는 조치이다."라고 반발한다면, 정당하겠는가?

평등의 당위성을 인정한다면, 차별수정조치는 역차별이 아니라 '역평등'이라 불러야 마땅한 조치이다. 차별의 피해자들에게 시간을 멈추고 사회와 격리한 상태에서 여건을 제공하고, 긴 시간이 흐른 후에 출발선을 맞추어 능력을 평가할 수는 없다. 인생이란 한 번 가버리면 되돌릴 수 없기 때문이다. 지금 당장 과거의 차별을 수정하고자 한다면 그들에게 일정 부분의 혜택을 부여하는 것은 정당할 뿐만 아니라 반드시 필요한 조치인 것이다.

4. 병역과 출산, 군 가산점 그리고 남녀평등

1) 출산과 병역의 비대칭성

이쯤 되면 논리적으로 궁지에 몰렸을 뿐 아니라, 감정적으로 기분 상한 우리나라의 남성들은 "그럼 여자들도 군대에 가라고 해요."라고 주장하기 마련이다. 분단 상황에서 의무병제를 시행하고 있는 한국적인 상황이 반영된 주장인 것이다. 그리고 이렇게 반쯤은 감정적인 반응을 대하게 되면, 여성 쪽에서는 대체로 "그럼 남자들보고도 애 낳으라고 하세요."라고 대응하기 마련이다. 양측의 이러한 대응은 과연 얼마나 논리적이고 합리적인 것일까?

먼저 여성 측의 주장부터 살펴보기로 하자. 여성 독자 들은 여성

측의 주장부터 살핀다고 해서 나의 저의를 의심하지 말라. 어느 정도는 이미 앞에서 느꼈겠지만, 철학자인 나야말로 진정한 페미니스트라고 자처하는 바이니 말이다. 그리고 이 글을 읽으면서 진정한 여권론자가 되기 위해서는 철학이 필수적임을 실감하기 바란다.

결론부터 말하자면, 여성들의 주장은 타당하지 못하다. 출산과 병역은 동일한 차원에서 논의될 수 있는 성질이 아니다. 먼저 출산과 병역을 동일한 차원에 놓고 논하려 한다면, 출산을 하지 않는 여성들에 대해서는 병역의 의무를 부과해야 마땅하다. 그러나 그것은 타당하지도 않을 뿐더러 현실성도 없다. 출산은 50세 이후에 할 수도 있지만, 그 나이에 병역을 이행하는 것은 가능하지 않다. 그렇다고 출산을 보증하는 각서를 쓰고 병역을 면제한다면 얼마나 웃길 것인가?

더 중요한 문제는 의무성 여부이다. 병역이 백 퍼센트 순수한 의무적인 것임은 논란의 여지가 없다. 군대에 지원하는 사람도 전혀 없는 것은 아니지만, 만약 군대에 두 번 가고 싶어 하는 사람이 있다면 그 사람을 정상적으로 생각하지는 않을 것이다. 반면 첫 번째 산고를 겪고서 다시 둘째를 가지고자 하는 여성을 비정상적으로 생각하는 사람은 거의 없다. 출산은 일정 부분 의무이기도 하지만, 최소한 일부는 스스로 원해서 하는 것임을 부인할 수는 없다.

물론 사회적이고 가족적인 압박에 의해 본인이 원치 않는 출산을 하는 경우도 많다. 하지만 나는 분명 출산의 '최소한 일부분은' 의무적인 성격의 것이 아님을 지적했을 뿐이다. 그리고 실제로는 상당히 많은 부분 의무적인 것보다는 자발적인 성격이 강하다고 생각한다.

출산의 고통에 대해서는 여러 가지 비유가 있지만, 그 가운데 가장 실감 나는 것은 두 가지이다. 첫째, 코 속에서 볼링공을 꺼내는 것과 같은 고통, 둘째, 윗입술을 두 손으로 잡아서 머리 뒤로 까 넘기는 고통이 바로 그것이다. 실제로 나는 우리 집사람의 출산에 함께하였는데, 출산 자체의 고통이 얼마나 심한지 마취 없이 생살을 칼로 째는데도 그것을 의식하지 못할 정도였다.

사실 출산의 고통은 이것뿐만이 아니다. 나는 단지 가장 극적이고 심한 것만을 지적했을 뿐이다. 심할 때는 몇 달 동안 음식만 보아도 구토를 하고 먹지도 못하는 고통과 같은 것은 출산 당시의 이러한 고통에 비하면 아무것도 아닐지 모르기 때문이다. 세상의 모든 남편들은 아내가 임신을 했을 때 잘해 주어야 함을 다시 한 번 다짐해야 한다.

우리의 논의와 관련해서 중요한 것은 그러한 고통을 겪고 나서도 둘째를 낳기를 원하는 사람들이 적지 않다는 사실이다. 우리 집사람처럼 강요에 의한 것이 전혀 아닌데도, 첫째가 커감에 따라 아쉬움을 느끼고 다시 한 번 아이를 낳고자 하는 사람들이 많은 것이다. 출산과 양육은 매우 힘든 과정이지만, 동시에 엄청난 기쁨과 보람을 수반하는 과정이기도 하다는 반증이 아닐 수 없다.

물론 병역에도, 적어도 그것을 마칠 즈음이나 마친 후에는, 엄청난 기쁨과 보람이 수반되기도 한다. 그 기쁨은 하기 싫지만 하지 않을 수 없는 일을 억지로나마 마친 데에서 오는 일종의 안도감이며, 보람이란 우리나라 남성이라면 누구나 해야 하지만 누구에게도 쉽지 않은 일을 결국 해내었다는 사실에서 오는 감정일 것이다. 하지만 그렇다고 해서 그것을 다시 한 번 하겠다는 마음은 절대로 들지 않는다. 그것을 대가가 주어지는 직업으로 선택하지 않는 이상 말이다.

결론적으로 출산은 병역의 대체물이 될 수 없다. 두 가지는 그 의무성 여부에서 상당 부분 성격을 달리하기 때문이다. 물론 그것이 의무적이든 자발적이든 간에 여성들이 출산을 통해 사회적으로 행하는 공헌을 과소평가해서는 안 된다. 그리고 그에 대한 보상이 이루어져야 함도 말할 필요조차 없다. 하지만 그것은 병역을 면하는 방법이 아니라 다른 방법을 통해서여야 한다. 이를 알아보기 위해 논의의 방향을 잠시 돌리도록 하겠다.

2) 출산, 그에 대한 바람직한 평가와 보상을 위해서

출산을 위한 여성들의 희생과 노력이 없다면 사회는 존속될 수 없음이 분명하다. 이렇게 거창하게 말하지 않더라도, "정말 어떻게 이렇게 사랑스러울 수 있을까?"라는 의문이 드는 귀여운 아이들을 내가 큰 어려움 없이 얻을 수 있었던 것은 아내의 고통이 있었기 때문이다. 논리적으로 그것이 병역과 유비될 수 있는 것은 아니라 할지라도, 그에 대한 올바른 평가와 보상의 방법을 논하는 것은 너무나 당연한 일이다.

하지만 현실은 이상과 너무나 거리가 멀다. 출산과 양육을 위한 고통의 감내와 희생에 대해 정당한 평가와 보상을 받기는커녕 그로 인해 불이익을 당하기 일쑤인 것이다. 출산 휴가를 내려 하면 사직을 하라는 무언의 압력을 받기 십상이고, 그를 애써 모른 체하고 휴직과 복직을 하고 나면 자신의 자리를 다른 사람이 대신하고 있고, 자신은 전혀 다른 직위에 발령이 나서 회사를 그만둘 수밖에 없도록 만들기도 한다.

군대식 조직 문화에서는 술자리마저도 업무의 일환이라는 명분 아래, 남성들은 자녀를 가진 여성들이 조직의 화합을 해치고, 그로 인해 업무에 차질을 가져온다고 공공연히 불평을 늘어놓는다. 그들 자신도 아들과 딸의 아버지이면서, 또 다른 아들과 딸의 어머니인 여성들에게 자녀를 가진 대가로 사회생활을 포기하라고 강요하는 것이다.

여성들이 사회적 활동에서 영역을 넓히기 시작한 것은 그리 오랜 일이 아니며, 엄청난 노력과 투쟁의 결과이기도 하다. 그런데 일부 차별주의적인 남성들은 이제 그것을 다시 원점으로 돌리고자 한다. 앞에서도 이미 언급한 바 있고 뒤에서도 다시 논하겠지만, 이렇게 해서 여성들이 사회활동으로부터 축출되어 가정의 울타리에 갇히게 되면, 사회적 활동에 대한 여성의 적응력은 다시 현저하게 저하될 수밖에 없다. 차별론자들은 이를 빌미로 삼아 여성들의 사회 부적응성을 떠벌릴 것이며, 다시 여성들을 사회 밖으로 내모는 악순환이 계속될 수밖에 없다.

출산과 양육으로 인해 여성들이 불이익을 받지 않도록 하는 법령이 현존하고 있어도 아무 소용이 없다. 교묘한 방법으로 여성들을 억압하고 불이익을 받도록 하여 사회활동을 포기하도록 할 것이기 때문이다. 그렇다면 우리에게 필요한 것은 현실적으로 차별을 가할 수 없도록 하는 획기적인 방안이다.

나는 남성과 여성이 출산과 양육의 책임을 분담할 것을 사회적으로 의무화하는 구체적인 방안을 한 가지 제안하고자 한다. 먼저 출산을 한 여성들에게 약 3개월 간의 출산 휴가는 필수적이다. 출산 시에는 골반뿐 아니라 온몸의 관절이 늘어난다고 한다. 그리고 그것이 정상으로 회복되는 데 걸리는 시간이 백 일 정도이다. 출산 후 그 정도 기간 동안 적절하게 몸조리를 하지 않는다면, 그 후유증은 평생 동안 여성들을 괴롭히기 마련이다. 과거 우리 어머니들이 중년기만 지나면 관절염과 같은 만성질환에 시달린 이유 가운데 하나도 바로 산후조리를 잘 못했기 때문이다.

출산에 대한 장려금은 국가적이고 사회적인 차원에서 결정해야 할 문제이겠지만, 개별 회사의 차원에서도 백 일 가량 여성들에게 유급 휴가를 주도록 강제하는 법령은 가장 기초적이고 필수적이다. 명목상이기는 하지만 이는 이미 시행되고 있는 제도이기도 하다. 하지만 문제는 앞에서 말한 것처럼 이로 인해 불이익을 받게 되는 상황을 막아야 한다는 사실이다.

사실 대안의 마련은 어렵지 않다. 발상을 조금만 전환하면 누구나 쉽게 그 대안을 떠올리고, 그에 공감할 수 있다. 정의의 원칙에 따르면, 좋은 것만이 아니라 나쁜 것도 함께 나누어야 정당한 사회일 수 있다. 두 사람이 같이 수업을 땡땡이 쳤는데, 한 사람만 50대를 맞게 된다면 정의로운 상황이라 할 수 없다. 둘 다 안 맞으면 좋겠지만, 그럴 수 없다면 두 사람이 동등하게 벌을 받아야 한다.

출산의 경우도 마찬가지이다. 출산을 통해 여성과 남성은 사랑스러운 자식을 얻는 동일한 혜택을 누린다. 이러한 출산으로 인해 여성과 남성 모두가 아무런 불이익도 받지 않을 수 있다면 좋겠지만, 만약 어느 한쪽만이 일방적으로 불이익을 감수해야 한다면 그것을 정의로운 상황이라고 할 수는 없다. 불이익을 피할 수 없다면 그것을 나누는 방안을 강구할 필요가 있다.

출산을 통해 어머니가 되는 여성들에게만 불이익의 기회를 강요할 것이 아니라, 아버지가 되는 남성들에게도 동일한 환경을 마련해 주면 간단하다. 출산 이후 산모가 3개월 가량의 출산 휴가를 쓰고 나면, 아버지가 된 모든 사람들에게 의무적으로 동일한 기간의 육아 휴가를 쓰도록 하는 것이다. 그 기간 동안 사회로 복귀한 아내와 가정을 위해 아이를 돌보고 가사를 전담함으로써 출산과 육아에 대한 사회적 책임을 공유하도록 하는 것이다.

이런 방안이 강제적으로 시행된다면, 개별 회사에서 출산으로 인해 여성들이 불이익을 당하는 일은 현저히 줄어들게 된다. 아이를 가지게 된 여성과 남성 모두에게 불이익을 주고 그들을 퇴출시키면서도 존속 가능한 사회는 없다.

출산과 관련된 불이익을 해소하는 것만으로 문제는 해결되지 않는다. 맞벌이 부부 사이에서 가사를 상당 부분 여성이 부담하는 현상에 대해서까지 국가나 사회가 개입하여 해결하려 할 수는 없겠지만, 육아의 문제는 좀 다른 측면이 있다. 앞서 언급한 것처럼, 여성들에게 있어서 육아란 출산과 마찬가지로 사회적 활동을 포기해야 하는 결정적 사유가 되기 때문이다.

맞벌이 가정의 경우에도 남성들은 여성들에게 육아를 전담시키는 경우가 많다. 남성들은 야근이나 회식을 위해, 그리고 친구들과의 술자리나 모임을 위해 늦게 귀가하는 것이 당연시되지만, 여성들은 어린이집이나 유치원에서 아이들을 귀가시키기 위해 언제나 일정한 시간에 퇴근해야만 한다. 아직은 전근대적인 한국의 조직 문화에서는 이런 현상을 꺼리게 되고, 여성들은 근속이나 승진에서 당연히 불이익을 당하게 된다.

문제의 해결을 위해서는 사적 영역에 맡겨진 육아의 문제를 직장 단위로 재편하는 조치가 필요하다. 일정 규모 이상의 회사에서는 자체 어린이집과 유치원을 운영하여, 회사원들이 근무가 끝날 때까지 마음 놓고 아이를 맡길 수 있도록 해야 한다. 이렇게 되면 부모와 자녀 모두가 심리적 안정감을 가질 수 있다. 야근을 하는 경우 회사 내의 어린이집이나 유치원에 들러서 담당 교사와 자녀 모두에게 고지하고 이해시킬 수 있을 것이기 때문이다.

일정 규모 이하의 회사들에 대해서는 이러한 조치를 강제할 수 없을 것이다. 그러나 동일 지역에 있는 사업장들을 묶어서 일정 규모를 갖추게 함으로써 동일한 방식으로 문제를 해결할 수 있다. 여성뿐만 아니라 남성들도 어린이집과 유치원 시설에 자녀를 맡기고 찾아가는 의무를 분담할 수 있는 방법에 대해서도 출산 및 육아 휴가와 마찬가지의 방안을 강구할 필요가 있음은 물론이다.

이러한 조치가 자유주의적 원리에 어긋나는 것은 아닌지, 사적 영역에 대한 지나친 간섭은 아닌지에 대한 논란이 있을 수 있다. 하지만 자유주의 자체도 진화하고 있음은 부인할 수 없는 사실이며, 자유주의 사회에서 개인의 자유권에 대한 침해뿐 아니라 집단에 대한 타 집단의 침해 또한 국가나 사회가 방지해야 할 의무가 있음을 인정한다면, 여성이라는 집단의 권리에 대한 남성들의 집단적 침해를 방지해야 한다는 사실 또한 부인할 수 없을 것이다.

3) 여성에게도 병역의 의무를 허락하라?

다시 병역과 관련된 문제로 돌아가보자. 결론부터 말하자면 여성도 병역의 의무를 행해야 한다. 그런데 아이러니컬하게도 그것은 차별수정조치와 관련된 논쟁에서 열받은 남성을 위한 것이 아니라 여권의 진정한 신장을 위한 조치이다. 앞 장에서 이미 상세히 논한 바있지만, 이 문제와 관련해서 상기해야 할 것은 의무의 이행이 권리의 선결조건이라는 사실이다. 이해를 돕기 위해 다시 몇 가지 사례를 살펴보도록 하자.

[사례 1] 한국전쟁 이후 전쟁에서 부상을 당한 상이군인 문제는 사회적 골칫거리였다. 국가에서는 국방의 의무를 수행하던 도중 입은 부상에 대해 적절한 보상을 해줄 여력이 없었다. 그러자 그들은 전국 각지를 떠돌며 식당과 술집, 잔칫집 등을 가리지 않고 무전취식을 일삼고, 그에 항의하던 사람들에게 행패를 부리기 일쑤였다. 더 이상 잃을 것도 없고 독기만 남은 그들을 만나면 지방의 내노라하는 주먹들조차도 한 수 접어주기 마련이었다. 경찰도 나라를 위해 청춘을 바치다가 장애자가 되어 남은 인생을 어떻게 살아가야 할지 막막한 그

들을 법대로 처리할 수 없었다.

[사례 2] 혁규와 결혼한 지현이는 스트레스투성이의 직장 생활을 청산하고 전업 주부로서 남편을 내조하고 아이들을 키우며 신사임당과 같은 현모양처가 되어 우아한 삶을 살겠다는 꿈을 꾸었다. 신혼 때에는 그 꿈이 이루어져 가는 듯했다. 연애 때만큼은 아니었지만 남편은 여전히 성실하고 다정다감했다. 그러나 금융 위기를 겪으면서 경제 상황이 어려워져, 직장에서 살아남는 것조차 쉽지 않아졌다. 혁규도 예외는 아니었다. 야근에 특근을 거듭하면서도 직장에서 도태될지 몰라 불안해하는 와중에 두 아이가 태어나고 가정을 유지하는 데 경제적 부담이 더욱 커지면서 그는 점차 달라지기 시작했다. 파김치가 되어 집에 들어와 자기 마음에 들지 않는 점이 있으면 짜증을 내기 일쑤였다. 요즈음 그가 제일 자주 하는 말은 "집에서 뭐 하는 일이 있다고 그러니?"라는 것이었다. 집안 살림에 두 아이를 돌보느라 정신이 없었지만, 그는 그 사실을 잘 알지도 못했고, 알려고도 하지 않았다. 가족을 부양하느라 힘들기 때문이겠지 하고 이해하려고 노력했지만, 그의 타박은 갈수록 심해지고 요구사항도 늘어만 갔다. 때로는 대놓고 "가족을 부양하기 위해 내가 얼마나 커다란 희생을 하고 있는데, 집에서 이 정도 요구할 권리도 없나?"라고 말하곤 했다. 참다 못한 지현이는 재취업을 결심했다. 옛 직장 동료들과 친구들을 통해 수소문하여 조건이 좋은 자리를 얻어낼 수 있었다. 결혼 전에 직장 생활을 워낙 성실하고 능력 있게 해냈던 덕분이었다. 2~3년이 지나자 지현이는 남편과 버금갈 만한 연봉을 받게 되었다. 남편의 요구는 점차

줄어들었으며, 오히려 지현의 쪽에서 육아와 가사에 대한 분담을 요구하게 되었다. 처음에는 동의하지 않던 남편도 지현의 다음과 같은 논리에 결국 무너지고 말았다: "당신은 가족 부양을 위해 희생한다는 명분으로 가사와 육아를 전담하던 내게 더 많은 것을 요구할 권리가 있다고 입버릇처럼 말해 왔다. 그런데 그 희생을 이제 내가 반 정도는 나누어 지고 있다. 당신이 내게 전과 같은 요구를 할 근거는 전혀 없어졌다. 역으로, 가족 부양에 동등하게 기여하고 있으므로, 가사와 육아의 분담을 요구할 권리가 내게 생긴 것이다."

사회적으로 주어지는 의무는, 그것을 수행하고 나면 권리로 변하는 성질이 있다. 첫 번째 사례에서 상이군인들은 병역의 의무를 졌을 뿐 아니라, 그로 인한 희생을 겪음으로써 그에 해당하는 요구를 할 권리를 가지게 되었다. 두 번째 사례에서도 지현이는 가족 부양의 의무를 짐으로써 남편에게 정당하고 당당하게 자신의 권리를 요구할 수 있게 되었다.

이는 병역의 문제에서도 예외가 아니다. 군대에 가기 전의 남성들에게 병역이란 생니를 뽑고 연골을 빼서라도 피하고 싶은 의무이지만, 일단 그 의무를 수행하고 나면 상황은 달라진다. 듣기 싫어하는 여성들과의 술자리에서도 군대의 무용담을 자랑스럽게 늘어놓곤 한다. 그것을 만류하는 여성이라도 있으면 군대에 가보지 못한 자의 열등감이라고 면박을 주기도 한다. 여성들은 왠지 그 이야기를 들어주어야 할 듯한 의무감을 가지기도 한다.

더욱 명시적인 사안은 군 가산점과 관련된 논쟁이다. 병역을 필한 남성들은 여성들이 지지 않는 의무를 이행했음을 들어, 각종 선발 시험에서 가산점을 받을 권리가 있다고 주장하는 것이다. 그 주장의 타당성 여부는 잠시 논외로 하더라도, 군 가산점과 관련된 논쟁에서 병역의 의무를 수행함으로써 그들에게 무언가 특혜를 요구할 권리가 주어졌음을 쉽게 알 수 있다.

사실 현실적인 측면에서 볼 때, 군필자에게 가산점을 부여하는 것은 타당하지 못한 측면이 많다. 먼저 가산점을 부여할 경우, 그 혜택이 모든 군필자들에게 동등하게 돌아가는 것은 아니라는 사실을 거론할 수 있다. 어떤 형태의 시험이든 간에, 많은 점수 차이로 합격하거나 탈락하게 되는 사람에게 가산점은 아무 의미가 없다. 가산점은 합격과 탈락의 경계선상에 있는 사람들에게만 의미가 있는 것이다.

더 중요한 점은 공무원 임용 시험을 비롯한 상당수의 시험에서 몇 점 차이가 결정적으로 당락을 좌우하게 된다는 사실이다. 내 주위에서만 보더라도, 국가 유공자인 부모님 덕에 받은 얼마 안 되는 가산점이 공무원 시험에서 결정적인 영향을 미치는 경우를 몇 차례 목격한 바 있다. 군필자에게 가산점이 주어진다면, 이는 상당수의 시험에서 여성 응시자들에게 결정적인 불이익을 줄 것임에 틀림없다.

이러한 두 가지 문제를 동시에 해결하는 방안은 시험 자체에서 가산점을 부여할 것이 아니라, 취직이나 임용 후에 병역 복무 기간을 호봉이나 경력에 합산하는 것이다. 이는 합격의 경계선과 무관한 군필자들이나 여성들 모두 반대할 이유가 없는 합리적 방안이라고 생각한다.

다시 병역과 관련한 의무와 권리의 문제로 돌아가보도록 하자. 역차별을 거론하다가 벽에 부딪혀 신경질적으로 병역을 거론한 남성에 대해 역시 신경질적으로 출산을 거론한 여성들은 병역에 대해 본질적인 거부감을 가지고 있다. 그들은 심지어 여성으로서의 나약함이나 생리 등을 거론하며 자신들 스스로가 군의 경쟁력에 도움이 되지 않을 것임을 역설하기도 한다. 이 얼마나 치졸한 주장인가? 의무를 피하기 위해 스스로의 열등함을 강조하다니 말이다. 그러고도 다른 문제에서는 남성과 평등한 대우를 받아야 한다고 목청을 높일 수 있단 말인가?

여기에서 한 가지 흥미로운 사실을 거론하고 넘어갈 필요가 있다. 미국의 여권운동가들은 반대의 길을 걸어왔다는 점이다. 그들은 일찍부터 여성도 군대에 갈 수 있도록 해주기를 요구해 왔다. 그 조건이 받아들여지자, 그 다음으로는 훈련 과정에서도 여성이 남성과 같은 대우를 받기를 요구했다. 이러한 상황을 잘 반영한 영화가 데미무어 주연의 〈G. I. 제인〉이라는 영화이다.

요구가 받아들여졌지만, 그들은 여기에서 그치지 않았다. 실전에 참여할 수 있도록 해달라고 요구한 것이다. 미국과 이라크의 1차 걸프전에서 그들의 이러한 희망은 현실화되었다. 하지만 그것이 끝일 수는 없었다. 행정병과 같은 요식적인 자리가 아닌 실제 전투병이 되어 남성과 같이 피를 흘릴 수 있는 기회가 주어져야 한다고 요구했다.

그들이 이렇게 순차적으로 요구의 강도를 높인 것은 의무와 권리의 상관관계를 정확하게 인식하고 있었기 때문이다. 여성들이 병역의 의무를 진다 하더라도, 남성과 동등하게 전장에서 피를 흘리지 않는 한, 남성들에게 여전히 차별의 빌미를 제공할 수 있는 것이다.

이러한 여성들의 요구가 실현되었음은 아이러니컬하게도 미군의 성희롱 사건을 통해서 볼 수 있다. 이라크와의 두 번째 전쟁에서 미군 병사들이 이라크 포로에게 성희롱을 가한 사건이 밝혀져 세상을 떠들썩하게 하고 가해자들이 처벌을 받은 사건이 있었다. 그런데 최전방에서 전투병들 사이에 벌어진 그 사건의 가해자들 가운데는 여군이 포함되어 있었다. 이라크의 남성 포로에게 점령군으로서 당당하게(?) 성희롱을 가한 것이었다.

피부양자였던 여성들이 사회활동을 통해 부양자의 의무를 분담함으로써 자신의 입지와 발언권을 확대할 수 있었던 것처럼, 병역이라는 사회적 의무에 참여할 때 그들의 권리는 다시 한 단계 높아지게 된다. 그리고 그것은 아마 이 사회에서 여성에 대한 마지막 차별의 상징이 무너지는 계기가 될 것이다.

생리와 같은 문제에 대해서는 전혀 걱정할 것이 없다. 출산의 기초로서 생리는 사회적으로 보호해야 할 여성의 고유한 특성이다. 생리 휴가는 출산의 의무를 지는 여성들에게 주어져야 하는 당연한 권리이다. 이는 군대뿐 아니라 중고등학교에서도 또한 마찬가지이다. 이런 점을 염려하는 것은 군대를 굉장히 불합리한 조직으로 간주하는 시선에서 비롯된다. 이 경우 문제의 해결은 군대의 조직과 문화를 합리적 방향으로 개선해 가는 데에서 가능해지며, 이는 이미 상당 부분 진행 중이다.

이제 마지막 남은 문제는 처음에 논의를 시작한 육체적 연약성과 관련된 부분이다. 독자들은 내게 이렇게 물을 수 있을 것이다: "당신

말대로 스스로 평등론자임을 자처하는 많은 사람들이 논의 과정에서 차별론자로 밝혀졌겠지만, 진정한 평등론자라고 주장하는 당신은 이 물음에 대해 어떻게 생각하는가? 여성과 남성에게 육체적 능력에서의 차이가 없다고 생각한단 말인가? 그렇지 않다면 당신도 역시 차별론자에 불과한 것 아닌가?"

이 물음은 너무나도 타당하다. 그리고 이 물음에 대한 나의 대답은 "잘 모르겠다"이다. 차별의 역사는 너무나 장구하고, 그 결과는 너무나 뿌리 깊기 때문에 남녀의 능력 차이에 대한 문제를 섣불리 속단할 수는 없다. 혹자는 기나긴 차별의 역사 자체가 여성의 열등함을 반증한다고 주장할 수도 있겠지만, 문화인류학자들의 주장에 따르면 차별의 시작은 여성의 열등함이 아니라 사회구조적인 문제에서 기인한다.[2]

정당한 판단을 위해서는 공정한 여건이 갖추어진 후에 동등한 출발선상에서 경쟁을 해볼 필요가 있다. 다양한 차별수정조치는 바로 그 여건을 갖추어 출발선을 맞추기 위한 노력인 것이다. 그리고 지적 영역에서 기회의 확장을 통해 여성들의 능력이 신장될 수 있다면, 이는 육체적 영역에서도 또한 마찬가지일 것이다. 미국의 여권운동가들이 남성들과 동등한 훈련을 요구한 것도 바로 이러한 맥락

---

2 이 문제에 대해 여기에서 자세히 서술할 수는 없지만, 엥겔스에 따르면 집단혼제에서 일부일처제로의 가족제도의 변화와 사유재산의 발전이 여성차별에 결정적인 역할을 하였다. 이에 대해 관해 학문적으로 관심이 있는 사람은 엥겔스의 『가족, 국가, 사유재산의 기원』을 읽어보기 바란다. 좀 더 간략하게 이해하고자 하는 독자는, 학문적 정치함은 다소 부족하지만, 이문열의 소설 「들소」를 읽어보는 것도 나쁘지 않으리라 생각한다.

에서이며, 우리나라의 여성들이 육체적 연약함을 빌미로 병역을 회피하고자 해서는 안 되는 것도 또한 같은 이유에서이다.

병역은 남성이 여성에게 요구해야 하는 것이 아니라, 오히려 그 반대이다. 여성이 남성과 평등한 권리를 누리기 위해 넘어서야 할, 그리고 남성들은 자신의 우월성을 과시하기 위해 지키고자 하는 마지막 보루가 바로 그것인 것이다.

먼 훗날, 동등한 출발선상에서 경쟁을 하게 되었을 때 육체적이고 정신적인 측면에서 능력의 차이가 있다면, 열등한 쪽이 남성이든 여성이든 간에, 그에 걸맞은 대접을 받아야 할 것이고, 또 받게 될 것이다. 현재의 속설처럼, 정신적인 면은 남녀가 동등하고 육체적으로 여성이 열등하다면 여성은 그에 상응하는 만큼 남성보다 못한 대접을 감수해야 할 것이다. 아니면 반대로, 육체적인 면은 남녀가 동등하지만, 정신적인 측면에서 여성이 우월한 것으로 밝혀질 수도 있다. 그 경우에는 물론 남성이 그만한 대접을 감수해야 할 것이다. 마지막으로, 정신적인 측면은 여성이 우세하고 육체적인 측면은 남성이 우세하거나, 혹은 그 반대일 수도 있다. 그 경우에는 당시의 시대가 요구하는 덕목이 무엇인가에 따라 대우가 결정될 것이다.

어쨌든 한 가지 분명한 사실은 과거로부터 이어진 뿌리 깊은 차별이 존재하며, 그것은 시정되어야 마땅하고, 차별수정조치는 그것을 시정하고 공정한 출발점을 맞추는, 진정한 기회의 평등을 보장하기 위한 장치라는 사실이다.

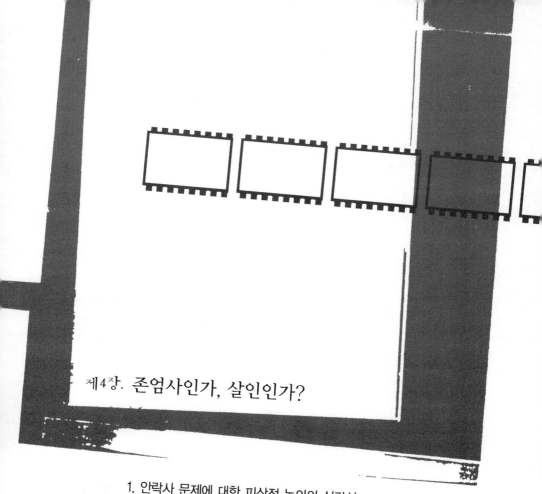

제4장. 존엄사인가, 살인인가?

제4장. 존엄사인가, 살인인가?

1. 안락사 문제에 대한 피상적 논의의 심각성

얼마 전 한 여성 환자의 안락사 허용 여부를 두고 가족과 병원 간의 의견 차이가 법원의 힘을 빌리는 데까지 이르게 된 사건을 계기로 안락사 문제가 본격적으로 수면에 떠오르게 되었다. 사안 자체가 인간의 생명과 직결된 중요한 것이고, 누구에게나 직간접적으로 해당될 수 있다는 범위의 포괄성에 비추어 볼 때 논의가 아직 걸음마 단계에 있음을 보면 만시지탄이 절로 나오게 된다.

이제라도 본격적 논의가 이루어지게 된 것은 참으로 다행스러운 일이 아닐 수 없다. 사고의 변화는 사회의 개혁을 수반하고, 이는 억울하고 불합리한 처우를 받던 사람들이 그 굴레로부터 벗어날 수 있음을 의미하기 때문이다. 이는 안락사라는 사안에 있어서도 예외가 아니다.

하지만 초보 단계임을 감안하더라도, 사회적으로 이루어지고 있는 논의의 내용과 깊이는 한심하기 짝이 없다. 그 일차적인 책임은 논의를 이끌고 있는 의사들과 언론에 있다. 그리고 그 이면에서 '따져 묻기'를 전문으로 하는 철학자들이 소통의 장에 적극적으로 나서지 못한 데 대해 책임을 져야 함은 물론이다.

안락사는 대학이나 각종 전문 대학원 입시 혹은 입사 준비를 하는 수험생들의 교양 평가에 끊임없이 등장해 온 소재이다. 그런데 그들과 토론 수업을 하다 보면, 그 대답은 놀라울 정도로 천편일률적이다. 물론 그것이 강력하고 합리적인 근거를 가진 답변이라면 아무 문제가 없겠지만, 그들은 나의 몇 마디 질문에 예외 없이 뒷머리를 긁적이면서 당황해하곤 한다.

나는 대학에서, 그리고 일류대 입학을 준비하는 학생들 및 법학 전문 대학원 입시를 준비하는 학생들과 10년 이상 토론 수업을 진행해 왔다. 그런데 내가 여태까지 몇 권의 책에서 다루어온 여러 가지 문제들을 주제로 토론을 하다 보면, 극소수이기는 하지만 혜안을 가진 학생들이 언제나 존재해 왔는데, 유독 안락사라는 주제에서만은 예외였다. 수천 명 이상의 학생들 가운데 단 한 명도 합리적으로 대답한 사례가 없었던 것이다.

당신 수업을 수강한 학생들이 대답 못한 것이 무슨 큰 사건인 양 떠벌리지 말라고 책망하지 말라. 그 수강생들은 우리나라 학생들 전체에서 최소 상위 5퍼센트 이내에 드는 엘리트들이다. 향후 20~30년 이내에 그들은 우리나라의 각 분야에서 정책을 입안하고 판단하며 기업체를 이끌어가는 등의 중추적인 역할을 해낼 것이다. 그리고 그들 가운데에는 분명 안락사와 관련한 분야의 정책 결정에 핵심적 역할을 담당하게 될 사람도 있을 것이다. 여기에 문제의 심각성이 있다.

그들과 나의 토론은 전형적으로 다음과 같이 진행된다.

선생 : 안락사에 대해 잘 알고 있나요?

학생 : 자세히는 아니지만, 어느 정도는 알고 있습니다.

선생 : 그러면 그 문제에 대한 자신의 분명한 입장도 가지고 있겠군요?

학생 : 그렇습니다.

선생 : 설명해 보도록 하세요.

학생 : 안락사는 소극적 안락사와 적극적 안락사로 구분할 수 있습니다. 소극적 안락사는 산소 호흡기의 작동을 중지시키는 것과 같이 치료를 중단하는 경우이고, 적극적 안락사는 독극물을 주사하는 것과 같은 경우입니다. 후자는 명백한 살인이기 때문에 허용되어서는 안 되지만, 전자의 경우에는 긍정적으로 검토가 이루어져야 한다고 생각합니다.

선생 : 그래요?

학생 : 네, 그렇습니다.

선생 : 안락사라는 주제와 관련된 사람들은 어떤 사람들인가요?

학생 : 예, 일차적으로는 극심한 고통을 수반하는 불치병을 앓고 있는 사람들이고, 그 다음으로는 뇌사 상태에 빠진 사람이나 의식이 없는 식물인간의 경우가 그에 해당합니다.

선생 : 후자는 다음에 다시 논의하기로 하고, 일차적 대상들에게 안락사가 필요한 이유는 무엇인가요?

학생 : 회복의 가망이 없는 상태에서 극도의 고통만을 겪고 있다면, 그 삶은 무의미한 것이기 때문입니다. 그래서 그들에게 그 삶을 마감할 수 있도록 도움을 줄 필요가 있습니다.

선생 : 그렇지요? 안락사가 필요한 이유는 불필요한 고통을 경감시켜 주기 위해서이지요? 행복보다 고통이 너무나 큰 삶이라면, 그것을 참고 견디라고 말하는 것이 자비롭거나 합리적인 것은 아니겠지요?

학생 : 네, 그렇습니다.

선생 : 그렇다면, 극심한 고통을 겪고 있는 환자에게 치료를 중단하고 죽을 때까지 기다리라고 말하는 것이 더 합리적인가요, 아니면 바로 고통을 줄여주는 것이 합리적인가요?

학생 : 아, 그건….

처음부터 합리적 대안을 가지고 있지는 못했지만, 논의의 과정에서 문제점을 깨닫는 학생들이 있는 것처럼, 독자 여러분도 이 대화를 읽는 도중에 벌써 문제를 알아챘을지도 모르겠다. 하지만 이제 다시 처음으로 돌아가 설명하는 것이 독자 여러분에게 좀 더 도움이 되리라 생각한다.

1) 안락사, 무엇이 문제인가?

위에서 이미 어느 정도 설명된 것처럼, 안락사란 치료가 불가능한 병을 앓고 있으면서 극심한 고통을 수반하거나, 혹은 치료 자체가 무의미한 환자에게 타인이 생명을 마감할 수 있도록 도와주는 조치를 말한다.

전자와 관련해서는 두 가지 문제가 제기될 수 있다. 첫째는 도대체 얼마나 고통스럽기에 스스로 생명을 끊어야 하는가이고, 두 번째는 그렇다면 왜 타인이 그것을 도와주어야 하는가이다. 이러한 문제를 제기하는 이유는 간단하다. 직접적으로 겪어보거나, 간접 경험이라도 진지하게 시도해 보지 않았기 때문이다.

직접 경험은 의지가 있다고 해서 인위적으로 가능한 것이 아니지만, 간접 경험은 합리적인 따져 묻기에 익숙한 사람이라면 누구나 쉽게 해낼 수 있다. 물론 약간의 지식과 논리적 추론 능력이 필요하지만, 그 효과는 매우 현실적이다. 각급 정책의 입안 및 평가자라면 언제나 이러한 간접 경험을 진지하게 수행해 볼 필요가 있다.

먼저 얼마나 고통스러운가 하는 문제에 대해서는 여러분이 앞에서 경험한 비유를 통해 설명해 보도록 하겠다. 출산의 고통은 콧구멍을 통해 볼링공을 꺼내는 고통, 혹은 윗입술을 두 손으로 잡아서 뒤통수까지 까뒤집는 고통에 비유된다. 그런데 그 몇 배에 해당하는 고통을 수반하는 병이 실제로 존재한다. 그러한 고통이 하루에 몇 차례씩 정기적으로 찾아온다면 어떠하겠는가? 극심한 고문을 견디다 못해 혀를 깨물고 자살하는 독립운동가나 포로의 경우와 전혀 다를 바 없을 것이다.

다음으로 왜 타인이 그것을 도와주어야 하는가에 대한 문제에 대한 설명 또한 한 가지 사례로 대신하도록 하겠다. 한 여고생이 인생을 비관해서 한강에 투신자살하고자 했다. 그러나 그녀는 자신이 수영을 잘 한다는 사실을 잊고 있었으며, 자기도 모르게 수십 분 이상

수영을 하다가 결국 구조되었다. 생명에 대한 애착은 그만큼 본능적이고 맹목적인 것이다. 아무리 고통이 있다고 해도 스스로 목숨을 끊기란 쉬운 일이 아닌 것이다.

후자, 즉 뇌사자나 식물인간과 같이 치료 자체가 무의미한 환자에 대해서는 생명과 돈의 비중 문제가 제기될 수 있다. 그들의 치료가 현재에는 무의미하지만, 의학 기술의 발달을 통해 새로운 치료법이 개발될 가능성은 언제나 존재한다. 그런 상태에서 안락사를 고려해야 하는 이유는 당연히 환자의 생명을 연장하기 위해 들어가는 비용 때문이다. 이에 대해 인간의 생명이란 경제적으로 평가될 수 없는 절대적 가치를 가진 것이라는 반론이 심심치 않게 제기된다.

그러나 대다수의 사회문제는 돈 때문에 생긴다. 그리고 그러한 사회문제는 사회 구성원들의 생명과 직결되는 문제이기도 하다. 돈이 충분하면 결식 아동들에게 무료로 급식을 제공하고, 극빈층에게 의료와 난방 서비스를 제공할 수 있다. 전 세계에서 굶어 죽는 사람이 얼마나 많은지, 그들에게 식사를 제공하는 데 얼마나 적은 돈이 드는지에 대해 들어본 적이 있는 사람이라면, 돈과 생명의 연관성을 쉽게 알 수 있을 것이다.

식물인간인 환자 A의 생명을 중환자실에서 연명시키는 데 하루에 10만 원이 든다고 하자. 물론 그에게 혹은 그의 가족에게 많은 재산이 있다면 모르겠지만, 그렇지 않다면 사회는 어떤 선택을 해야 하겠는가? 단지 '인간 생명의 존엄성'만을 모토로 그에게 한 달에 수백만 원의 비용을 들여야 하는가?

당연히 그럴 수는 없다. 사회에는 돈만 있다면 A보다 훨씬 의미

있는 삶을 살 수 있는데, 단지 돈이 없어서 그 기회를 포기해야 하는 사람들이 아주 많다. 덴젤 워싱턴이 주연한 〈존 Q〉라는 영화에서처럼, 심장병에 걸린 아이가 돈만 있다면 수술을 받아 정상적인 삶을 살 수 있는데 그 기회가 주어지지 않을 수도 있고, 백혈병 치료제가 너무 비싸서 삶을 포기해야 하는 경우도 있다. 난방을 하지 못해 얼어 죽을 위험을 무릅써야 하는 사람도 있고, 사회의 범위를 좀 더 넓히면 돈이 없어 굶어 죽는 사람도 있다.

안락사를 고려해야 하는 두 가지 유형, 그리고 그에 내포된 문제점들을 잘 이해한다면 우리가 안락사의 문제를 진지하게 논의해야 하는 이유, 그리고 그 논의에 대해 이미 늦은 감이 있다고 말하는 이유를 쉽게 알 수 있는 것이다.

2) 일반적인 안락사의 구분

위의 대화에서 학생의 대답은 안락사 문제에 대한 우리 사회의 일반적인 견해를 대표한다. 따져 묻기에 익숙하지 않은 많은 의사들은 이러한 견해의 맹목적 추종자이며, 그들에게 세례받은 언론은 이러한 견해를 확대 재생산한다.

그들의 주장에 따르면 안락사는 적극적 안락사와 소극적 안락사로 구분할 수 있다. 이 둘 간의 차이는 영어 표현을 보면 분명히 드러난다. 적극적 안락사는 영어의 'active euthanasia'의 번역어이며, 소극적 안락사는 'passive euthanasia'의 번역어이다. 둘을 구분하는 기준은 행위(act)의 개입 여부인 것이다.

적극적 안락사란 타인이 적극적으로 행위를 개입시켜 당사자를 안락사에 이르게 하는 것이다. 일반적으로 고통을 수반하지 않는 독극물 투여와 같은 방식을 취하지만, 그런 방법이 없을 때에는 다른 방법도 얼마든지 고려될 수 있다.

안락사가 법적으로 금지되어 있는 미국[1]에서는 아버지가 죽지 못해 어쩔 수 없이 고통스러운 삶을 살고 있는 아들을 권총으로 쏘아 죽인 사건도 있다. 어떤 의사는 그 아들과 같은 환자를 위해 안락사 기계를 제작해 유명해지기도 했다.

두 사람 모두 법적 처벌을 받기는 했지만, 아버지의 경우 보통의 살인죄와는 전혀 다르고, 의사의 경우 또한 일반적인 자살 방조죄[2]와 전혀 다르다는 사실은 너무나 분명하다. 자신의 이익 여부와는 무관하게, 그리고 자신이 처벌받을 것임을 알면서도 전적으로 당사자를 위해 그러한 일을 감행했기 때문이다.

----

1 미국은 주마다 법이 다르다. 오리건 주에서는 안락사를 허용하고 있지만, 나머지 주에서는 안락사가 불법이다.
2 사실 나는 '자살 방조죄'라는 용어를 매우 싫어한다. 법 전공자가 아닌 일반인들이 이 말을 들으면 누구나 "다른 사람이 자살하는 것을 지켜보면서 아무런 조치도 취하지 않은 죄"라고 생각할 것이기 때문이다. 그러나 자신과 직접적인 관계가 없는 사람이 자살하는 것을 지켜본다고 해서 법적인 책임을 질 일은 없다. 물론 자기 가족이나 혹은 자신이 보호해야 할 책임이 있는 사람이 자살하는 것을 지켜보는 경우는 전혀 다르지만 말이다. 자살 방조죄란 다른 사람이 자살하는 것을 돕는 죄이다. 그것이 왜 죄가 되는지에 대한 궁금증이 있을 수 있겠지만, 그 답은 뒷장에서 제시하겠다. 어쨌든 한자 원어를 알지 못한다면 '방조'가 '돕다'는 뜻임을 어떻게 알 수 있겠는가? 선거철이면 방송에서 '부동표'라는 말을 자주 사용하는데, 이 또한 같은 부류이다. 흔히 '부동의 1위'라는 말에서처럼 '부동'이라 하면 '움직임 없는/굳건한'의 뜻이지, 그것이 '결정되지 않은/떠다니는'이라는 뜻임을 일반 사람들이 어떻게 알 수 있겠는가? 그 따위 표현을 사용하는 사람들은 보잘 것없는 지식을 과시하고 싶은 욕심만 앞서 있고 언어의 존재 이유에 대한 성찰은 전혀 없는 삼류 싸구려 지식인 나부랭이에 불과하다.

반면 소극적 안락사란 말 그대로 적극적인 행위의 개입 없이 소극적인 방법으로 안락사를 시행하는 것이다. 위의 학생처럼 일반적으로 가장 많이 드는 예가 산소 호흡기를 제거하는 것과 같은 경우이지만, 그것은 류 개념[3]인 '치료 중단'의 대표적인 사례에 불과하다. 약을 먹어야만 생명을 유지할 수 있는 경우에 약을 투여하지 않는 것도 한 방법이 될 수 있다.

우리나라 대다수의 의사들과 언론이 그러하듯이, 안락사의 이런 구분 방식만을 중시하는 사람들은 대개 소극적 안락사를 허용할 필요성에 대해서는 쉽게 인정하면서도, 적극적 안락사에 대해서는 신중하게 고려해 보아야 한다고 주장한다. 타인의 행위가 개입되지 않기 때문에 소극적 안락사는 자살의 일종이지만, 적극적 안락사는 살인이라는 것이다.

그러나 위의 대화에서처럼, 그런 생각을 맹목적으로 따르는 사람들은 간단한 따져 묻기에도 속수무책일 수밖에 없다. 나는 이제부터 이러한 주장이 얼마나 비합리적이고 허무맹랑한 것인지를 밝히고, 그에 대한 대안을 제시해 보고자 한다.

---

3 류 개념이란 종 개념의 반대말로, 상위 개념을 가리킨다. 예를 들어, 사형은 처벌의 일종이다. 그런 면에서 사형은 처벌의 종 개념이며, 처벌은 사형의 류 개념이다.

2. 안락사와 자살

1) 행위와 책임

안락사를 적극적 안락사와 소극적 안락사로 구분하고, 소극적 안락사를 긍정적으로 고려해야 한다고 주장하는 사람들의 핵심 근거는 적극적 안락사란 일종의 살인이고 소극적 안락사는 행위의 개입이 없으므로 자연사라는 것이었다. 그러나 이들의 주장은 행위와 책임의 관계에 대한 너무나도 피상적이고 천박한 이해에 근거하고 있다. 다음 몇 가지 사례를 살펴보면 쉽게 이해할 수 있다.

[사례 1] 기동은 평소에 채연을 짝사랑하였으나, 그녀는 기동에게 전혀 관심도 보이지 않았을 뿐만 아니라, 그의 호의를 대놓고 무시하였다. 장기간 무시를 당한 기동은 채연에게 앙심을 품고 그녀를 살해하기로 결심한다. 그러나 살인범으로 처벌받는 것은 싫었기 때문에 교묘한 술책을 쓰기로 한다. 채연에게 수면제를 먹여 그녀를 커다란 자루에 담은 후, 자신이 알고 지내던 동네 후배인 선일에게, "야, 여기 멧돼지 한 마리가 들어 있어. 어제 산에서 올무로 사로잡은 것인데, 지금은 마취 상태라 위험하지 않지만, 깨어나면 엄청 위험한 놈이야. 빨리 잡아서 바비큐 해 먹자."라고 말하면서, 큰 칼을 건넸다. 선일은 그 속에 사람이 있을 줄은 꿈에도 생각 못한 채 시키는 대로 행동했다. 결국 두 사람은 경찰에 체포되었다. 기동은 법정에서 "칼로 그녀를 찔러 죽인 것은 저 사람이지 제가 아닙니다."라고 말하면

서 자신은 거짓말을 했을 뿐 살인범은 아니라고 주장한다.

[사례 2] 수상 인명 구조원 자격증 소유자이자 수영 강사인 지만은 더운 여름날 자신의 수강생들을 데리고 아름다운 호숫가의 펜션으로 놀러 갔다. 사람들이 공놀이도 하고 고기도 구워 먹고 술도 마시면서 즐겁게 놀고 있을 때, 주위를 산책하던 지만은 근영이 외진 곳의 깊은 물에서 허우적거리고 있는 것을 발견하였다. 지만은 놀란 마음에 급히 뛰어들려다가 마음을 고쳐먹었다. 평소 근영이 자신의 신체적 약점을 가지고 사람들 앞에서 공개적으로 여러 차례 망신을 준 사건들이 떠오른 것이다. 언젠가는 빚을 몇 배로 갚아줄 것이라고 마음먹고 있던 차에, 기회가 제대로 찾아왔다고 생각했다. 그는 모른 체하고 지나치기로 했다. 그런데 마침 지만을 찾아다니던 수강생 중 한 명이 그 사실을 목격하고는, 지만을 불렀지만, 그는 못 들은 척하고 펜션 뒤쪽으로 돌아가버렸다. 결국 근영은 익사하고 말았고, 그 사건을 목격한 수강생의 증언에 의해 지만은 경찰에 체포되어 법정에 서게 되었다. 지만은 "그녀가 물에 빠져 죽은 것은 제 탓이 아닙니다. 그녀가 죽는 데 제가 무슨 역할을 했다고 그러십니까? 저는 무죄입니다."라고 항변한다.

첫 번째 사례에서 채연을 죽이는 직접적인 행동을 한 것은 선일이다. 그러나 살인죄는 당연히 선일이 아니라 기동이 지게 된다. 사례의 상황에서 선일은 기동의 도구에 불과했다. 그는 속고 있었으며, 그가 속고 있었던 한, 그는 정상적인 행위자라고 할 수 없는 것이다.

내가 A라는 사람의 팔을 강제로 끌어다가 B라는 사람을 때렸다고
해보자. B는 과연 누구에게 화를 낼 것인가? A에게 화를 낸다면 A
는 너무나 억울할 것이다. 내가 몽둥이로 당신을 때렸다고 당신이
몽둥이에게 화를 낸다면 당신은 바보일 것이다. 이 경우에 A는 그저
몽둥이의 역할을 대신한 것일 뿐이지, 정상적인 행위자였다고 할 수
는 없다. 물론 내가 80의 힘으로 끌어당겼는데, A가 거기에 20의 힘
을 더해 100의 힘으로 때렸다면 그만큼의 책임을 면할 수는 없겠지
만 말이다. 사례의 경우도 이와 동일하다. 억지로 끌어다가 도구로
삼은 것인가, 아니면 거짓말을 통해 도구로 삼은 것인가만 다를 뿐
이다.

두 번째 사례는 반대의 경우를 보여준다. 지만은 물론 아무런 행
동을 하지 않았다. 하지만 그는 근영을 구조할 능력이 있었고, 또 구
조할 의무도 있었다. 그가 자신의 능력과 의무를 다하기만 했다면
근영은 죽지 않았을 것이다. 따라서 근영의 죽음에 대해 그는 이른
바 '부작위의 책임'을 지는 것이다.

자신이 낳은 갓난아기나 거동이 극도로 불편한 부모를 아무 행동
도 하지 않고 방치해 놓아 그들이 죽음에 이르도록 한 경우를 생각
해 보면 쉽게 이해할 수 있을 것이다. 아무 행동을 하지 않았을 경우
에 상대방이 죽을 것임을 쉽게 이해할 수 있었을 뿐 아니라, 그 상황
을 막을 능력이 있었다면 당연히 부모나 자식으로서 부작위를 통해
죽음에 이르게 한 책임을 면할 수는 없는 것이다.

두 번째 사례가 모든 경우에 일률적으로 적용되는 것은 아니다.

만약 그렇다면 선진국의 부자들은 후진국에서 빈곤과 기아로 인해 죽어가는 사람들에 대해 책임을 져야 할 것이다. 물론 도덕적인 책임이 있다고 주장할 사람이 있을지는 모르지만, 자신이 보호해야 할 책임을 가진 사람이 위난에 처한 경우와 자신과 전혀 무관한 사람이 위난에 처한 경우가 같을 수는 없는 것이다.

그렇다면 이러한 내용이 안락사와는 무슨 관련이 있는 것일까?

먼저 소극적 안락사의 경우, 단순히 치료를 중단하고 아무런 행위를 하지 않았다는 이유만으로 살인이 아니라고 주장할 수 없다는 점을 쉽게 이해할 수 있을 것이다. 수영 강사가 수강생을 보호할 의무가 있듯이, 의사는 당연히 환자를 보호할 의무가 있기 때문이다. 적극적 안락사를 살인이라고 한다면, 소극적 안락사 또한 부작위에 의한 살인이라고 해야 마땅할 것이다.

반대로 적극적 안락사의 경우는 첫 번째 사례와 연관시켜 생각해 볼 수 있다. 직접 행동을 했다고 해서 반드시 그 행위에 대한 책임을 져야 하는 것이 아니라면, 적극적 안락사를 시행하는 사람의 행위 또한 살인이 아니라고 할 수도 있다. 아니, 내가 보기에는 그렇게 말해야 마땅하다. 안락사 대상자는 목을 매달아 자살하는 것을 선택하거나, 칼로 동맥을 긋는 것을 선택할 수도 있었다. 안락사 시행자는 단순히 대안적인 도구 역할을 한 것일 뿐이다.

물론 이러한 논리를 무작정 적용할 수는 없다. 평소에 미워하던 사람을 죽여놓고는, 그를 위해서 그리고 그의 부탁에 의해서 그렇게 했노라고 주장할 수도 있기 때문이다. 따라서 적극적 안락사를 허용하더라도, 그 조건을 매우 엄격하게 제한해야만 하는 것이다. 이에 대해서는 뒤에서 다시 자세히 논하도록 하겠다.

결론적으로 내가 여기에서 말하고자 하는 바는 적극적 안락사와 소극적 안락사의 구분이 그리 분명하지 않다는 것이다. 행위를 해서 사람을 죽일 수도 있고, 행위를 하지 않음으로써 사람을 죽일 수도 있다. 중요한 것은 죽음에 이르게 된 결정적 원인이다. 그것이 행위이든 아니면 부작위이든 간에 말이다.

흔히들 소극적 안락사의 일종이라고 말하는 산소 호흡기의 제거 사례가 이를 잘 보여준다. 산소 호흡기를 제거하는 것은 과연 소극적인 방법인가? 거기에는 분명히 행위가 개입되었다. 환자는 호흡기를 제거하는 행위가 없었다면 생명을 유지할 수 있었다. 마치 살인범이 피해자를 총으로 쏘지 않았다면 피해자가 죽음에 이르지 않을 수 있었던 것처럼 말이다. 산호 호흡기를 제거하는 것과 같은 방법은 적극적인 것에 속함이 분명하다.

그런데 산소 호흡기를 제거하지 않고, 정전이 되기를 기다렸다가 다시 산소 호흡기를 작동시켜 주지 않는 경우를 생각해 보자. 그와 유사한 방법은 얼마든지 고안 가능할 것이다. 이 경우는 분명 아무런 적극적 행위가 개입되지 않았다. 하지만 그렇다고 해서 이 방법이 호흡기를 제거하는 방법과 다르다고 할 수 있겠는가? 이 역시 부작위를 통해 행동 혹은 작위와 동일한 목적을 달성한 것일 뿐이다.

2) 자살의 구분과 안락사에 대한 평가

그렇다면 안락사를 자살로 보아야 하는가, 아니면 타살로 보아야 하는가 하는 문제가 발생한다. 안락사를 부르는 다양한 명칭 가운데 '의사 조력 자살(physician assisted suicide)'이라는 호칭은 자살의 측면을 강조한 것인 반면, '자비롭게 죽여줌(merciful killing)'이라는 호칭은 그것이 일반적인 자살과는 다를 수도 있음을 의미한다.

그러나 후자의 경우에도 '자비(mercy)'라는 개념이 개입되어 있어, 타살이라고 부르기에는 석연치 않은 점이 많다. 그렇다고 해서 자비가 개입되어 있다는 이유만으로 타인을 죽이는 것이 무조건 용서될 수는 없다.

사지가 없이 태어난 아이를 부모가 영아기에 안락사시켰다고 해보자. 이유는 간단하다. 그 아이가 불행하게 살 것은 뻔하기 때문에, 아이를 사랑하는 마음에 비난을 감수하면서 그러한 행위를 한 것이다. 그렇다면 부모의 행위는 용서받을 수 있을까?

답은 당연히 "그렇지 않다"이다. 『오체불만족』의 저자인 오토다 케를 생각해 보면 쉽게 알 수 있다. 사지가 없이 산다는 것에 대해 대다수의 사람들은 극도로 불행할 것이라고 생각하지만, 정작 그 당사자가 그렇지 않을 수 있음을 증언한 것이다. 행복이란 매우 주관적인 것이며, 남이 보기에는 비참해 보이는 삶을 살면서도 행복을 느끼는 경우를 찾아보기란 어렵지 않다.

국민소득도 상상 이하이고, 서구인들의 눈에는 '끔찍한' 상황에서 생활하는 후진국 국민들의 행복지수가 선진국의 그것보다 높은 경우는 허다하다. 장애인이나 지적 장애아들 가운데 정말 순박하고 행복한 미소를 잃지 않는 사람들도 쉽게 목격할 수 있다. 행복과 불행에는 객관적 잣대가 없는 것이다.

생명권이 절대로 타인의 침해를 허용해서는 안 되는 것이라면, 그리고 안락사의 허용 여부에 대해 논의하고자 한다면, 중요한 것은 안락사가 자살인가 아닌가 하는 사실적 논의가 아니다. 어떤 식으로든 안락사가 허용된다면, 거기에서 타살의 요건은 완전히 배제되어야 한다. 다시 말해서 생명권 담지자 자신의 의사가 무엇보다도 중요한 것이다. 이는 안락사의 바람직한 대안적 구분과 관련된 문제이며, 뒤에서 다시 논하도록 하겠다.

어쨌든 안락사에서 타살의 요건을 완전히 배제할 수 있다면, 그 경우 안락사는 자살의 일종이라고 불러도 무방할 것이다. 그렇다면 안락사가 과연 허용 가능한가에 대한 논의는 결국 자살의 허용 가능성에 대한 논의의 일부분이 될 것이다. 만약 모든 자살이 허용 불가능한 것이라면 안락사 역시 허용해서는 안 될 것이며, 일부의 자살만을 허용할 수 있다면 안락사가 그 범주에 드는 것인가를 살펴보면 될 것이기 때문이다.

먼저 모든 형태의 자살은 부도덕하며, 비난받아야 하고 금지되어야 한다고 주장하는 사람들이 있을 수 있다. 이들이 내세우는 근거는 크게 두 가지 종류이다. 첫째는 종교적인 것이며, 둘째는 인간 생명의 존엄성과 같은 인도주의적인 근거를 내세우는 것이다. 두 가지를 순서대로 살펴보도록 하자.

종교인들, 그 가운데에서도 특히 기독교인들이 내세우는 자살 반대 논리의 핵심은 인간이 신에 의해 창조되었다는 것이다. 인간 생명의 본 주인은 창조주인 신이므로, 그것을 잠시 맡아둔 인간이 함부로 좌지우지해서는 안 된다는 것이다.

얼핏 단순해 보이는 이 주장은 사실 삼단논법의 형식을 띠고 있다. 삼단논법의 전형적인 형태는 누구나 익히 알다시피 다음과 같다.

〈대전제〉 모든 인간은 죽기 마련이다.
〈소전제〉 당신도 사람이다.
───────────────
〈결 론〉 당신도 언젠가 죽기 마련이다.

이러한 삼단논법에서 대전제와 소전제를 인정한다면 결론은 반드시 받아들일 수밖에 없다. 결론은 새롭게 도출되는 것이 아니라, 두 전제 속에 이미 함축되어 있는 내용이기 때문이다.

물론 삼단논법이 언제나 성공적인 것은 아니다. 두 전제 가운데 하나를 부인할 수 있다면 삼단논법을 쉽게 반박할 수 있다. 그런데 문제는 논리적 사고에 익숙하지 못한 일반인들이 삼단논법의 형식으로 이루어진 주장을 대하면 거의 본능적으로 겁을 먹는다는 것이다. 왠지 자신에게는 역부족인 강력한 논리가 담겨 있는 듯이 보이기 때문이다.

하지만 절대로 겁먹어서는 안 된다. 그저 자신의 주장을 폼나게 꾸민 것일 뿐이기 때문이다. 완벽한 진리는 없으며, 강력해 보이는 주장에도 언제나 허점이 있기 마련이다. 자살을 비난하는 종교적 주장을 삼단논법의 형태로 재구성해 보면 다음과 같다.

〈대전제〉 자신의 소유가 아닌 것을 마음대로 좌우해서는 안 된다.

〈소전제〉 인간은 신에 의해 창조되었으므로, 그 생명은 신의 소유

이다.

〈결 론〉 그러므로 모든 형태의 자살은 부도덕하다.

어떤가? 독자 여러분은 두 전제에서 아무런 문제도 발견할 수 없는가? 만약 그렇다면 결론을 받아들일 수밖에 없을 것이다. 그러나 소전제의 내용에 최소한 '누구나 찬성할 수는' 없음을 발견하기란 어렵지 않다. 오직 종교적 신념을 같이하는 사람들만이 전적으로 그러한 주장에 동의할 것이다. 무신론자라면, "나는 신이 아니라 부모님에 의해 창조되었다."라고 반박하는 것은 너무나 당연하다.

위와 같은 주장을 하는 사람이 자기 주장의 정당성을 입증하기 위해서는 당연히 소전제가 참임을 증명해야 한다. 그러나 소전제의 내용은 검증 불가능한 형이상학적 영역에 속한다. 따라서 위의 주장은 이른바 '선결문제의 오류'를 범하고 있는 것이다.

백 보 양보해서 인간이 신에 의해 창조되었음을 인정한다고 해도, 주장의 정당성이 곧바로 확보되는 것은 아니다. 무언가를 만든 사람이 그것을 제삼자에게 양도하면, 소유권이 넘어가는 것은 당연하기 때문이다. 기독교인들 사이에서도 인간의 생명이 신의 소유인지에 대한 논란이 있을 수 있는 것이다.

결국 다른 합리적이고 검증 가능한 근거를 제시하지 않는 한, 모든 자살에 반대하는 종교적 논변은 성공하기 힘들다.

인간의 존엄성에 의거해서 자살에 반대하는 주장은 겉모습만 그

럴싸하지, 사실은 아무 내용이 없다. "인간은 존엄하기 때문에 절대로 스스로 생명을 끊어서는 안 되오."라고 주장하는 사람에게 "존엄하기 때문에 스스로 생명을 끊고자 결심하는 것이오. 존엄한 인간이 비참한 모습으로 생명만을 유지하는 것은 너무나 초라하지 않소? 참기 힘든 고통으로 가득 찬 삶을 억지로 견디기보다는 스스로 삶을 정리하는 행동은 존엄한 인간만이 할 수 있는 선택 아니겠소? 어떤 다른 동물이 그런 선택을 할 수 있겠소?"라고 말한다면 무엇이라고 대답할지 궁금하다.

　사실 '인간의 존엄성', '정의', 예수의 '사랑', 공자의 '인(仁)', 부처의 '자비'와 같은 거대한 개념들은 종교적인 추앙을 받는 인류의 지도자들이 설교를 할 때 써먹는 개념이지, 옳고 그름을 가리는 논변에는 전혀 적합하지 않다. 노사 간의 임금 협상에서 "정의롭게 잘 해 봅시다."라는 합의는 너무나 쉽지만, 그 '정의'를 양측은 모두 아전인수격으로 해석하기 마련인 것이다. 결국 논의는 처음부터 다시 시작되어야 한다.

　자살이라는 주제에 대한 논의 자체가 낯선 것일 뿐 아니라, 주제의 특성상 일부라도 자살에 찬성하는 주장을 하면 왠지 인격적으로 문제가 있는 사람인 듯한 오해를 살지도 모른다는 생각에 섣불리 말을 못하는 경우가 많다. 그러나 다음 몇 가지 사례를 살펴보면 자살도 최소한 몇 가지로 분류 가능함을 알 수 있다.

　　[사례 1] 동식은 전교에서 최하위권의 성적을 유지해 온 학생이었다. 그는 고 3이 되면서 성적을 상위권으로 올리리라 결심하고, 하루

에 무려 2시간씩이나 공부를 하였다. 이전에 책을 전혀 안 보던 것에 비하면 정말 획기적인 변화였다. 그러나 3개월 여의 공부 끝에 본 시험에서 성적이 제자리를 맴돌자 비관한 나머지 스스로 목숨을 끊었다.

[사례 2] 안나는 초등학교 때부터 고등학교 3학년 말까지 전국에서 열 손가락 안에 드는 성적을 유지하였다. 그런데 대학 입시에서 실수를 하여 국내 최고의 대학에 합격하지 못하고, 두 번째로 유명한 대학에 합격하게 되었다. 그녀는 입학을 포기하고 다시 한 번 대학 입시에 도전하였는데, 또다시 실수를 거듭하고 말자 비관하여 스스로 목숨을 끊었다.

[사례 3] 지훈은 옆 동네에 사는 미라를 짝사랑하였다. 무려 4년 이상을 말도 못 붙이고 속으로 가슴앓이만 했는데, 어느 날 그녀가 결혼을 하게 되었다는 소문을 들었다. 정말로 용기를 내어 그동안 자신이 얼마나 그녀를 짝사랑했는지 고백했지만, 그녀는 완곡하게 그에게 거절 의사를 밝혔다. 그는 상심한 나머지 스스로 목숨을 끊었다.

[사례 4] 어렸을 때부터 고아로 자라 외로운 삶을 살아온 동훈은 비슷한 처지의 미선을 만나 서로 사랑을 나눈 끝에 결혼하여 아들 둘과 딸 하나를 낳아 단란한 가정을 꾸렸다. 이후 그는 성격도 쾌활해지고 더욱 적극적으로 열심히 노력하여 가산도 불어만 갔다. 아들딸도 착하고 건강하며 똑똑하기까지 해서 더 이상 바랄 것이 없었다. 그러던

어느 해 여름 자신이 너무 바쁜 관계로 아내가 아이들만 데리고 잠시 해외 여행을 떠났는데, 그만 돌아오는 길에 비행기 사고로 전 가족을 잃고 말았다. 동훈이는 잊고 살기 위해 미친 듯이 몸부림쳤지만, 삶에 대한 의욕을 되찾지 못하고 3년 후 스스로 목숨을 끊고 말았다.

[사례 5] 세계적인 등산가인 영철은 히말라야 산맥에서 가장 험하다는 산에 세 번째 도전하기 위해 15명의 대원을 거느리고 등반 길에 올랐다. 일주일 여 동안 계속된 강행군에도 대원들의 사기는 높고, 등반도 성공적이었다. 하지만 가장 난코스로 꼽히던 절벽 코스 등반에서 그만 그가 발을 헛디디는 바람에 그를 포함한 대원들이 줄 하나에 매달리는 형국이 되었다. 대원들은 절대로 포기하지 말자고 했지만, 그가 판단하기에 그것은 무리인 듯했다. 위의 대원들이 자신을 억지로 끌어올리려고 하다 보면 집단적인 참사에 이를 수도 있다는 생각이 들었던 것이다. 그는 스스로 자일을 잘라내었으며, 결국 추락사하고 말았다.

주변에서 첫 번째와 같은 사례를 접한다면, 독자 여러분뿐 아니라 누구라도 "저런 멍청한 녀석!"이라는 반응을 보일 것이다. 하지만 두 번째의 경우는 어떠한가? 그 역시 현명하거나 사려 깊은 행동이었다고 할 수는 없겠지만, 첫 번째 경우와 비교해 보면 조금이나마 더 이해 가능한 행동이라는 데 동의하기는 어렵지 않다.

세 번째 역시 첫 번째와 크게 다른 반응을 얻을 수 없을 것이다. 하지만 네 번째에 대해서는 많은 사람들이 공감하면서 고개를 끄덕일 것이다. 두 번째와 비교해 보더라도, 네 번째에 공감하는 사람들이 월등히 많을 뿐 아니라 공감의 정도도 더욱 깊을 것임은 의심의 여지가 없다.

다섯 번째 경우에 대해서 비난하는 사람은 아마 제정신이 아닐 것이다. 그것은 분명히 자살의 일종이다. 스스로 삶의 마감을 결정했기 때문이다. 그러나 타인을 위해 스스로를 희생하는 이러한 영웅적이고 희생적인 자살에 대해서는 비난이 아니라 칭송이 뒤따르기 마련이다.

가상적인 몇 가지 사례에 대한 검토를 통해 우리는 다음 몇 가지 결론에 이를 수 있다: 첫째, 모든 자살이 불합리하거나 비난 가능한 것은 아니다. 둘째, 자살에 대한 비난의 정도는 자살의 동기에 따라 다르다. 셋째, 비난할 수 없는 자살도 분명히 존재한다.

이 가운데 우리의 논의와 관련해서 중요한 것은 자살의 동기에 따른 비난 가능성 유무 혹은 비난 가능성의 정도 차이이다. 우리는 어떤 동기로 인해 자살을 했을 때 그것을 비난하고, 또 어떤 동기로 인해 자살을 했을 때 그에 공감하거나 혹은 찬양하는가?

앞의 세 가지 사례에서 쉽게 알 수 있듯이, 인생의 무게와 비교해 볼 때 비교적 가벼운 동기 때문에 충동적으로 자살 결정을 내리는 경우가 전형적인 비난의 대상이다. 남은 여생을 통하여 쉽게 만회 가능하거나, 혹은 그것을 포기하더라도 삶을 살아가는 데 큰 지장이 없는데도 삶을 포기했다면, 그것은 충분히 비난받아 마땅한 것이다.

하지만 마지막 두 가지 사례에서는 다른 형태의 동기를 보여준다. [사례 4]에서는 당사자의 상처가 얼마나 클 것인지, 만에 하나 그 상처를 만회하는 것이 가능하더라도 그 가능성이 큰 아픔을 감수해야 할 가능성에 비해 얼마나 압도적으로 높은지를 이해할 수 있다. 게다가 이 경우에는 충분한 기간 만회를 위한 노력을 시도했다는 점도 또한 평가되어야 한다. 이 경우에는 그것이 합리적이거나 훌륭한 처사였다고까지는 말할 수 없더라도, 그를 비난하는 것 또한 쉽지 않을 것이다.

이와 유사한 경우를 우리는 셰익스피어의 명작 『로미오와 줄리엣』에서 찾을 수 있다. 그 책을 읽고, 그 주인공들의 행위, 즉 자살에 대해 바보 같다는 욕을 하는 사람은 많지 않다. 오히려 그들의 사랑에 공감을 하고 감동을 느낀다. 그들의 아픔이 얼마나 큰지, 그것을 만회할 가능성이 얼마나 낮은지에 대해 공감하기 때문이다.

마지막 사례에 대해서는 굳이 설명이 필요하지 않을 것이다.

그렇다면 안락사는 어떤 부류에 속할까? 당연히 네 번째 부류에 속할 것이다. 앞으로의 삶이 극도로 참기 힘든 고통으로 점철될 것임이 예상 가능한, 그리고 그것을 벗어날 가능성이 극도로 적은 상황에 여러분이 처한다고 생각해 보라. 그 삶을 벗어나려는 노력이 오히려 합리적일 수도 있지 않겠는가?

나는 앞에서 행위와 책임의 관계를 논하면서, 안락사가 자살인가 타살인가 하는 사실적 논의는 무의미하며, 중요한 것은 (그것을 허용한다면) 타살적인 요소를 배제해야 한다는 당위라고 말한 바 있다. 유사하게 이의 논의에서도 또 한 가지 당위를 도출해 낼 수 있다. 안락사의 허용 범위는 공감 가능한 자살의 부류로 엄격히 한정되어야 하며, 그것을 보장할 수 있는 방안이 필요하다는 것이다.

3. 존엄사를 위한 조건

이상의 논의에서처럼, 중요한 것은 안락사를 허용할 것인가 여부가 아니다. 모든 안락사를 금지하는 것은 합리적이지도, 바람직하지도 않다. 개인적 측면에서 보나 사회적 측면에서 보나, 일정 조건 하에서 안락사를 허용하는 것은 반드시 필요하다. 중요한 것은 그로 인해 무고한 피해자가 생기지 않도록 하는 것이다. 그를 위한 충분하고도 엄격한 조건이 갖추어지고 준수된다면, 그것은 당연히 존엄사라 불러야 마땅할 것이다.

1) 일반적 구분의 모순

적극적 안락사와 소극적 안락사라는 구분 자체가 얼마나 무의미한 것인지는 행위와 책임을 논하는 가운데 잘 드러났으리라 믿는다. 하지만 그러한 구분의 문제는 더 심각한 데 있다. 이 장 첫머리에 나온 학생과의 대화에서 이미 눈치 챈 독자들도 상당수 있겠지만, 그러한 구분을 통해 소극적 안락사만을 허용하자는 주장은 본말이 전도된, 그야말로 말도 안 되는 주장이다.

이해의 편의를 돕기 위해 먼저 사례를 살펴보도록 하자.

[사례 1] 인내 씨는 후두암 말기 환자이다. 권위 있다는 의사들이 있는 여러 병원을 전전하며 검사와 치료를 반복했지만, 모든 의사들이 병의 회복 가능성이 전무하다고 결론을 내린 상태이다. 의사들의

의견을 종합해 보면, 그에게 남은 생은 대체로 6개월 정도로 예상되며, 최장 1년까지도 삶이 유지될 수 있다.

다행히 자수성가하여 큰 성공을 이룬 터라, 삶을 근근히나마 유지하기 위해 치료를 받는 데 경제적으로는 아무 걱정이 없지만, 문제는 고통이다. 하루에도 수십 번씩 찾아와 한 번에 몇 분 이상 지속되는 고통은 그야말로 당해 보지 않은 사람은 아무도 모를 정도이다. 밤사이에도 몇 번씩 그런 일을 겪다 보니 잠을 제대로 이루지 못한 것이 벌써 몇 달째인지 모를 지경이다.

사랑하는 아내와 자식들은 인내 씨가 조금이라도 더 가족과 함께하기를 바란다. 3년 병에 효자 없다지만, 가족들은 조금도 힘들거나 귀찮아 하는 내색 없이 인내 씨의 병을 간호하고 그의 기분을 맞추기 위해 노력해 왔다. 그가 극도의 고통을 몇 달 동안 견뎌낼 수 있었던 동력도 바로 그런 가족의 사랑과 배려였다.

그러나 이제는 그야말로 한계에 도달했다. 이미 한 달 전부터 고민하고 또 고민했지만, 더 이상 참고 견디는 것은 무리이다. 하루하루가 너무 고통스럽고, 시간이 지날수록 삶 자체가 저주처럼 느껴진다. 그는 굳은 결심을 내린다.

담당 의사와 상의했더니, 충분히 이해한다면서도 먼저 정신과 의사에게 상담을 받아볼 것을 권유했다. 그동안의 치료 기록을 참고해서 장시간 대화를 나눈 후, 정신과 의사도 인내 씨의 결정이 최선임을 인정한다. 가족들도 처음에는 반대했지만, 인내 씨의 설명에 눈물을 흘리면서 동의할 수밖에 없었다.

결국 모든 준비는 갖추어졌다. 인내 씨는 담당 의사에게 인간답게 삶을 마감할 수 있게 해달라고 부탁한다. 담당 의사는 이미 그러한 결정을 십분 이해하고 있는 터라, 자신이 알고 있는 최선의 방법을 조언한다. "안락사는 두 가지로 나뉩니다. 그러나 적극적 안락사를 시행하게 될 경우, 저는 살인범의 누명을 쓸 수밖에 없습니다. 제가 할 수 있는 방법은 이제부터 모든 치료를 중단하는 것뿐입니다. 전보다 훨씬 고통스러우시겠지만, 짧게는 보름에서 길게는 한 달 정도만 참으시면 됩니다. 이런 말씀을 드릴 수밖에 없어서 죄송합니다."

[사례 2] 다정이의 어머니는 불행히도 석 달 전에 사고로 의식 불명 상태가 되었다. 회생 가능성에 대해서는 아무도 확언하지 못하는 상태이다. 중환자실에서 최신 장치를 통해 생명은 유지하고 있지만, 문제는 비용이다. 하루에 백만 원 이상 하는 병원비로 인해, 다정이네 가정의 경제 상황은 이미 악화될 대로 악화된 상태이다. 더욱 힘든 것은 가족들의 이런 희생이 아무런 좋은 결과도 낳지 못할 가능성이 높다는 점이었다.

동양철학을 전공한 어머니는 평소 안락사에 관심이 많았다. "장자라는 철학자가 말한 것처럼, 살아가는 과정은 죽어가는 과정과 동일한 것 아니겠어? 그렇다면 잘 죽는 것이 곧 잘 사는 것인 셈이야. 평생을 행복하게 살더라도 죽기 전 몇 달이 고통스럽다면 그 삶을 행복한 삶이라 하기 힘들 거야. 그래서 예부터 편안한 죽음, 즉 고종명(考終命)을 다섯 가지 복 중의 하나로 여겼던 게지. 혹시 내게 안락사의 상황이 닥치면, 그리고 나의 의지를 확인할 수 없는 상황이 되면 고민하지 말고 편하게 보내주도록 하렴."이라고 말하곤 했던 것이다.

그런 어머니의 말씀에도 불구하고 그동안 버텨온 것은 어머니에 대한 가족의 사랑과 희망 때문이었다. 하지만 이제는 더 이상 견디기 힘든 상황임을 가족들도 모두 이해하고 있었다. 누구도 먼저 입을 열기는 힘들어했지만, 결국 어렵게 논의한 끝에 어머니를 편안하게 보내드리기로 결정한다.

다음 날 가족들이 의사를 찾아가 상의한다. 그런데 의사는 "정 그러시다면, 치료를 중단하는 것이 최선의 방법입니다."라고 말한다. 그런데 다정이네 가족은 그보다 더 나은 해결책을 원한다. 비록 의식이 없어 사람들과 대화를 나눌 수는 없지만, 고통을 느낄지도 모르기 때문이다.

다정이는 "단순히 치료를 중단해 버린다면, 그야말로 굶겨 죽이는 것과 다를 바 없습니다. 어머니께서 고통을 느끼실지 그렇지 않을지 모르는 상황에서 그렇게 하는 것은 가족의 도리가 아닙니다. 기왕 결정을 했다면, 고통 없이 편안하면서도 빨리 보내드릴 방법은 없을까요?"라고 묻는다.

의사는 대답한다. "약물을 투여하는 방법을 사용한다면 아무 고통 없이 편안한 죽음을 맞이하실 수 있습니다. 그러나 그러한 적극적 안락사는 금지되어 있습니다. 의사로서 어떻게 환자를 죽일 수 있겠습니까? 기껏해야 며칠일 것입니다. 고통스럽더라도 참으십시오."

이제 더 이상의 자세한 설명이 없더라도 독자 여러분은 그 문제점을 분명히 깨달았으리라 생각한다. 안락사라는 것 자체에 대해 고민해야 하는 이유는 회복 가능성이 없는 환자에게 불필요한 고통을 덜

어주거나 혹은 그 가족이나 사회로 하여금 아무런 희망도 없는 일로 인해 과중한 부담을 지지 않도록 하기 위함이다.

그런데 단지 살인이라는 누명을 쓰지 않기 위해 소극적 안락사만을 허용한다면, 위의 사례에서처럼 안락사 허용을 고민하게 된 애초의 인도주의적인 동기에 반하는 결론을 내리게 되는 것이다. 고통스러운 환자에게 죽을 때까지 고통을 견디라고 하는 것 말이다. 얼마나 어리석고 부질없는 결론인가?

행위의 개입 여부가 반드시 책임과 상응하는 것은 아님을 올바로 이해하고 있다면 이렇게 황당하고 모순된 결론에 도달하지는 않을 것이다. 외적인 강제나 강요가 완벽하게 배제된 채 오직 환자의 온전한 의지만으로 안락사를 결심한다면, 그것이 의사에 의해 시행된다 하더라도 의사는 단지 도구에 불과하다는 사실 말이다.

이제 우리는 불합리한 상식의 틀을 깨고, 존엄사를 위한 조건에 대해 생각해 볼 차례이다.

2) 자발성 확보를 위한 필수적 조건들

안락사가 존엄사이기 위한 필수적 조건은 두 가지이다. 첫째는 사회적 논의를 통해 공감 가능한 범위를 도출해 냄으로써, 일시적 감정이나 흥분에 의해 결정되는 충동적 자살의 문제점에서 벗어나도록 하는 것이다. 둘째는 환자의 충분한 자발성이 보장되도록 함으로써, 생명권 침해에 대한 논란과 타살 여부에 대한 의혹을 종식시키는 것이다.

이 두 가지 조건 충족을 위해 무엇보다 중요한 것은 안락사의 허용 범위를 확실히 정하는 것이다. 무엇보다 중요한 것은 회생 불가능성과 극도의 고통이 수반됨을 확인하는 것이다. 이러한 조건은 당연히 의사로 대표되는 의료기관에서 책임질 문제이다. 하지만 이 부분에 대해 사회적으로 확보해야 할 조건도 분명히 있다. 특정 의사나 의료기관에 전권을 일임할 경우, 당연히 부패로 인한 인권 침해의 여지가 있을 수 있으므로, 정부 관련 의료기관과 민간 의료기관을 각각 포함한 독립된 몇 곳의 의료기관에서 확인을 받는 절차를 마련할 필요가 있다.

그 다음으로 중요한 것은 본인의 의사를 확인하는 작업이다. 여기에서 중요한 것은 두 가지이다. 첫째는 시차를 두고 몇 차례 의사를 확인해야 한다는 것이고, 둘째는 반드시 정신과 의사와 같은 전문가의 상담을 거쳐야 한다는 것이다. 결초보은(結草報恩)이라는 고사의 유래는 이러한 절차의 필요성을 잘 보여준다.

진문공(晉文公)의 공신 중 한 사람에게 애첩이 하나 있었다. 그는 그녀를 너무나 아끼고 사랑한 나머지, 이미 장성한 아들들에게 자신이 죽으면 그녀를 개가시켜 달라고 입버릇처럼 말하곤 했다. 그녀가 행복하기를 바란다는 것이다. 그런데 죽을 때가 되자, 고통에 몸부림치던 그는 아들들에게 그녀를 자신과 함께 묻어달라고 유언을 남겼다.

그가 죽고 나서 큰아들은 그녀를 개가시켜 주었다. 작은아들이 아버지의 임종 시 유언을 따라야 하지 않겠느냐고 묻자, 그는 "그것은 아버님의 본심이 아니다. 고통에 의해 의식이 혼미해진 상태에서 하신 말씀일 뿐이다. 평소에 아버님께서는 언제나 그녀가 여생을 행복하게 살 수 있도록 해달라고 하시지 않았느냐?"라고 말했다. 작은아들도 고개를 끄덕이면서 형의 생각에 동의했다.

이후 진나라가 이웃 나라와 전쟁을 벌이게 되어, 두 아들이 군대를 이끌고 출정하게 되었다. 진나라는 유서 깊은 강대국이라 손쉽게 승리할 것으로 예상했지만, 의외의 복병을 만나게 되었다. 상대국에 상상을 초월하는 장수가 하나 있었던 것이다. 그는 체격뿐 아니라 힘도 말 그대로 슈퍼맨 급이어서, 싸움이 붙으면 진나라의 병사들을 마치 개미나 이 죽이듯이 했다. 두 아들은 갖은 방법을 동원해 보았지만, 허사였다.

절망에 빠져 이러지도 저러지도 못한 채 수비에 열중하던 어느 날, 첫째는 꿈에서 정체불명의 노인을 만나게 되었다. 그런데 노인은 자초지종에 대한 설명도 없이 인근에 있는 물가의 지명을 몇 차례고 되뇌는 것이었다. 큰아들은 잠에서 깨었지만, 꿈은 여전히 현실처럼 생생했다. 날이 밝자 동생을 불러 상의해 보았지만, 그 꿈이 무엇을 의미하는지는 막연할 뿐이었다.

고심 끝에 큰아들은 마침내 결론을 내렸다. 꿈속의 노인이 자신을 도와주려 했음이 분명하다는 자신의 느낌과, 적군의 초인급 장수를 대적할 더 이상의 대책이 없다는 점을 종합하여, 노인이 말한 곳에서 최후의 결전을 치르기로 결심한 것이다. 전서를 보내고, 드디어 결전의 날이 되었다. 진나라의 장수들은 막막했지만, 큰아들은 왠지 모를 자신감이 있었다. 죽기를 각오하고 싸우기로 하고 진격을 시작했다.

상대편도 공격을 개시했다.

그런데 이게 어쩐 일이란 말인가? 어마어마한 체구와 괴력의 그 장수가 계속 중심을 잡지 못하고 비틀거리며 넘어졌다가 일어나기를 반복하는 것이었다. 다른 사람들은 모두 어리둥절했지만, 큰아들의 눈에는 보였다. 꿈속의 노인이 정말 믿을 수 없이 빠른 솜씨로 풀을 묶어 그 장수의 발을 걸어 넘어뜨리는 모습이 말이다. 큰아들은 기회를 놓치지 않고 돌진하여 그 장수의 목을 베었다. 진나라 군사들은 여세를 몰아 적군을 공격하여 항복을 받아내었다.

축하연을 끝내고 곯아떨어진 큰아들의 꿈에 다시 그 노인이 등장하였다. 노인은 말했다. "나는 당신이 재가시켜 준 당신 아버지 애첩의 아비 되는 사람이오. 비록 저승의 혼백이기는 하나, 내 딸에게 베푼 은혜에 보답하고 싶었던 것이오."

갑자기 무슨 뚱딴지같은 옛날얘기 타령이냐고? 심각한 안락사 문제와 이 얘기가 무슨 상관이냐고? 속단하지 말라. 역사는 언제나 교훈으로 가득 차 있으니 말이다.

사람의 생각은 상황에 따라 바뀌기 마련이며, 따라서 진심을 파악하기란 쉽지 않다. 위의 이야기에서 아버지는 임종 시에 애첩을 순장시켜 달라는 유언을 남겼으나, 큰아들은 현명하게도 아버지의 진의를 잘 파악해 내었다. 상황에 따라 생각이 바뀔 수 있다는 점과 고통으로 정신이 혼미해진 상태에서는 올바른 상황 판단이 힘들고, 따라서 합리적인 결정을 내릴 수 없다는 사실은 안락사 문제와 관련해서도 시사하는 바가 크다.

안락사와 자살을 논할 때 내가 인용했던 몇 가지 사례를 다시 한 번 떠올려보자. 충동적인 자살을 불합리하다고 하는 중요한 이유 가운데 하나는, 특정 사건에 의해 정신적으로 충격을 받은 상태에서 중요한 결정을 내릴 경우 평소 자신의 가치관과 의지를 올바로 반영한 결론에 이르기가 쉽지 않기 때문이다. 시간을 두고, 여러 차례 고민을 반복한 후에 내린 결론일수록 후회의 여지가 없는 합리적인 것에 가까울 가능성이 크다.

안락사의 경우에도 마찬가지이다. 극도의 고통을 겪고 있는 환자에게는, 고통을 겪고 있을 당시와 고통으로부터 벗어난 상황에서의 생각이 전혀 다를 가능성이 크다. 평상시에는 삶에 대한 강한 애착을 보이다가도, 순간의 고통에 못 이겨 충동적으로 삶을 포기하겠다는 선택을 하는 일이 없도록 만반의 조치를 할 필요가 있는 것이다. 그래야만 그러한 열악한 상황에서의 판단 착오를 악용한 범죄의 가능성 또한 차단할 수 있다.

주치의가 증인들과 함께 몇 차례 본인의 의사를 확인했다고 해서 그것만으로 안락사의 조건이 충족되었다고 볼 수는 없다. 반드시 필요한 또 한 가지 과정 가운데 하나가 정신과 의사와 같은 심리 전문가와의 상담이다. 상담은 환자의 진의를 확인하는 또 하나의 과정일 뿐 아니라, 간접적 강요와 심리적 압박으로 인해 자신의 의지와 무관하게 안락사를 선택하는 일이 없도록 하기 위한 장치이기도 하다.

"3년 병에 효자 없다."는 말처럼, 오랜 병치레는 본인뿐 아니라 주변 사람들까지 탈진시키기 마련이다. 바람직한 상황은 아니지만, 주변 사람들의 심경 변화와 시선이 환자로 하여금 큰 결단을 내리게 하는 강제 요인이 될 수도 있다. 또한 주변 사람들의 진심과 상관없이, 환자는 자신이 짐이 되고 있다는 생각을 가질 가능성도 있다. 이런 이유 때문에 안락사가 이루어진다면, 그것은 안락사를 허용하고자 하는 본래의 취지에서 크게 벗어나는 일이다. 심리 전문가와의 상담은 이러한 요소의 개입을 차단하기 위한 최소한의 방책이다.

이러한 과정을 거쳐 자발성 여부가 투명하게 확인된다면, 이른바 '적극적' 안락사가 본래의 취지에 부합한다. 고통으로 인한 무의미한 삶을 편안하게 마감할 수 있도록 조치를 취해 줄 필요가 있는 것이다. 구체적인 방법이야 의학적으로 논의되어야 할 문제이지만, 향정신성 의약품을 '과다' 투여하여 환각 상태에서 죽음에 이르게 하는 것도 한 방법이 될 수 있을 것이다. 그러한 방법과 과정 또한 투명하게 관리, 통제되어야 함은 물론이다.

3) 남은 과제 – 비자발적 안락사의 문제

안락사의 필요성에 대한 동의가 이루어진다면, 그리고 자발성만 확보된다면 안락사는 즉각적으로 이루어지는 것이 논리적일 뿐 아니라 인도적이기도 하다. 문제는 자발성을 확보할 수 없는 이른바 '비자발적 안락사'의 경우이다.

먼저 독자 여러분의 오해를 불식시키기 위해 여기에서 말하는 '비자발적 안락사(non-voluntary euthanasia)'가 '반자발적 안락사(involuntary euthanasia)'와는 다른 개념임을 분명히 할 필요가 있다. 반자발적 안락사란 그 대상자가 반대함에도 불구하고 안락사를 시행하는 것으로, 사형제도와 관련해서나 논의 가능한 개념이다. 반면, 비자발적 안락사는 당사자의 의사를 물을 수 없는 경우의 안락사 여부를 지칭하는 개념이다. 뇌사 상태, 식물인간, 악성 치매, 중증 지적 장애아 등의 경우가 이에 해당할 수 있다.

이렇게 본인의 의사를 확인하는 것이 불가능한 경우에는 원칙적으로 안락사를 시행하지 말아야 한다. 인권이란 한번 침해되기 시작하면 걷잡을 수 없는 경향이 있다는 이른바 '미끄러운 경사길 논변'과 "99명의 진범을 놓치더라도 한 명의 무고한 죄인을 만들어서는 안 된다."라는 형법의 기본 이념을 종합해 볼 때 이는 너무나 당연한 결론이다.

그러나 앞서 설명한 것처럼, 사회적 재화의 부족이라는 문제가 있다. 사회 전체적으로 충분한 양의 재화가 확보되어 있다면 이들처럼 의사를 확실히 물을 수 없는 환자들에게 최대한 생명 유지의 기회를 제공하도록 노력하는 것이 마땅하지만, 의료 자원으로 대표되는 사회적 재화의 재분배를 통해 더 많은 생명을 구할 수 있다면 어떻게 해야 하는가라는 문제가 대두되는 것이다. 결국 이 분야에서도 안락사를 허용하는 것이 현실적인 대안일 수밖에 없다.

하지만 문제는 그 결정권을 누구에게 주는가 하는 것이다. 생명권이란 불가침의 영역이기 때문에, 본인이 아닌 다른 사람에게 그것을 좌지우지할 수 있는 권리를 부여한다는 것 자체가 어불성설이다. 본인이 결정할 수 없다면 당연히 가족들에게 결정권을 주어야 하지 않겠느냐는 반론이 쉽게 떠오를 수 있다. 그러나 개인주의와 이기주의가 만연하고, 그 부작용으로 재산을 차지하기 위해 가족을 살해하는 경우까지 간간이 뉴스에서 접하게 되는 현실을 고려할 때, 그리고 더불어 위에서 말한 두 가지 원칙을 생각해 볼 때, 가족이 결정하는 것도 적절한 해결책이라 할 수는 없다.

물론 가족이 환자의 생명을 유지하고자 하는 의지를 확고히 가지고 있고, 또 경제적으로도 충분한 능력을 가지고 있다면 누구도 그 의사에 반해 환자에게 안락사를 시행하도록 강요할 수 없다. 하지만 가족이 원한다고 해서 곧바로 환자의 안락사를 시행해도 좋다는 결론이 나오는 것이 아니라는 점에 주의할 필요가 있는 것이다.

비자발적 안락사와 관련해서 또 한 가지 주의할 필요가 있는 것은, 그러한 논의가 일반 시민들에게 불안감을 주어서도 안 된다는 사실이다. 자신이 불행히 작은 사고를 당해 의식을 잃고 있는 사이에 안락사를 당할 수도 있다는 불안감을 느끼는 사람이 있어서는 안 된다는 것이다.

이는 정말 곤혹스럽고 어려운 문제이지만, 해결책이 전혀 없는 것도 아니다. 미리 자발성을 확보해 데이터베이스화하는 방법을 생각해 볼 수 있는 것이다. 모든 국민들은 자신이 비자발적 안락사의 상황에 처했을 때 어떤 선택을 할 것인지를 미리 결정해 국가기관에 통보한다. 마치 시신 기증 절차처럼 말이다. 물론 마음이 바뀌면 본인 확인 절차를 거쳐 결정을 번복할 수도 있어야 한다.

비자발적 안락사 여부를 결정해야 할 상황이 발생했을 때, 가족과 의료기관은 일차적으로 이렇게 미리 확보해 둔 환자 본인의 의사에 기초할 수 있다. 가족들의 의견과 같은 다른 요소에 대한 고려가 필요하겠지만, 본인이 평소에 그런 경우 안락사를 원해 왔고 그것을 확인할 수 있다면, 결정은 한결 쉬워질 것이다.

그렇다면 환자 본인이 비자발적 안락사에 대해 반대 의사를 표명한 경우에는 어떻게 해야 할까? 당연히 환자의 의지가 판단의 일차적인 기준이 되어야 할 것이다. 하지만 본인이 안락사에 반대했다고 해서 그의 생명을 무제한 유지시킬 수 없음은 분명하다. 그러한 조치는 환자 당사자의 경제적 여건이 허락하는 한에서만 가능하다.

이러한 조치가 합리적이라는 사회적 합의가 이루어진다면, 시행 기관인 국가에서는 충분한 홍보와 유예 기간을 거침으로써 선의의 피해자를 막아야 한다. 또한 자발적 안락사의 경우에서처럼 몇 단계의 필터링 과정을 통해 부정의 소지를 철저히 차단하도록 노력해야 할 것이다.

이상의 논의에도 불구하고 안락사 문제에 대해 모든 측면에서 명쾌한 해답이 내려진 것은 아니다. 중증 지적 장애아의 경우에는 내가 비자발적 안락사 여부의 결정 방법으로 제안한 대안조차도 아무 소용이 없다. 언제나 그러하듯이 여기에서의 고민은 시작 혹은 진행 단계에 불과하다. 하지만 시작하지 않는다면 발전도 없음은 분명하다. 적극적이고 분명한 대안의 제시와 그에 대한 반박 및 토론의 과정을 거쳐 좀 더 합리적인 대안들이 나올 수 있으리라 기대해 본다.

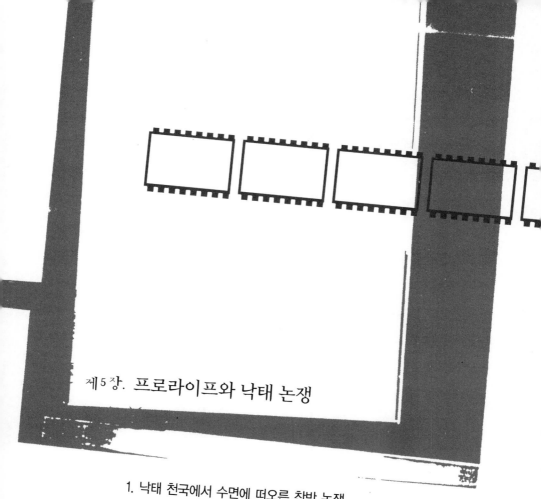

제5장. 프로라이프와 낙태 논쟁

제5장. 프로라이프와 낙태 논쟁

1. 낙태 천국에서 수면에 떠오른 찬반 논쟁

우리나라는 태어나는 아기보다 낙태되는 생명의 숫자가 더 많다고 할 정도로 낙태 천국이다. 우리나라의 연간 낙태율은 OECD 국가 가운데 단연 최고이다. 일 년에 시술되는 횟수가 150만~300만을 헤아린다고 하니, 태어나는 신생아보다 최소 2~3배에서 최대 5배 정도 많은 생명이 세상을 보기도 전에 삶을 마감하는 것이다.

더욱 놀라운 것은 원칙적으로 낙태가 불법이라는 사실이다.[1] 법을 엄격하게 적용할 경우, 이 부분에서만 일 년에 수백만 명이 체포되어 처벌을 받아야 하지만 현실은 전혀 그렇지 않다. 누구라도, 어떤 사유로라도 낙태 수술을 받기는 어렵지 않으며, 낙태 수술을 통해 커다란 성공을 거두었다는 뒷이야기가 오가는 병원도 적지 않은 실

---

1 "원칙적으로"라는 표현을 쓴 이유는 예외적으로 허용되는 경우가 있기 때문이다. 이에 대해서는 뒤에서 자세히 설명할 것이다.

정이다. 낙태와 관련된 정확한 통계 집계가 어려운 것도 바로 이런 이유 때문이다.

관련법조차 오랜 기간 동안 거의 사문화되다시피 했으며, 시사 프로그램에서 관심을 환기시킬 때 외에는 거의 공개적 논의조차 없었던 이 문제가 최근 급격하게 수면 위로 부상하여 격한 사회적 논쟁의 대상이 되고 있다. 그 논쟁의 중심에는 낙태 반대 의사들의 모임인 프로라이프(prolife) 의사회가 있다.

이 모임의 명칭은 1960~1970년대에 미국에서 벌어진 낙태에 대한 논쟁에서 유래한다. 그 논쟁에서 낙태에 찬성하는 입장을 프로초이스(prochoice), 낙태에 반대하는 입장을 프로라이프라 불렀다. 영어의 'pro'는 '찬성'을 의미한다. 프로초이스란 산모의 선택을 지지한다는 뜻이며, 프로라이프는 태아의 생명을 우선시한다는 뜻인 것이다.

이전부터 낙태에 반대하는 양심적 의사들의 모임을 자처하다가 2009년 12월 프로라이프로 개명한 이 단체가 2010년 2월, 동료 산부인과 의사들과 병원을 불법 낙태 혐의로 검찰에 고발한 이후 산부인과 의사들은 표면적으로나마 낙태 시술을 중단했고, 낙태가 시대의 화두 가운데 하나로 떠오른 것이다.

생명 경시 풍조에 경각심을 불러일으키려는 의사들의 충정은 십분 이해하나, 상대방의 입장에서 보면 어이없는 일이 아닐 수 없다. 동료 의사에 의해 고발을 당해서가 아니다. 법에서 금지하고 있다고는 하나, 이미 수천만 건 이상의 시술이 행해져 옴으로써 우리나라에서 낙태는 관습적으로 허용되고 있는 상황이었기 때문이다.

게다가 현재 법적으로 금지되어 있기는 하지만, 낙태의 정당성 문제에 대한 논의는 우리나라에서뿐만 아니라 전 세계적으로도 여전히 진행형이다. 미국의 경우는 1973년에 대법원에서 낙태를 인정하는 판결을 내림으로써, 낙태 여부는 여성의 선택에 의해 좌우되고 있는 상황이다.

프로라이프 의사회(이하 '의사회'라 칭하기로 한다)가 더욱 적극적인 활동을 통해 세 확산을 꾀할 것으로 보이는 가운데, 여성계와 진보단체 등으로 구성된 '임신출산 결정권을 위한 네트워크'에서는 낙태의 결정권을 여성에게 주어야 한다고 요구하고 있지만, "낙태를 많이 하자는 것이 아니라 온전하고 합리적이며 건강한 조건에서 임신과 성관계, 출산, 피임, 낙태를 결정할 수 있는 권리를 요구하는 것"이라며 조심스럽게 몸을 사리고 있다. 낙태를 적극적으로 옹호할 경우 맹목적으로 부도덕하다는 비난을 받을 것을 우려한 때문인 것이다.

하지만 올바른 논의와 해결을 위해서는 일방이 몸을 사려서는 안 된다. 양측 모두 자신의 의견을 적극적으로 개진하는 동시에 상대방의 비판을 검토하여, 수용할 것은 수용하고 재비판할 것은 비판함으로써 합의점에 도달하고자 노력해야 하는 것이다.

현재 우리 사회에서 이루어지고 있는 낙태에 대한 논의는 초보적이고 피상적인 수준에 머물러 있다. 이는 의사회로 대표되는 낙태 반대론자들뿐 아니라, 얼마 안 되는 낙태 옹호론자들에게도 해당된다. 문제에 대한 정확한 이해를 위해서는 무엇보다도 먼저 낙태 관련 논쟁의 핵심은 무엇인지를 알 필요가 있다. 현행법에 대해 평가하고 대안을 제시하는 것은 그 이후의 일이다.

2. 의사회의 주장과 현행 낙태 관련법

도화선에 불을 붙인 것은 의사회이므로, 논쟁을 이해하기 위한 가장 좋은 방법 가운데 하나는 그들의 주장을 검토하는 것으로부터 시작하는 것일 듯하다.

의사회에서는 먼저 "순전히 태아의 생명을 존중하여 살리고 그것이 결국 임신한 여성의 행복을 지켜주는 것이라는 철학 하에 … 태아의 생명권을 존중해 주어야 하며 여성의 행복 추구는 태아라는 생명의 희생으로 하여 얻어지는 것은 바람직하지 않으며 … 낙태를 통해 여성의 행복이 얻어지는 것도 아니"[2]라고 주장한다.

이러한 인식 하에 큰 틀에서는 "산모 생명 구명 차원 이외에는 모두 반대"하면서, 구체적으로는 "법 적용을 엄격히 하는 방법으로 억지력을 발휘하고 더불어 낙태가 발생하는 근본 원인으로 사회 경제적 이유나 강간 등의 원인적 해결을 함께 모색해야 한다는 입장이며, 현재 정부나 여성단체의 주장처럼 장기적으로 접근하면서 사회의 공감대가 얻어지기 전까지는 아무 조치를 할 수 없다는 것에는 동의하지 않는 입장"이라고 밝히고 있다.

낙태 금지가 여성의 행복권과 자기 결정권을 침해한다는 여성계의 주장에 대해서는 자신들의 노력이 "태아의 생명을 위한 것일 뿐

---

2 이하에서 인용하는 내용은 의사회 윤리위원장이 홈페이지에서 밝힌 내용이다.

만 아니라 여성의 진정한 행복과 건강을 지켜주기 위한 것"이므로 "낙태를 반대하는 것이 흡사 여성의 건강권을 침해하고 자기 결정권을 억압하는 것처럼 호도하는 것은 잘못된 것"이라고 반박하면서, "고통과 회한의 눈물을 흘리는 여성이 더 이상 생기지 않도록 도와주고자 하는 것이라는 점을 여성계가 진심으로 이해하고 운동에 동참해 주기를 바랄 뿐"이라고 적고 있다.

의사회의 주장은 일견 낙태 금지론을 충실히 담고 있는 것처럼 보이지만, 잘 따져보면 내적 정합성이란 측면에서도 몇 가지 문제점을 발견할 수 있다. 첫째는 현행법과의 조화 여부이고, 두 번째는 여성의 자기 행복권에 관한 내용이다. 차례로 살펴보기로 하자.

의사회에서는 자신들의 철학이 사회에 관철되도록 하는 방법으로 엄격한 법 적용과 사회적 여건 개선을 들었다. 자녀 교육 문제 해결이나 미혼모에 대한 지원 등 복지 강화를 통한 사회적 여건 개선에 반대할 사람은 없을 것이다. 설사 낙태 찬성론자라 할지라도 말이다. 문제가 되는 것은 엄격한 법 적용이 과연 의사회의 철학과 일치하는지 여부이다.

그렇다면 우리나라 법에서는 낙태에 관해 어떻게 규정하고 있을까? 앞서 말한 것처럼, 원칙적으로 낙태는 불법이다. 형법에서는 낙태를 한 산모나 낙태 시술을 한 의사 모두 처벌할 것을 명시하고 있다.

여기에서 '원칙적'이라는 말을 쓴 것은 낙태를 해도 처벌받지 않는 경우가 있기 때문이다. 이 예외는 모자보건법에서 찾아볼 수 있다. 모자보건법에서는 낙태 허용 사유를 다음과 같이 나열하고, 그

경우에도 오직 임신 24주 이내[3]에만 시술이 가능하도록 규정하고
있다.

> 1. 본인이나 배우자가 대통령령으로 정하는 우생학적 또는 유전학
> 적 정신장애나 신체 질환이 있는 경우
> 2. 본인이나 배우자가 대통령령으로 정하는 전염성 질환이 있는 경
> 우
> 3. 강간 또는 준 강간에 의하여 임신된 경우
> 4. 법률상 혼인할 수 없는 혈족 또는 인척 간에 임신된 경우
> 5. 임신의 지속이 보건 의학적 이유로 모체의 건강을 심각하게 해
> 치고 있거나 해칠 우려가 있는 경우

많은 독자 여러분이 벌써 눈치를 챘겠지만, 언뜻 보더라도 둘 사
이에는 상당한 차이가 있다. 의사회에서는 산모의 생명을 구하기 위
한 경우를 제외하고는 모든 낙태를 금지해야 한다고 주장했지만, 법
에서는 몇 가지 예외를 정해 놓은 것이다. 만약 의사회에서 자신들
의 주장이 옳다고 여긴다면 당연히 법 개정 운동을 펼쳐야 할 것이
고, 법이 옳다고 생각한다면 자신들도 그 예외 규정을 받아들여야
할 것이다.

실제로 이 문제에 대해서는 의사회에서도 입장을 정리하지 못하
고 있음을 알 수 있다. 모자보건법에서는 강간이나 준 강간에 의해

---

3 원래는 28주 이내로 되어 있었지만, 2010년 7월 개정을 통해 24주로 단축되었다.

임신이 된 경우 낙태를 허용하고 있지만, 이 문제에 대해 의사회에서는 다음과 같이 얼버무리고 있는 것이다.

흔히 출산을 하는 것은 여성이 혼자 감당하는 것이라고 생각하고 낙태는 그렇기 때문에 어쩔 수 없는 선택인 것처럼 생각하지만 낙태도 출산 못지않게 큰 후유증을 남기는 일로 역시 그런 방법으로 여성에게만 혼자 책임을 지우는 것은 매우 잘못된 것입니다. 성폭행으로 임신된 경우 출산이든 낙태든 어느 것이 작다 크다 할 수 없을 정도로 여성 혼자의 짐으로 남겨두는 것은 옳지 못하다고 생각합니다. 그리고 어떤 것이 진정으로 성폭행으로 인한 비극을 줄이는 길인지 고민해 보아야 할 것입니다. 낙태로 해결해 주는 것인지 아니면 출산을 하거나 미리 사후에 피임이라도 하도록 하게 만드는 것인지를 말입니다. 낙태는 성폭행이든 어떤 경우에서든 해결책이 아니며 새로운 문제의 시작일 뿐입니다

독자 여러분은 어떨지 몰라도, 그래서 도대체 어떻게 하자는 것인지 나는 잘 이해할 수 없다. "여성 혼자의 짐으로 남겨두는 것은 옳지 못하므로" 법에서처럼 그런 경우에는 예외적으로 낙태를 허용하자는 것인지, 아니면 "낙태는 어떤 경우에든 해결책이 아니며 새로운 문제의 시작일 뿐"이기 때문에 그런 경우에도 엄격하게 금지하자는 것인지 말이다.

사실 의사회와 현행법은 양립할 수 없는 논리를 가지고 있다. 뒤에서 자세히 설명하겠지만, 의사회는 낙태 전면 금지를 주장하는 보

수주의적 입장에 서 있는 반면, 현행법은 제한적 허용을 표방하는 절충주의적 입장에 기반하고 있는 것이다.

문제의 원인은 둘 중의 하나이다. 의사회가 문제의 핵심을 정확히 이해하지 못하고 자신의 정체성에 혼란을 겪고 있거나, 혹은 국공합작처럼 '적의 적은 동지'라는 인식 하에 더 큰 적을 무찌르는 데 주력하기 위해 자신과 입장이 다른 쪽과 임시적으로 손을 잡고 있는 것이다.

의사회가 트랜스젠더도 아닌데 무슨 정체성에 혼란을 겪고 있냐고? 실제로 나는 학생들과 토론을 할 때 그런 일을 종종 목격한다. 먼저 선생인 내가 특정 주제에 대해 서로 반대되는 A와 B 두 입장을 설명해 준 후, 자신이 어느 쪽인지를 묻는다. 그 후에 편을 나누어 갑론을박식으로 토론을 진행하는데, 가끔 이상한 일이 생기는 것이다. A편에 서 있는 학생이 B쪽의 이론을 말하기도 하고, 그 반대의 경우도 있다. 그래서 내가 대화를 나누어보면, 실제로 자신은 반대편에 가 있어야 하는데, 두 이론의 핵심과 자기 주장을 정확히 이해하지 못했기 때문에 그런 일이 벌어지는 것이다. 만약 의사회가 이런 상황에 처해 있다면 다소 부끄러운 일이 아닐 수 없다.

두 번째 가능성을 설명하기 위해서는 먼저 국공합작에 대해 간략히 언급할 필요가 있다. 제2차 세계대전 당시의 중국 공산당과 국민당은 서로 대립관계에 있었음에도 불구하고, 거세지는 일본 제국주의의 침략을 물리치는 것이 더 급선무라는 공통의 인식 하에 힘을 합쳤던 것이다.

의사회도 낙태 전면 찬성론자들에 대항하기 위해 절충론에 근거한 현행법에 적극 찬성하는 입장을 표명했을 수 있다. 그러나 국공합작과 낙태 관련 논쟁은 전혀 다르다. 국공합작은 무력을 통해 상대방을 제압해야 하는 전쟁이라는 상황에서 불가피하게 이루어진 것이다. 게다가 공동의 적인 일본은 둘이 힘을 합쳐도 버거울 정도였다.

반면 낙태 관련 논쟁은 힘이 아니라 논리로 승부를 내야 하는 상황이다. 게다가 현실적인 세력에서도 낙태 반대론자들이 우위를 점하고 있다. 국공합작은 유연성을 발휘한 대표적 사례로 칭송받지만, 만약 의사회가 그런 전략을 택했다면 그것은 기만적이라는 비판에서 자유롭지 못할 것이다.

물론 내가 생각하지 못한, 내가 제기한 두 가지 문제점과 무관한 또 다른 가능성이 있을 수도 있다. 하지만 어느 쪽이든 간에 의사회는 자신의 정체를 좀 더 분명히 하고 토론의 장에 나설 필요가 있다. 그래야만 모처럼 수면 위로 부상한 이 문제에 대해 국민들이 정확히 이해하고 자신의 입장을 정리할 수 있을 것이기 때문이다.

두 번째 문제는 앞서 말한 것처럼 여성의 자기 행복권에 관한 주장이다. 첫 번째 문제와는 달리 이 문제에 대해서는 의사회가 자신의 잘못을 인정하고 빨리 전략을 수정해야 한다. 의사회의 독단적인 태도를 엿볼 수 있는 내용이기 때문이다.

의사회는 낙태 금지가 여성의 진정한 행복과 건강을 지켜주기 위한 것인데, 반대편에서는 그것을 여성의 자기 결정권 침해로 호도하고 있다고 주장한다. 이는 흡사 중고등학생에게, "다 너를 위한 거야. 네가 몰라서 그래."라고 훈계하는 부모님이나 선생님의 태도와 다를 바 없다.

행복이란 주관적인 것이다. 어떤 경우에도 낙태는 가슴 아픈 일이지만, 그렇게 하지 않으면 더 큰 불행이 찾아올 것이라고 생각하기 때문에 불가피하게 선택하는 경우가 있을 수 있다. 그럼에도 불구하고 의사회는 그에 대한 논의의 가능성 자체를 차단하고 있다. "낙태하고 행복한 경우 못 봤다."라는 개인적 관찰에 기반한 의견을 기본 전제로 단정지어 버리고는, 자신들의 충고를 따르지 않을 경우 고통과 회한의 눈물을 흘리게 될 것이라고 결론지어 버린 것이다.

힘으로 상대방을 제압하려 하는 것이 아니라면, 상대방의 입장을 십분 헤아려서 인정할 부분과 반박할 부분을 가려야 한다. 극단적으로 말하면 상대방을 지적으로 미숙한 존재로 규정지어 버리는 이러한 독단적 태도는 상대방을 토론과 대화의 대상으로 인정하지 않는 것이다.

3. 낙태 논쟁의 역사와 문제의 핵심 쟁점

모든 사안이 그러하듯이, 낙태 문제 또한 올바른 이해를 통해 대안을 제시하기 위해서는 먼저 논쟁의 역사를 돌아본 후, 핵심 쟁점을 중심으로 문제를 단순화시켜 재구성할 필요가 있다. 2005년 1월 25일자 〈한겨레신문〉의 다음 기사는 낙태 관련 논쟁의 역사를 잘 보여준다.

조지 부시 행정부 집권 2기를 맞은 미국이 심상찮다. 지난해 11월 대선에서 붉은색(공화당 우세 지역)과 파란색(민주당 우세 지역)으로 갈려 극단적으로 맞섰던 여론은 선거가 끝난 지 두 달이 넘도록 요지부동이다. 오히려 이제부터 본격적인 '색깔논쟁'이 벌어질 기세다. 낙태를 여성의 권리로 인정한 미 대법원의 역사적인 판결인 '로 대 웨이드' 사건에 대한 지난 18일의 재심 청구는 그 서막인 셈이다.

AP통신은 20일 "낙태를 금지한 텍사스 주 법률이 위헌이라며 헨리 웨이드 당시 텍사스 주 법무장관을 상대로 소송을 내 1973년 1월 미 대법원의 낙태권 인정 판결을 이끌어냈던 '로 대 웨이드' 사건의 핵심 원고 노마 맥코비(58. 가명: 제인 로)가 판결이 난 지 32년 만에 이에 대한 재심을 미 대법원에 정식으로 요청했다."고 보도했다. 미 연방법은 사실 관계나 법률의 변화가 있을 경우 소송 원고가 판결의 번복을 요구할 수 있도록 규정하고 있는데, 맥코비는 "낙태가 여성의 건강을 심각하게 해친다는 새로운 증거가 속출하고 있다."며 1천여 명의 증언과 함께 대법원에 탄원서를 냈다.

중학교 3학년 때 중퇴한 뒤 재판 당시 20대 초반의 나이에 이미 세 번째 아이를 임신했던 맥코비는 낙태권 인정 판결 뒤 7년여 동안 자신의 존재를 숨긴 채 살았다. 그러다 1980년 한 지역방송을 통해 '커밍아웃'을 하고 정열적인 낙태 찬성 운동가로 나서더니, 95년 낙태 반대 운동가 필립 벤험 목사한테서 세례를 받고 기독교인이 된 뒤 '개심'해 낙태 반대 운동에 뛰어들었다. 97년 가톨릭으로 개종한 그는 이듬해 '로 노 모어'(더는 '로'가 아니다)라는 단체를 결성하고, 자신의 사건에 대한 재심을 줄기차게 요구해 왔다.

'로 대 웨이드' 사건에 대한 대법원의 판결이 나온 뒤 낙태에 대한 찬반양론은 미국 사회에서 보수와 진보를 가르는 '리트머스 시험지'가 됐다. 인터넷 백과사전 〈위키피디아〉를 보면, 2002년 여론조사 결과 민주당 지지자 가운데 84%가 낙태권을 인정한 반면, 공화당 지지자는 88%가 반대했을 정도로 정치적 성향에 따라 극단적인 대립 양상을 띠고 있다. 낙태권 인정 판결이 나온 직후부터 보수 진영에서는 이를 "유아 살해를 용인한 꼴"이라며 강력히 반대하고 나섰고, 일부에서는 이 판결이 "기독교 우파 정치운동의 시발점이 되었다"는 평가가 나올 정도이다.

보수적인 주정부들은 지난 30여 년 동안 대법원의 판결을 피할 수 있는 예외조항 찾기에 분주했다. 낙태를 원하는 청소년들에게 부모의 동의를 받게 하거나 법원 청문회에 출석해 자신들이 낙태를 결정할 만큼 충분히 '성숙'하다고 판사를 설득하도록 제한하는 일부 주정부 법률이 79년 합헌 판결을 받았다. 또 저소득층 여성을 겨냥해서는 낙태 시술을 의료보호 대상에서 제외하는 '하이드 개정안'이 논란 끝에 80년 대법원에서 5 대 4로 합헌 판결을 얻기도 했다.

반면 캘리포니아, 미시건, 버몬트, 미네소타, 뉴욕 등 5개 주에서는 일찌감치 '로 대 웨이드' 사건을 지지하는 주 의회 차원의 결의안을 내거나, 낙태 여성과 낙태 시술소 보호 법률안을 내놓기도 했다. 이들 주는 2000년에 이어 지난해 대선에서도 민주당 후보의 지지율이 높았던 이른바 '블루 스테이트(파란색 주)'들이다.

공화당이 의회를 장악한 90년대 중반 이후에는 낙태권 논쟁이 이른바 '부분 출산(임신 중반기 이후) 낙태 금지법'을 중심으로 벌어졌다. 공화당은 95년 이후 이 법안 통과를 여러 차례 시도했으나, 빌 클

린턴 당시 대통령이 96년 4월과 97년 10월 두 차례에 걸쳐 거부권을 행사해 뜻을 이루지 못했다. 하지만 부시 대통령 취임 이후 상황이 반전되면서 임신 중반기 이후 여성에게 낙태 시술을 한 의사에게 최고 징역 2년형까지 처할 수 있는 내용을 뼈대로 한 법안이 2003년 10월 상하 양원을 통과해 그해 11월 5일 부시 대통령의 서명을 거쳐 발효되었다.

진보 진영도 즉각 반격에 나서 전미인권연맹(ACLU)을 비롯한 각 단체에서 대통령이 법안에 서명한 당일부터 이 법의 위헌 소송을 제기하면서, 일부 주에서는 법 집행에 제동이 걸렸고, 관련 소송이 지금도 이어지고 있다. 전미낙태권연맹(NAF)이 지난 21일 내놓은 자료를 보면, 지난 한 해만도 44개 주에서 500여 건 이상 낙태 제한 법률안이 논의되었다.

기독교 우파 세력의 전폭적 지원에 힘입어 재선에 성공한 부시 대통령은 집권 2기 동안 낙태, 동성 결혼 등 이른바 '도덕적 가치'에 대한 대대적인 공세를 지난해 선거운동 기간부터 일찌감치 예고한 바 있다. 특히 낙태권의 운명을 결정할 대법관 가운데 일부가 부시 대통령의 임기 동안 고령 등으로 은퇴할 가능성이 높아, 후임 인선 과정에서 낙태를 둘러싼 논쟁이 더욱 치열해질 것으로 보인다.

위의 기사에서 우리는 몇 가지 중요한 사실을 알 수 있다. 첫째, 미국에서 낙태 관련 논쟁은 수십 년 이상 이견을 전혀 좁히지 못한 채 정권의 향배에 따라 시계추처럼 왔다 갔다 했을 뿐이다. 둘째, 진보 성향의 집단에서는 낙태 찬성 의견이, 보수 성향의 집단에서는 낙태 반대 의견이 압도적이다. 셋째, 보수 진영에서는 낙태 찬성론자들에게 유아 살해 허용론자라는 비난을 퍼붓는다.

미국은 1973년의 대법원 판결을 통해 낙태 허용 국가가 되었다. 따라서 민주당과 공화당은 그 틀 내에서 어떻게 하면 자신들의 입장을 좀 더 관철시킬 수 있을지를 찾기 위해 노력해 왔다. 이는 구체적으로 낙태 상담 및 시술을 담당하고 있는 병원에 대한 자금 지원 정책에서 나타난다.

레이건 정부는 이들 병원에 대한 자금 지원 조치를 금지하는 이른바 '멕시코시티 정책'을 도입했다. 이 제도는 클린턴 대통령의 당선으로 민주당이 정권을 잡자 폐지되었다가, 부시 정부에서 복원되었는데, 2009년 1월에 오바마 대통령에 의해 다시 폐지된 것이다.

낙태가 정치적인 지형에 따라 좌우되는 것이 비단 미국만의 문제는 아니다. 우리나라도 과거 인구 증가가 문제되던 때에는 "둘만 낳아 잘 기르자."며 낙태를 암묵적으로 장려하다가, 출산율이 지나치게 낮아져 문제가 되자 방향을 선회했다. 2010년 11월 대통령 직속의 미래기획위원회가 저출산 대책의 하나로 불법 낙태 시술을 단속할 것이라고 발표한 것이다.

하지만 우리나라는 인구 정책에 따라 낙태에 대한 정부의 태도가 바뀐 것과 달리, 미국의 경우는 낙태 정책의 변화가 오직 어느 당이 정권을 잡는가에 따라 결정되어 왔다. 게다가 양측의 의견 차이가 좁혀질 기미를 보이지 않고 있음을 보면, 뭔가 종교의 대립과 유사한 분위기마저도 느껴진다. 그 이유는 뒤에서 밝혀질 것이다.

그렇다면 낙태 문제의 핵심 쟁점은 무엇인가? 의사회를 비롯한 대다수의 토론 당사자들이 태아의 생명권 대 산모의 행복권 간의 갈등이라고 표현하고 있지만, 이는 부정확한 표현이다. 우리나라에서 많은 사람들이 절충주의안을 지지하는 이유도 바로 핵심 쟁점에 대한 이해가 올바르지 못하기 때문이다.

기사에서 보수파가 임신 중반기 이후에 낙태를 금지하는 법안을 상정하는 것을 보면 미국에도 절충주의적 입장이 존재하는 것 아니냐고 반문할지 모른다. 그러나 사실은 그와 다르다. 미국의 보수파는 낙태 전면 금지를 추구하고자 하지만, 대법원 판결로 낙태 금지가 위헌 판결을 받아 재심에서 판결이 번복되지 않는 한 그것이 불가능해졌기 때문에 불가피하게 그런 태도를 취할 수밖에 없는 것이다.

태아의 생명권 대 행복권의 갈등이라는 표현이 부정확하다고 말하는 이유는 무엇인가? 인간은 행복을 위해 많은 생명체를 죽인다. 우리 식탁에 올라오는 모든 것들이 생명 아닌 것이 없다. 횟집에 가서 "저걸로 주세요"라고 살아 있는 생선을 지목하고는, 그것을 잡아 회 뜨는 모습을 보면서 쾌감을 느끼기도 한다. 심지어는 장난삼아 곤충을 죽이기도 한다.

어떻게 태아를 그런 것들과 비교하느냐고? 태아는 사람이 아니냐고? 만약 그렇게 되묻는다면 낙태에 대한 당신의 입장은 이미 정해진 것이다. 만약 그런 생각을 하면서 "그래도 성폭행에 의해 임신이 된 경우에는 낙태를 허용해야지."라고 주장한다면, 당신 역시 정체성의 혼란을 겪고 있는 것이다.

이제 우리는 낙태 관련 논쟁의 핵심에 도달했다. 그것은 생명권

대 행복권의 대립이 아니라 태아가 인간인가 아닌가이다. 이에 대한 입장이 정해지면 나머지는 저절로 결정되게 되어 있는 것이다.

4. 낙태를 바라보는 입장들

이론적으로 낙태를 바라보는 입장은 오직 두 가지만이 가능하다. 물론 현실적인 여건을 고려해서 이에 대한 약간의 변형이 가능하겠지만 말이다. 이에 대해 본격적으로 논의하기 전에, 논의의 편의를 위해 낙태를 해야 하는 상황에는 어떤 것들이 있는지를 먼저 살펴보도록 하자.

㉮ 낙태를 하지 않으면 산모의 생명이 위험한 경우

㉯ 낙태를 하지 않으면 산모가 육체적 혹은 정신적으로 커다란 상처를 입을 경우

㉰ 심각한 기형이나 유전성 질환을 가진 아이가 태어나게 될 경우

㉱ 임신이 강간이나 근친상간의 결과인 경우

㉲ 미혼인 여성이 임신을 한 경우

㉳ 아이를 (하나 더) 낳으면 그 경제적인 부담을 감당할 수 없는 경우

㉴ 그 외에 아이를 낳는 것이 가족의 행복에 손상을 주는 경우

위에 열거한 사례들은 가능한 모든 낙태 사유를 포괄한다. 우리나라의 낙태 관련법은 ㉮ ㉯ ㉰ ㉱의 네 가지 경우에 낙태를 허용하고

있다. 이제 태아를 인간으로 보아야 하는지 여부에 따라 이들 사례에 대해 어떤 입장을 가지게 될지, 그리고 의사회와 현행법에는 어떤 문제가 있는지를 알아볼 차례이다.

1) 보수적 입장 – 프로라이프(prolife)

낙태를 반대하는 보수적 입장의 근거는 태아도 인간이라는 것이다. 이는 기독교를 비롯한 다양한 종교를 믿는 많은 사람들이 지지하는 입장이기도 하다. 하지만 종교적인 주장 이외에도 다양한 이론적 근거 제시가 가능하다.

무엇보다도 태아는 유전적으로 인간이며, 시간이 지나면 완전한 인간이 될 잠재성을 가지고 있다. 낙태 허용론자들은 이성이나 자각 같은 속성을 가져야 인간임을 인정할 수 있다고 하지만, 갓 태어난 영아에게도 그런 것이 없음은 확실하다. 따라서 낙태 허용을 주장하는 자들은 영아 살해도 허용하지 않을 수 없을 것이다.

만약 수태부터 출산 사이의 어느 순간엔가 인간이 된다 하더라도, 그 시기를 객관적으로 정확하게 확정할 수 없다면 낙태를 인정해서는 안 된다. 무고하게 생명권을 빼앗기는 경우가 있을 수 있기 때문이다. 그런 일을 막을 수 있는 가장 안전한 방법은 낙태 자체를 전면 금지하는 것뿐이다.

이렇게 태아를 인간으로 보게 되면, ㉮를 제외한 모든 경우에 낙태는 당연히 금지되어야 한다. 이 경우에는 당연히 생명권과 행복권의 갈등이 문제시되기 때문이다.

인간의 생명권과 행복권의 갈등 상황이 벌어진다면, 생명권이 우선되어야 함은 너무나 당연하다. 타인이 어떤 식으론가 자신의 행복을 침해했다고 해서 그 사람의 생명을 빼앗는 것은 절대로 용서받을 수 없는 것이다. 물론 엄청나게 많은 사람들의 행복이 걸려 있다면 그렇게 쉽게 답할 수 없을지도 모르지만, 낙태는 다행히 그런 경우에 해당하지 않는다.

위에 제시한 사례 가운데 ㉮는 생명권 대 생명권의 갈등 상황이므로, 낙태의 정당성이 인정될 수 있다. 여기에서 "인정된다"라고 하지 않고 "인정될 수 있다"라고 말한 것은 두 생명 가운데 한쪽을 불가피하게 포기해야 하는 상황에서 왜 반드시 태아 쪽을 택해야 하는가라는 의문이 제기될 수 있으며, 그러한 비판은 너무나 정당하기 때문이다.

태아를 횟집의 생선이나 곤충에 비유했을 때, 태아를 어떻게 그런 것에 비유하느냐고 분개한 사람들은 태아가 인간임을 전제하고 있기 때문에, 보수주의적 입장을 택하는 것이 자연스러울 뿐 아니라 당연하기도 하다.

그런데 현실적으로 그런 비유에 분개하면서도, ㉯ ㉰ ㉱에 대해서는 낙태를 인정해야 한다고 생각하는 사람들이 많다. 그런 경우에 낙태를 허용하지 않으면, 임산부의 처지가 너무나 비참해질 뿐만 아니라 아이도 행복하지 못할 것이기 때문이다. 그리고 우리나라의 법은 그러한 여론을 정확하게 반영하고 있다.

하지만 이러한 입장은 논리적으로 성립할 수 없으며, 따라서 현행법 또한 이론적인 문제점을 안고 있다. ㉯의 경우를 먼저 생각해 보

자. 산모에게 커다란 상처란 어느 정도를 의미하는가? 아무리 큰 상처라 해도, 그것이 과연 다른 사람의 생명과 비교가 될 수 있는가? 생명을 잃게 될 사람이 그 상처를 직접적으로 주는 것도 아닌데 말이다.

㉰ ㉱의 경우에 대해서는 의사회의 태도를 비판하면서 한 번 설명한 바 있다. 『오체불만족』의 저자인 오토다케가 불행한 삶을 살고 있는가? 다른 사람이 불행해 보인다고 해서 그 사람의 의사와 상관없이 생명을 빼앗는 것이 정당하단 말인가? 그렇다면 전국의 중증 장애인과 지적 장애아, 치매 노인들을 모두 모아 죽여도 좋단 말인가? 행복과 불행은 주관적인 것이며, 본인의 의사를 묻지도 않고 불행할 것이라는 생각만으로 타인의 자유를 침해하는 것은 어떤 경우에도 허용될 수 없다.

㉰도 그러하겠지만, 더 많은 사람들이 산모의 처지에 공감하는 것은 ㉱이다. 의사회에서도 이 부분에 대해 쉽게 답을 내리지 못했음은 앞에서 지적한 바와 같다. 하지만 이론적인 측면에서 본다면 답은 너무나 분명하다. 이 경우에도 침해당하고 있는 것은 산모의 행복권이다. 이미 태아가 인간임을 인정했기 때문에, 그 생명권과 비교할 수는 없다.

이해를 돕기 위해 다른 사례를 하나 들어보자. 자신을 성폭행하려는 자에게 저항하다가 자신도 모르게 상대방의 생명을 빼앗는 경우가 있을 수 있다. 어떤 상황이었는가에 따라 다른 판단을 내릴 수 있겠지만, 불가피함을 입증할 수 있다면 정당방위로 인정받을 수 있다. 하지만 성폭행을 당한 여성이 범죄를 마치고 돌아가는 범인을 뒤에서 돌로 쳐 죽게 했다고 하면 어떨까? 이런 경우에는 절대로 정당방위가 성립할 수 없다. 정상참작은 되겠지만 말이다.

성폭행범은 피해 여성의 행복권을 엄청나게 침해했다. 하지만 그렇다 하더라도 그의 생명을 빼앗는 행위가 정당화될 수는 없다. 성폭행범인데도 말이다. 그렇다면 태아로 인해 산모의 행복권이 침해당할 것임을 이유로 태아의 생명을 빼앗는 일은 더더군다나 정당화될 수 없음이 분명하다.

낙태 반대 운동을 벌이는 사람들이 자주 이용하는 자료 가운데 하나는 낙태 수술의 끔찍한 모습을 담은 사진이나 동영상이다. 아무 잘못도 없이 생명을 빼앗기는 모습을 보면 누구나 가슴 아파한다. 심지어는 낙태에 찬성하는 사람들까지도 말이다. 그런데 ㉺와 같은 경우에는 유독 그런 슬픔을 잊고 산모의 처지에만 공감한다면 그것을 바람직한 태도라고 할 수는 없을 것이다.

의사회가 정체성의 혼란을 겪고 있을 가능성을 제기한 것은 바로 이러한 문제점 때문이다. 태아를 인간으로 본다면, 낙태를 인정할 수 있는 경우는 오직 ㉮뿐이며, 그조차도 언제나 정당한 것은 아니다. 그런데 의사회에서는 ㉮ ㉯ ㉰ ㉱의 네 가지 경우에 낙태를 허용하고 있는 현행법을 인정하고 있는 것이다.

의사회는 낙태 문제의 핵심 쟁점, 즉 태아를 인간으로 볼 것인가에 대해 분명한 태도를 밝혀야 한다. 프로라이프라는 명칭에서 암시하는 바 그대로 태아가 인간임을 인정한다면, 의사회는 현행법에 대해서도 반대 의견을 분명히 밝히고 법 개정 운동에 나서야 한다. 그것이 일관성 있는 태도인 것이다.

현행법은 다소 중도적이고 절충적인 국민의 여론에 기반하고 있지만, 이론적 문제점에 대한 비판은 피할 수 없다. 형법에서 낙태에 대해 처벌할 것을 명시하고 있지만, 그 이유가 무엇인지는 분명하지 않다. 태아를 사람으로 본다면 살인죄로 처벌을 해야 하는데, 형법에서 정하고 있는 1년 이하의 징역이나 2백만 원 이하의 벌금은 살인죄에 대한 처벌로는 어울리지 않는다. 또한 이제까지 길게 설명한 것처럼, 태아를 인간으로 본다면 모자보건법의 예외조항은 모두 삭제되어야 한다.

2) 진보적 입장 – 프로초이스(prochoice)

태아를 사람으로 보지 않는 입장에서는 당연히 산모의 선택을 중시하게 된다. 소나 돼지, 어류 등을 포함한 모든 생물은 인간의 생존과 행복을 위해 희생된다. 신이 아닌 이상 인간도 먹이사슬의 일부이며, 생존과 행복을 위해 다른 생명을 해치는 것은 불가피하다. 그 대상이 인간이 아니라면, 인간의 행복권을 위해 희생할 수 있음이 당연시되는 것이다.[4]

태아는 인간이 아니다. 인간의 형체를 갖추지도 않았고, 생각하고 판단할 수 있는 능력도 없으며, 독자적으로 생존할 능력도 없는 유

---

4 필요 이상으로 생명을 해치는 행위는 물론 도덕적으로 비난받아 마땅하다. 하지만 그것도 인간의 장기적인 행복을 해치기 때문인지, 아니면 그 대상 자체가 존중받아야 하는 고유의 도덕적 성질을 가지고 있기 때문인지는 논란의 여지가 있다. 그 문제는 여기에서 다루지 않기로 한다.

기체를 인간이라고 주장하는 것은 무리가 있다.

인간을 다른 존재와 구분하는 기준은 자각, 합리성, 이성 등이다. 태아가 출산 이전에 그런 성질을 가질 수는 없다. 게다가 태아는 산모의 몸에 부속되어 있다. 심하게 얘기하면 기생충이나 암세포와 다를 바 없는 것이다. '그것'을 어찌할 것인지는 산모의 선택에 달려 있다. 결국 산모가 원한다면 위의 모든 경우에 낙태는 허용되어야 한다.

물론 여기에서도 자율성의 확보가 중요한 요소이다. 의사 결정 과정에서 어떤 식의 강제도 있어서는 안 되며, 충분한 정보의 제공도 필수 요소이다. 의사를 비롯한 관계자들은 낙태 시술로부터 생길 수 있는 모든 가능성을 설명해야 한다. 환경의 압박 때문에 자신의 의사와 상관없이 낙태를 결정하는 일도 가급적 없어야 한다.

태아의 초음파 사진이나 갓 태어난 천사 같은 아기의 모습, 그리고 끔찍한 낙태 사진이나 동영상 등에 현혹되어서는 안 된다. 아주 매정하고 잔인한 극소수의 사람을 제외하고는, 소나 돼지 등을 끔찍하게 도살하는 모습을 보고 그 고기를 태연히 먹을 수 없다. 그래서 맹자는 "군자는 도살장과 부엌을 멀리한다."라고 말한 것이다.

동물과 달리 인간만이 가지는 특징 중의 하나가 바로 공감 능력이다. 그것은 동족에게만 해당되는 것이 아니다. 동물을 죽이는 모습을 보고서도 가슴 아픔을 느끼고, 감수성이 예민한 사람은 나뭇가지가 부러지는 것이나 심지어는 돌이 깨지는 모습에도 연민의 정을 느끼는 것이다. 모든 존재를 사랑하는 것은 분명 훌륭한 일이지만, 그를 위해 인간의 행복을 포기하는 것은 별개의 문제이다.

태아가 인간으로서의 잠재성을 가지고 있음은 인정한다. 그러나 잠재적 존재가 완성태와 같은 가치나 권리를 가질 수는 없다. 사과 씨와 사과의 가치가 같을 수 없으며, 아들이 자신도 언젠가 아버지가 될 충분한 잠재성을 가지고 있다고 아버지와 맞먹으려 해서는 안 되는 것이다.

인간의 유전자를 가지고 있다고 해서 인간인 것은 아니다. 정자와 난자에는 각각 50퍼센트씩의 유전자가 들어 있다. 그렇다고 해서 수억 개의 정자와 한 달에 한 번씩 배출되는 난자를 모두 인간으로 취급할 수는 없다.

보수주의자들은 낙태 찬성론자들이 유아 살해를 용인하는 것과 마찬가지 주장을 한다고 비난한다. 낙태에 대한 진보적 입장을 이론적으로 좀 더 확대시켜 보면 합리성이나 자각과 같은 인간의 특징이 갖추어지기 이전 영유아의 생명도 부모의 선택에 맡겨야 한다는 것이다.

그러나 실제로는 그것을 용납할 수 없는 중대한 이유가 있으며, 그 논리는 보수주의자들이 이미 사용한 것이기도 하다. 출산 직후의 아기는 인간의 특징을 가지지 못하지만, 성장 과정에서 서서히 그것을 가지게 된다. 그런데 그 시기는 사람마다 천차만별이기 때문에, 무고한 피해자를 낳지 않기 위해서는 허용선을 최대한 뒤로 미루어 잡아야 한다. 그것은 결국 출산일 수밖에 없는 것이다.

결정적으로 보수주의자들의 입장은 현실을 완전히 무시한 것이다. 세계 인구는 이미 포화 상태이다. 게다가 중국이나 인도와 같은 나라의 경우를 생각해 보라. 산아 제한 정책을 실시하지 않는다면 인구가 폭발할 지경에 이를 것이다. 그런데도 모든 낙태를 금지해야 한다고 주장할 수 있겠는가?

피임을 제대로 하지 못한 실수에 대해 책임을 져야 한다는 비판은 인정할 수 있다. 그런데 문제가 되는 것은 그 실수가 원치 않는 아이를 낳아서 평생 양육해야 할 정도로 큰 것인가 하는 점이다. 낙태 수술이라는 쉽지 않은 경험을 하는 것으로도 실수에 대한 책임은 충분한 것 아닌가?

3) 절충주의적 입장

이 두 극단 사이에 절충주의적 입장이 존재한다. 그들의 생각은 간단하다. 태아는 임신과 출산 사이의 어느 시점에선가 인간이 된다. 따라서 낙태는 전적으로 금지할 것도, 전적으로 인정할 수 있는 것도 아니다. 언제부터 인간이 되는가를 결정한다면 낙태 허용 여부는 쉽게 결정될 것이기 때문이다.

그러나 인간인지 아닌지 여부는 무엇으로 결정하며, 그 시기는 어떻게 정할 것인가 하는 문제가 새로이 부각된다. 신체기관이 완성되면 인간으로 볼 수 있다거나, 뇌가 생겨나면 인간으로 볼 수 있다는 등의 주장은 "그것이 과연 인간의 핵심적인 부분인가?"라는 문제에 명쾌한 답이 될 수 없다는 점에서 의심의 여지가 충분하다. 또한 뇌를 가지고 있는 것과 그것이 정상적으로 활동하는 것은 또 다른 문제이다.

절충의 기준 가운데 강력한 것 중 하나가 체외 생존 가능성이다.

그러나 태아가 산모의 몸 바깥에서 살아남을 수 있는 시점은 의료 기술 상태에 따라 변한다. 50년 전만 해도 두 달 이상 먼저 태어난 아기는 살아남기 힘들었다. 최근에는 진보된 의료 기술 덕분에 5개 월 만에 태어난 아기라도 생존 가능해졌다. 그렇다면 과거에는 인간 이 아니었던 것이 외부 환경의 변화에 의해 인간이 된단 말인가? 게 다가 체외 생존 가능성이란 선진국과 후진국, 도시와 농촌 등 입지 적 여건에 따라서도 크게 달라진다. 그런 점은 어떻게 설명할 것인 가?

그러나 이들의 치명적 약점은 따로 있다. 낙태 허용 기준과 시기 에 대해서는 이들 사이에서도 의견이 분분하여 합의를 도출해 내기 가 쉽지 않다. 결국 그들의 주장은 자의적이라는 비판에서 자유로울 수 없는 것이다.

5. 낙태 논쟁의 종교적 성격

이제까지 살펴본 바대로, 그리고 앞서 잠시 언급한 것처럼 낙태 관련 논쟁은 종교적 성격을 가지고 있다. 상반된 두 입장이 평행선 을 그으며 달려왔을 뿐, 절충이나 합의의 가능성이 쉽게 보이지 않 는다.

이유는 그 논쟁의 핵심 쟁점이 형이상학적 성격을 띠고 있다는 데 있다. 태아가 인간인가 하는 문제는 인간의 본질을 무엇으로 볼 것 인가라는 인간과 도덕에 대한 근본적 물음과 직결되어 있다. 이는 경험이나 관찰을 통해 확인하거나 검증할 수 있는 성질의 것이 아니다.

과거에도 그래왔듯이, 논쟁이 가까운 미래에 해결될 수는 없을 듯하다. 논쟁 당사자들이 이 점을 인지하고, 서로의 입장을 인정하는 것만이 최선의 방법일 것이다.

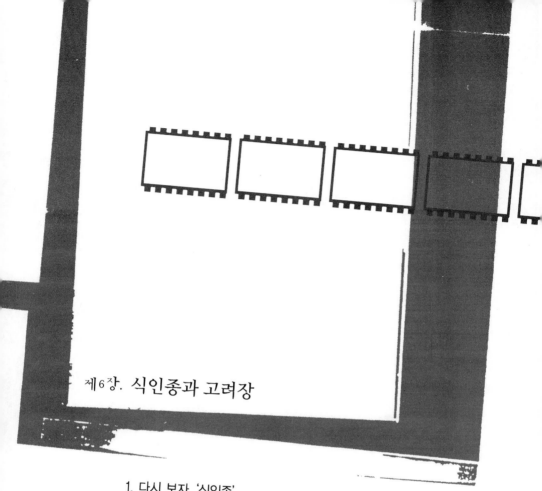

제6장. 식인종과 고려장

제6장. 식인종과 고려장

1. 다시 보자 '식인종'

나처럼 1960~70년대의 할리우드 영화에 익숙한 사람이라면 인디언들은 백인의 머리 가죽을 벗기고, 아프리카의 원주민들은 상당수 사람을 잡아먹는 야만적이고 미개한 종족이라는 생각에 익숙할 것이다. 영화에서는 이 미개한 종족을 무찌르는 백인들의 영웅적인 행위가 칭송되곤 했다.

그런데 나이를 좀 먹으면서 한 가지 의문이 들기 시작했다. 백인들이 아메리카에 상륙하기 이전, 그 땅의 주인은 당연히 이른바 '인디언'[1]들이었다. 백인들은 당연히 그들의 허락이나 그들과의 협의 없이 그 땅에 침입한 것이다. 그리고 다른 모든 곳에서 그랬듯이, 그곳을 자신들이 안전하게 지배하기 위해 원주민들을 축출하고, 그에 순응하지 않을 경우 학살하기 시작했다.

원주민들이 그에 저항한 것은 너무나 당연한 일이었다. 조선을 점령하고자 하는 일본인들에 저항한 독립운동가들의 행위가 당연했던 것처럼 말이다. 하지만 화력의 열세에 의해 원주민들은 점차 밀릴 수밖에 없었고, 이른바 백인들의 명령에 따라 '인디언 보호구역'으로 이주하거나, 끝까지 저항하다가 목숨을 잃을 수밖에 없었다.

물론 그 '인디언 보호구역'이라는 곳의 목적이 '보호'가 아님은 분명했다. 일본 제국주의자들이 조선인들을 보호한다는 명분으로 한 곳에 몰아넣고, 그에 반항하는 모든 조선인들을 죽인다면, 그것을 보호라고 생각할 사람은 없을 것이다.

할리우드 영화는 오직 백인의 시각에서, 그들이 이 세계의 주인이라는 전제 하에 만들어진 것이며, 그러한 생각을 전파하기 위한 목적을 가지고 있었다. 굳이 철학적인 '따져 묻기'를 하지 않더라도, 나이가 좀 들면서 이 정도는 저절로 간파가 되었다.

하지만 식인종의 경우는 어떠한가? 아무리 서구식 사고를 강요할 의도가 있더라도, 사람을 잡아먹는 것이 사실이라면, 그들은 정말로 야만적이고 미개한 집단이 아닌가? 이에 대한 해답은 쉽게 얻을 수 없었다. 그런데 역사책들을 읽으면서, 더 심한 의문이 생기기 시작했다. 사람 고기를 먹는 풍습은 고대 동양에도 존재했던 것이다.

가장 먼저 언급해야 할 것은 한식(寒食)의 유래이다. 여러분도 알

---

1 콜럼버스가 신대륙을 발견하기는 했지만, 그는 애초에 그런 목적으로 항해를 시작한 것은 아니었다. 당시 서양인들은 동양에 대해 엄청난 동경심을 가지고 있었으며, 특히 인도의 문화에 대해서는 더욱 그러했다. 하지만 유럽에서 동양으로 통하는 육로는 이슬람에 의해 막혀 있었고, 배를 통해 인도에 가기 위해서는 아프리카를 빙 돌아야만 했다. 콜럼버스는 만약 지구가 둥글다면 서쪽으로 항해하더라도 인도에 도착할 수 있을 것이라고 생각했다. 그는 자신의 생각을 실행에 옮겼고, '인도'에 도착하여, 그곳에 사는 사람들을 인도인, 즉 인디언이라고 불렀다. 하지만 그곳은 인도가 아니라 아메리카 대륙이었던 것이다. 그 때문에 아메리카의 원주민들이 인디언이라고 불리게 된 것이다.

다시피 한식이란 찬밥을 먹는 날이다. 그런데 왜 찬밥을 먹어야 하는가? 거기에는 다음과 같은 이유가 있다.

고대 중국 춘추시대의 진(晉)이라는 나라는 엄청난 강대국이었다. 후에 진문공이 되어 명성을 떨치게 되는 그 나라의 왕자 중이는 정치적 이유로 해외에 망명 생활을 하고 있었다. 그의 동생이 먼저 왕권을 차지하고 그를 암살하고자 한 것이다. 그런 이유로 그는 한 국가에 머물지도 못하고 자객을 피해 이리저리 떠돌아다니는 신세가 되어 있었다.

그는 능력뿐 아니라 인품도 뛰어난 인물이라 진나라의 뜻 있는 신하들이 그를 보필하였다. 하지만 외면적으로 볼 때 그들은 부랑하는 거지 집단에 불과했다. 그러던 어느 날 진문공이 허기를 못 이겨 쓰러질 지경이 되었다. 마침 음식을 담당하는 신하는, 그나마 밥 한 종지밖에 남지 않았지만, 발에 부상을 입어 뒤처져 있었다. 그때 개자추라는 신하가 뜨끈뜨끈한 고깃국을 한 그릇 구해다 바쳤다. 고기 건더기도 엄청 많이 들어 있었던 타라 중이는 허겁지겁 그 국을 먹고 기운을 차리게 되었다.

중이는 식사를 마치고 기운을 차리고 난 후, 의심이 들어 신하들과 함께 개자추에게 어디에서 고깃국을 구했는지 캐묻게 되었다. 개자추는 한사코 입을 열고자 하지 않았지만, 결국 그 고기는 개자추가 자신의 넓적다리에서 잘라낸 것임이 밝혀졌다. 공자 중이는 감격하여, 나중에 나라를 찾게 되면 큰 상을 줄 것을 약속하였다.

수년 후, 중이는 나라를 되찾아 왕의 자리에 오르게 된다. 당연히 그와 함께 고생했던 모든 신하들에게 높은 벼슬과 부귀가 보장되었다. 그런데 진문공은 논공행상에서 그만 깜빡 개자추를 빠뜨리고 말았다. 그러자 개자추는 (역사서에서는 부귀영화에 뜻을 두지 않아서였기 때문이었다고 적고 있지만, 내가 보기에는 왕에게 단단히 삐쳤음이 분명하다) 어머니를 모시고 산속으로 숨어버렸다.

이 사실은 얼마 후 주변 사람들에 의해 진문공에게 알려지게 된다. 진문공은 무릎을 치고 후회하면서 직접 개자추를 찾아 나섰다. 부하들을 시켜 그가 숨었다는 산을 샅샅이 뒤졌지만, 결국 그를 발견할 수는 없었다. 그래서 진문공은 산에 불을 지르라고 명령한다. 불을 피하기 위해서는 결국 산에서 나올 수밖에 없을 것이라고 판단한 것이다.

하지만 개자추는 나오지 않았고, 어머니와 함께 불에 탄 유골로 발견된다(역사서에서는 계속해서 속세를 초월한 그의 기개를 칭송하지만, 내가 보기에는 산불을 피하다가 역부족으로 타 죽었음이 분명하다). 진문공은 몹시 슬퍼하며, 매년 이 날은 불을 피우지 말 것을 명령했다. 그래서 이 날은 찬밥을 먹게 된 것이다.

이 이야기에서 우리의 논의와 관련된 중요한 사실은 자신이 먹은 것이 개자추의 넓적다리 고기임을 알았을 때 진문공의 반응이다. 독자 여러분이 너무나 배가 고픈 상태에서 정체를 모르는 어떤 고기를 맛나게 먹었는데, 알고 보니 그것이 사람 고기였다면 나중에 어떤 반응을 보이겠는가? 구역질을 하고, 게워내고, 그 고기를 먹인 사람을 죽이려고 하는 등 난리법석을 떨 것이다. 그런데 진문공은 어떠했는가? 개자추의 행위에 감사하고 감격했다. 이것은 무엇을 의미하는가? 사람 고기를 먹는 것이 그다지 커다란 금기는 아니었던 것이다.

이야기가 비단 이것 하나뿐이라면, 매우 예외적인 위기 상황에서의 일일 뿐이라고 할 수 있을 것이다. 하지만 역사를 뒤져보면 이런 이야기는 셀 수 없을 정도로 많다. 중국에서 훌륭한 임금의 대명사는 요순이요, 도둑의 대명사는 도척이다. 그러면 요리사의 대명사는 누구인가? 바로 역아라는 사람이다.

역아는 진문공과 동시대를 살았던 위대한 군주 가운데 한 사람인 제환공의 요리사이다. 그런데 그가 제환공의 요리사로 발탁되게 된 배경이 매우 독특하다. 그는 제환공의 궁을 찾아와 왕의 요리사가 되기를 지원했는데, 제환공이 그에게 "나는 이미 모든 산해진미를 다 맛보았노라. 그대는 내게 무슨 요리를 해주어 내 요리사가 되겠다는 것인가?"라고 묻자, 역아는 아무 말 없이 요리를 해왔다. 제환공은 처음 먹어보는 그 요리를 너무나 맛있게 먹었고, 역아는 그가 총애하는 전속 요리사가 되었는데, 그 요리의 재료는 바로 역아의 아들이었던 것이다.

많은 사람들이 읽었을 『삼국지』에 등장하는 이야기를 하나만 더 해보도록 하겠다. 조조와의 싸움에 패해 단신으로 쫓기던 유비가 어느 초라한 집에 머물게 되었다. 그 집 주인은 그가 왕인 것을 알고 식사를 준비해 바쳤고, 유비는 맛나게 먹었다. 그런데 다음 날 아침 길을 떠나려던 유비는 창고에서 여인의 시신을 발견하고 그에게 캐묻게 된다.

그는 왕이 자기 집에 납시었는데, 풀밖에 대접할 것이 없어 부득이하게 자신의 마누라를 죽여 요리했노라고 말한다. 이 이야기에서도 유비는 구토를 하고 그를 벌준 것이 아니라 그의 정성에 감동하면서 나중에 크게 갚아주기로 약속하였다.

이런 이야기들을 알게 되면서 혼란은 더욱 심해져 갔다. 당시는 미개한 시대여서 그랬나? 그렇다면 식인종이라는 종족이 있는 것이 아니라, 우리 문화권에도 식인 풍습이 있었던 것인가? 그 답이야 어떠하든 간에, 이런 이야기를 알게 되면 이른바 '식인종'에 대한 혐오감은 다소 줄어들 수밖에 없을 것이다. 우리 문화권에서도 그랬다니 말이다.

이러한 문제에 대한 결정적 해답을 준 것은 바로 인류학자들이다. 특정 시대와 사회에 국한될 수밖에 없는 인간의 편견을 부수는 데 결정적 역할을 하는 것은 바로 역사적 지식과 문화인류학적 지식인 것이다. 저명한 인류학자 레비-스트로스는 『슬픈 열대』에서 다음과 같이 적고 있다.

야만인의 모든 관례들 가운데서 우리들이 가장 끔찍하게 혐오하는 식인 풍습을 예로 들자. 우리는 다른 고기가 모자라기 때문에 서로를 잡아먹는 경우 — 폴리네시아의 어떤 지역에서는 이런 사례가 있었다 — 는 제외시켜야 한다. 도덕적으로 말한다면 어떤 사회도 굶주림으로부터 나오는 요구에 대해서는 어찌할 수 없다. 우리가 나치의 학살 수용소에서 보았듯이, 사람들은 아사(餓死)할 지경이 되면 문자 그대로 무엇이든지 먹게 되는 것이다.

우리는 식인 풍습의 긍정적인 형태 ― 그 기원이 신비적이거나 주술적인 또는 종교적인 것들이 여기에 포함될 것이다 ― 들을 고찰해 볼 필요가 있다. 조상의 신체 일부분이나 적의 시체 살점들을 먹음으로써, 식인종은 죽은 자의 덕을 획득하려 하거나 또는 그 힘들을 중화시키고자 한다. 이러한 의식은 종종 매우 비밀스럽게 거행되며, 그들이 먹고자 하는 그 음식물에 다른 음식물을 섞거나 혹은 빻아서 가루로 만든 유기물을 약간 합해서 먹는다. 그리고 식인 풍습의 요소가 더욱 공개적으로 인정되었을 때일지라도, <u>도덕적인 근거를 통해 그러한 관습을 저주한다는 사실은, 시체를 물질적으로 파괴함으로써 위태로워질 어떤 육체적 부활이나 혹은 영혼과 육체의 연결과 여기에 따르는 이원론에 대한 확신을 의미하는 것이라는 점을 인정해야만 한다.</u> 이러한 확신들은 의식적인 식인 풍습의 의미로 시행되고 있는 것에 나타나는 것과 동일한 성격을 지니고 있다. 그러므로 우리는 어느 것이 더 낫다고 말할 수 있는 어떤 정당한 이유도 지니고 있지 못하다. 그뿐만 아니라, 우리가 식인 풍습을 비난하는 이유인 죽음의 신성함에 대한 무시의 정도는 우리가 해부학 실습을 용인하고 있는 사실보다 더 크지도, 더 작지도 않은 것이다.

내가 이 글을 읽고 가장 충격을 받은 것은 내용적인 부분이 아니었다. 밑줄 친 부분이 더 충격적이었던 것이다. 독자 여러분은 밑줄 친 부분이 이해가 되는가? 우리말로 표기되어 있다고 해서 모두가 우리말은 아니다. 외국어를 그대로 우리말로 옮기는 것은 번역이 아닌 것이다. 우리말 표현과 어순에 맞게 옮겨, 읽는 사람이 편하게 읽을 수 있도록 해주어야만 하는 것이다.

우리나라에서 학자들과 일반 시민들의 소통이 힘든 중요한 이유 가운데 하나는 바로 이러한 번역의 문제이다. 이 따위 번역서들을 읽고, 그것을 당연하게 여기며 공부한 사람들은, 자기 스스로도 그런 글을 쓰는 것을 전혀 꺼리지 않게 된다. 외국어에 대한 해박한 지식을 가진 사람이라면, 그것이 어떤 내용의 글을 옮긴 것인지 짐작 가능하겠지만, 일반인들에게도 그러하겠는가? 심지어는 그들 스스로도 저런 형태의 글을 어려워한다. 그러면서도 올바른 번역 작업은 무시하고, 자기들끼리 '폼 나게' 논문 발표나 하면서 학자의 본분을 다했다고 자위하는 것이다.

밑줄 친 부분을 다시 잘 풀이해서 옮겨보면 다음과 같다.

(서양인들은) 이원론에 대한 확신을 가지고 있다. 이는 육체적 부활이나 영혼과 육체의 연결에 대한 믿음을 의미한다. 이러한 이원론적 견지에서 보면 시체를 물질적으로 파괴하는 것은 매우 위태로운 짓이 아닐 수 없다. 식인 풍습을 도덕적으로 저주하는 이유는 이러한 이원론에 대한 확신에 있는 것이다. 우리는 이를 인정해야만 한다.

흥분해서 주저리주저리 읊조리기는 했지만, 내가 다시 옮겨 써보고 나도 어려운 내용임은 분명하다. 하지만 이렇게 옮겨 써놓을 경우 몇 가지 배경지식만 가지고 있다면 쉽게 이해할 수 있는 반면, 위에서 인용한 번역문의 경우는 나같이 나름 가방끈도 길고, 영어에 능통한 사람조차도 그 의미를 파악하기 위해 한참 동안 골머리를 싸

매야 했다.

어쨌든 다시 본론으로 돌아가보자. 『철학 땅으로 내려오다』를 읽은 독자들이라면 이미 알고 있겠지만,[2] 서양 사상의 근간인 플라톤 철학과 기독교는 모두 육체와 정신을 별개의 존재로 본다. 플라톤에 따르면 육체는 이 세상의 존재이고, 영혼은 하늘나라에 있는 이데아의 세계로부터 온 것이다. 둘은 기원도, 작동 원리도 다르다. 육체는 형이하의 존재이고, 영혼은 형이상의 존재인 것이다.

기독교에서도 사정은 다르지 않다. 하나님(God)은 흙으로 자신의 형상에 따라 사람을 만들었다. 하지만 그것은 어디까지나 마네킹에 불과하다. 그것이 생명을 가진 인간으로 거듭나기 위해서는 신의 숨결이 필요했다. 신은 그 흙 인형에 '훅' 하고 숨을 불어넣었다. 그것이 생명이자, 영혼이자, 이성인 것이다.

이런 생각을 가진 서양인들에게 육체란 영혼의 집이다. 이 세상의 눈으로 볼 때 죽음을 맞이했던 예수는 다시 부활했다. 사체를 훼손한다는 것은 이러한 가능성을 차단하는 행위이다. 불멸의 존재인 영혼의 집을 파괴하는 행위인 것이다.

이런 얘기가 그럴싸하게 들린다면 그것은 당신이 서양 사상의 세례를 듬뿍 받았다는 증거일 뿐이다. 육체와 영혼이 이렇게 별개의 근원과 작동 원리를 가지고 있다는 생각은 서양인들의 입장일 뿐이고, 증명 불가능한 형이상학적 이론일 뿐이다. 그리고 형이상학은

---

2 앞으로 하게 될 일원론과 이원론, 유물론 등의 이야기는 『철학 땅으로 내려오다』에서 자세히 설명한 바 있으므로, 여기에서는 간단히 다시 언급하는 것으로 그치도록 하겠다.

어디까지나 '그럴싸한 뻥'일 뿐이다.

근대 이후 세계의 사상 사조에 커다란 충격을 준 것은 바로 유물론이다. 유물론에서는 이원론에서의 영혼의 위상과 역할을 전적으로 부인한다. 정신적인 것은 물질적 현상의 부수물일 뿐이다. 사회과학과 복지국가의 탄생은 모두 이러한 유물론이 생겨남으로써 가능했다.

물론 일원론에는 유물론만 있는 것이 아니다. 물질적 존재의 역할과 위상을 부인하는 유심론 혹은 관념론도 있다. 이론적 내용이야 어찌 되었든 중요한 것은 일원론이 옳은가, 이원론이 옳은가 하는 것은 확인이나 검증이 불가능하다는 사실이다. 만약 이른바 '식인종'이 사람 고기를 먹는 것이 단순한 야만성 때문이 아니라, 일원론이나 이원론과 같은 우주관/세계관의 차이 때문이라면, 그리고 나름의 타당한 이유를 가지고 있다면 그들을 비난해서는 안 될 것이다.

레비-스트로스는 먼저 극한 기아의 상태에서 사람 고기를 먹는 경우는 제외할 것을 제안한다. 사실 그런 일은 누구에게나 가능하며, 할리우드에서 서구인이 극한 상황에서 그런 행동을 한 사실을 영화화한 경우도 몇 차례 있었다.

그렇다면 이른바 '식인종'이 사람 고기를 먹는 이유는 무엇일까? 윗글의 설명에 따르면 그것은 그들이 일원론을 가지고 있기 때문이다. 서구인들과 달리, 그들은 인간의 영혼과 육체가 둘이 아닌 하나라고 생각한다. 그 대상이 조상이든 적이든 간에, 이런 입장에서는 시신을 음식의 형태로 흡수하는 것이 바람직할 뿐 아니라 당위적인 것이다.

　평생 동안 각고의 노력을 통해 덕을 쌓고, 본받을 만한 유덕한 존재가 된 어른이 돌아가시면, 그의 시신을 어떻게 해야 하는가? 육체와 영혼을 둘이 아닌 하나로 보는 입장에서 그 시신은 곧 그 조상이 쌓은 덕을 의미한다. 그 시신을 매장하거나 화장해 버린다면 그것은 평생에 걸친 조상의 덕을 유기하는 것과 같다. 내키든 내키지 않든 간에, 어떤 식으로든 그의 노력을 헛되이해서는 안 된다. 결국 그의 시신을 섭취함으로써 후손들은 그의 덕을 흡수하게 되는 것이다.

　적의 경우는 그 반대이다. 적의 시신을 함부로 방치했을 경우, 그의 육신에 담긴 악한 기운이 종족의 아녀자들에게 어떤 식으론가 해로운 영향을 미칠 가능성을 부인할 수 없다. 옛날 만화영화에서 폭탄이 떨어졌을 때 강인한 로봇이 그것을 먹어버려 자신의 몸속에서 터뜨려버림으로써 주변 사람들을 보호하는 장면을 본 독자가 있을 것이다. 적의 시신을 먹는 것은 동일한 논리로 이해할 수 있다.

　결국 서구인들이 인디언이나 '식인종'의 야만적이고 미개한 모습을 부각시키는 이유는 자기 문화의 정당성과 보편성을 강조하기 위함이다. 하지만 이상에서 따져본 바에 따르면, 일단 이 두 집단에 대한 서구적 묘사는 결국 서구인들이 자신에 대해 가지는 이유 없는 자긍심과 그들에 대해 가지고 있는 무조건적 편견의 결과일 뿐이다.

2. 고려장의 아름다움?

　'고려장' 하면 명칭 그 자체에서 '고려의 장례문화'라고 하는 느낌이 강하게 풍긴다. 이러한 명칭을 부여한 것은 일본 제국주의자들이라고 전해진다. 식민사관의 일환으로, 조선의 조상 격인 고려에 나이 든 부모를 유기하는 좋지 못한 풍습이 있었음을 주입시키기 위한 것이었다.

그들이 지어낸 이야기에 따르면, 고려시대의 어떤 아들이 당시의 관습에 따라 연세 드신 어머니를 고려장 시키기 위해 지게에 메고 가고 있는데, 나이 어린 그의 아들이 주변의 길을 유심히 살피더라는 것이었다. 이를 궁금히 여긴 아버지가 "뭘 그리 유심히 살피니?"라고 묻자, "아버지가 나이 들면 나도 이 길을 따라 갖다 버려야 하니까 잘 살펴야지요."라고 대답하여, 아들이 깨우친 바 있어 어머니를 다시 모셔와 지극히 봉양했다고 한다.

하지만 그것이 고려의 고유한 풍속이 아님은 일본인 스스로에 의해 밝혀지게 된다. 〈나라야마 부시코〉라는 영화에서는 전통시대 일본 산골 마을에서 행해지던 '고려장'을 소재로 삼고 있다(이 경우 명칭을 고려장이라 해서는 안 되겠지만, 새로운 명칭을 만들어내는 것은 편의상 적절치 못하므로, 그냥 그대로 사용하도록 하겠다).

사실 영화 자체가 재미있지는 않다. 그리고 비디오로 출시되었을 때, 표지 자체를 에로영화인 듯이 만들어 그쪽으로 분류해 놓았다. 내가 우연히 그 영화를 접하게 된 것도 사실은 그러한 까닭에서 연유한다. 독자 여러분이 그 영화를 일부러 볼 필요는 없으리라.

어쨌든 영화의 배경은 말한 대로 전통시대의 일본 산골 마을이다. 그 마을에는 나이 든 노인을 '나라'라는 산(일본어로 '야마'는 산을 뜻한다)에 버리는 관습이 있다. 그 중 한 가정의 노모는 걱정이 많다. 먹을 것이 부족해 손주들이 제대로 먹지 못하는 상태에서 아들이 자신을 나라야마에 보내길 거부하는 것이다.

영화에서 말하고 있는 것처럼, 고려장이란 미개하거나 잔인한 풍습이 아니다. 식량이 부족한 집단에서, 누군가 죽어야 한다면, 이미 오랜 기간 삶을 영위해 온 노인들이 그 대상일 수밖에 없다. 우리나라에는 반대로 부모의 봉양을 위해 자식을 희생시키는 설화가 다양한 형태로 전해 내려오지만, 그런 관습을 가진 집단은 생존 자체가 불가능할 것이다.

영화의 주인공인 할머니는 손주들을 위해서라도 자신이 빨리 나라야마로 가야 한다고 생각한다. 그래서 아들에게 누차 부탁하지만, 아들은 "아닙니다. 어머니는 아직 나라야마에 가실 때가 되지 않았어요. 어머니는 너무나 정정하세요."라고 말하면서 거부한다.

스스로 목숨을 끊으면 되지 않느냐고, 그 할머니는 위선적이라고 반문하는 독자가 있을지 모른다. 그러나 자신의 생명을 보존하고자 하는 본능은 너무나도 강하고 뿌리 깊은 것이어서, 스스로 그것을 포기한다는 것은 절대로 쉬운 일이 아니다. 앞에서 다룬 안락사의 경우에서도 볼 수 있는 것처럼, 정말로 생명을 마감하고 싶은 경우에조차도 타인의 도움을 받지 못한다면 자신의 소원을 실행에 옮기기란 매우 어려운 것이다.

앞에서 한 번 언급한 바 있지만, 이를 너무나 잘 보여주는 실화가 하나 있다. 삶을 비관한 한 여고생이 한강 다리에서 투신자살을 시도하였다. 그녀는 정말로 죽고 싶었다. 그런데 그녀가 간과한 사실이 하나 있었다. 그녀는 수영을 매우 잘했던 것이다. 죽고 싶은데 저

절로 수영이 되는 것이었다. 결국 40여 분 동안 수영을 한 후에 그녀
는 구조되었다.

할머니는 결국 자신이 죽을 때가 되었음을 아들에게 증명해야만
했다. 돌로 자신의 이빨을 부러뜨리고는 "아들아, 보아라. 나는 너
무 늙어 이렇게 이빨이 잘 부서져버리잖니?"라고 말하기도 하고, 내
리막길에서 굴러 스스로 팔을 부러뜨려 보이기도 한다.

할머니의 간청과 고집에 아들은 결국 할머니를 지게에 싣고 나라
야마로 향한다. 해골들이 가득한 그 산 한곳에 할머니를 내려두고
아들은 돌아가고, 할머니는 정갈한 모습으로 죽음을 기다린다. 마침
눈이 내리고, 감독은 하늘을 바라보며 팔을 벌린 할머니가 승천하는
듯한 모습의 영상으로 그 숭고함을 표현하고자 한다.

고려장이 우리 민족의 풍습이 아니라 일본의 풍습임이 증명되었
으니 통쾌하다고 생각할 독자들이 있을지 모른다. 하지만 이 글에서
내가 말하고자 하는 바는 그것이 아니다. 고려장은 단지 일본만의
관습이 아니다. 그것은 시대와 환경의 요구에 대한 인간 집단의 대
답일 뿐이다. 앞서 언급한 것처럼 먹을 것이 부족한 상황에 처한 집
단이 선택할 수밖에 없는 불가피한 선택이었던 것이다. 식인종의 경
우처럼, 외관상 잔인하고 미개해 보이는 고려장과 같은 관습에도 나
름의 합리적 이유가 존재하는 것이다.

김용옥의 『여자란 무엇인가』에 나오는 한 구절을 살펴보면, 이러
한 측면을 더 잘 이해할 수 있을 것이다.

인간적으로 헤어진다는 것은 슬픈 일인 줄도 알면서 장모는 딸과

사위에게 자기를 장례 지내달라고 명령한다. 딸과 사위는 울면서 장모를 썰매에 태우고 빙판을 달린다. 소위 우리나라 풍속의 '고려장'이라는 것이다. 그런데 이 장모가 가는 곳은 흙무덤이 아닌 백곰이 먹이를 찾아 울부짖는 그러한 무서운 곳이다. 살아 있는 장모를 백곰 앞에 바치는 것이다. ··· 이들을 야만인으로 보는 우리가 야만인인 것이다. 그 엄마는 백곰한테 뜯어 먹힐 것을 생각하면서 행복한 명상에 잠긴다. 이것은 바로 그들에게 있어서 죽음을 해결하는, 즉 그들의 삶의 불멸성을 확보하는 매우 고등한 종교 양식이며 그 나름대로 매우 합리적 이유가 있는 것이다.

에스키모의 삶의 환경에 있어서는 썩는 곳을 찾을 수가 없다. 존재의 순환 마당을 찾을 수가 없다는 것이다. 그들이 찾은 썩음의 마당은 바로 백곰의 위장이었던 것이다. 나는 백곰에게 먹히고, 나의 자손들은 또 백곰을 잡아먹을 것이다. 그러면 나라는 존재는 영원히 자손들의 삶 속에 남아 있을 것이다. 나의 개체적 삶은 유한하지만 백곰에게 잡아먹히는 행위를 통하여 우주적 삶의 무한성을 획득한다. 인디언의 풍속을 그린 영화에서 사람이 죽으면 그 시체를 큰 나무 꼭대기 위에 나뭇가지로 자리를 만들어 안치해 놓고 까마귀가 몰려들어 뜯어먹는 것을 기쁘게 축하하는 의식을 본 적이 있을 것이다. 이 경우는 백곰이 까마귀로 바뀐 것에 불과하다. ···

농경문화에 있어서는 나의 모든 존재 양식의 원천이 바로 땅에서 나오고, 모든 것은 땅으로 환원되며, 땅이야말로 모든 생명을 산출하는 생산성의 근원인 것이기 때문에, 나의 존재의 영원성을 확보하는 순환의 마당은 바로 땅이고, 따님이야말로 하나님보다 더 중요한 숭배의 대상이 되는 것이다. 나는 땅에서 생산되었고, 따님인 엄마로부터 나왔다. 그래서 나는 땅으로 돌아가야 한다. 이때의 땅은 에스키모의 '백곰의 위장'이며, 물리적인 토양이 아닌 살아 꿈틀거리는 생명의 원천이다. 그렇기 때문에 동양인에게 있어서 '땅에 묻혀 썩히는 것'이야말로 존재의 영원성을 확보하기 위한 가장 중요한 종교 의식이며, 유교는 이러한 농경문화의 의식을 그 본질적 예배 형태로 삼은 것이다.

에스키모에게도 일종의 고려장이 존재했다. 그런데 집단의 노인을 고려장 시키는 장소는 산이 아니다. 그들은 노인을 백곰에게 산 채로 먹이로 바치는 것이다. 그 자체만 놓고 보면 얼마나 잔인하고 야만적인 일인가? 그에 비한다면 우리의 문화에서 조상을 매장하는 풍습은 너무나도 인간적인 것이라고 생각하게 될지도 모른다.

그러나 뒤에 설명되어 있는 것처럼, 에스키모의 고려장은 농경문화의 매장 풍습과 동일한 목적을 가지고 있다. 사실 죽은 사람을 왜 땅에 묻는지, 그리고 그것이 왜 더 인간적인지 물으면 딱히 할 말이 없었을 것이다. 이제 대답은 단순해졌다. 영화 〈나라야마 부시코〉의 고려장처럼, 그 또한 인간의 욕구가 시대와 환경의 요구에 적절히 대응한 결과인 것이다.

모든 인간은 영생에 대한 욕구를 가진다. 영생에 대한 욕구가 얼마나 강한지는 진시황의 일화를 보면 잘 알 수 있다. 너무나도 명철하여 사람의 의중까지 꿰뚫어볼 듯했던 진시황조차도 영생에 대한 욕구로 인해 여러 차례 사기를 당했다. 불로초를 구해 오겠다는 사기꾼에게 속아 막대한 돈과 미녀, 하인을 주어 보낸 그는, 그 사기꾼이 돌아오지 않자, 그를 잡아오겠다는 또 다른 사기꾼에게 또 막대한 재물을 주어 보내는 일을 반복했던 것이다.

그도 결국 얼마 못 가 죽음을 맞이하게 되었지만, 그는 자신의 무덤조차도 어마어마한 궁궐처럼 꾸몄다. 흙으로 엄청난 수의 군인들을 만들어 자신의 시신을 호위하게 하였는데, 그 병사들의 표정이 모두 달랐다 하니, 그 얼마나 커다란 노력과 백성의 희생이 동반된 일이었겠는가? 그를 모시던 궁녀들이 그와 함께 순장을 당한 것은 어쩌면 당연한 결과였다.

진시황처럼 어마어마한 지위에 있지 못한 일반 백성들로서는 자신의 지위에 맞는 영생의 방법을 찾을 수밖에 없었다. 농경문화권에서는 그것이 매장이라는 형태로 나타났고, 에스키모의 경우에는 백곰에 의한 고려장, 인디언의 경우에는 까마귀를 향한 풍장(風葬)으로 표현된 것이다.

모든 사람은 영생을 갈망하지만, 어떤 개체도 영원할 수는 없다. 따라서 또 다른 상징적인 방법이 고안되는데, 그것은 개체가 아닌 유전자의 영생과 번영을 꾀하는 것이다. 리처드 도킨스가 「이기적 유전자」에서 역설하고 있는 것처럼, 모든 생명체의 존재 목적은 어쩌면 유전자의 보존과 번식일지도 모른다. 자기 자식에게 많은 유산을 남기고자 하는 행위도 이러한 의식의 방증일 것이다.

어쨌든 김용옥이 설명하고 있는 것처럼, 농경문화권에서 매장이란 내 자손을 통해 상징적으로나마 영생을 획득할 수 있는 방법이다. 나의 몸은 농작물의 양분으로 흡수되고, 그 농작물은 내 자손의

뱃속으로 들어가니, 나는 자손을 통해 다시 사는 셈인 것이다.

하지만 에스키모 사회에서 그런 순환을 통한 영생은 불가능하다. 농작물이 잘 자라지 않으니, 방법을 달리 할 수밖에 없다. 그래서 백곰이라는 대상을 택하게 되는 것이다. 그리고 일정한 곳에 거처하지 않는 집단으로서는 그마저도 택할 수 없기 때문에, 까마귀로 상징되는 존재를 통해 동일한 방식의 영생을 얻고자 하는 것이다.

'식인종'처럼 이른바 '고려장'이라는 관습에도, 일견 잔인해 보이는 외관의 이면에는 숭고하고 아름다운 정신이 숨어 있는 것이다. 문화가 시대와 환경의 요구에 대한 인간의 반응이라는 점에서 보면, 이는 당연한 것이기도 하다.

3. 문화를 바라보는 극단적 견해들

여태까지의 논의에서 문화에 대한 두 가지 견해가 어렴풋이나마 드러났으리라고 생각한다. 인디언과 '식인종'을 야만적인 존재로 묘사한 서구인들은 오직 자신의 문화만이 보편타당하다는 문화 절대주의적 시각을 가지고 있었다. 서구 문화 이외의 모든 것들은 덜 발전된 야만적인 것에 불과하며, 따라서 서구적인 것을 본받고 따라야 한다는 것이다.

사실, 우리는 누구나 일정 부분 이런 태도를 가질 수밖에 없다. 고대 중국의 철학자인 장자에 따르면, 시(是)는 원래 '옳을 시'가 아니라 '이것 시'이다. '옳고 그름'을 뜻하는 시비(是非)라는 말은 원래 시피(是彼)로부터 파생된 것이다. '시(是)'는 원래 '그름(非)의 반대

개념인 옳음'을 의미하는 것이 아니라 '저것(彼)의 반대 개념인 이 것'이라는 말이다.

　장자에 따르면 사람은 누구나 자기에게 가까운 입장을 옳은 것으로 여기고, 자신과 멀리 떨어져 있는 대상(彼)의 입장을 그른 것으로 여긴다. 인간에게 공평무사하고 보편타당한 시각이란 애초부터 불가능하며, 인간은 좁은 소견을 가질 수밖에 없는 존재에 불과하다는 것이다.

　물론 서구인들만이 이러한 인간존재의 기본적 굴레에서 벗어나지 못했다고 생각해서는 곤란하다. 문화 간의 충돌 및 갈등 상황에서 근대 이후 그들이 힘을 가진 가해자의 입장에 서 있었기 때문에 그들의 이러한 모습이 부각된 것일 뿐이다. 과거 중국인들도 자신의 문화권에 사는 사람들을 제외한 나머지 모두를 오랑캐로 간주했고, 반청복명을 부르짖던 조선시대의 사대부들도 스스로를 소중화(小中華)로 자처한 것은 너무나 유명한 이야기 아니던가?

　인간들 스스로가 조금이나마 이러한 편견에서 벗어날 수 있었던 계기는 바로 문화 간의 교류가 활발해지고 다양한 문화를 접할 수 있는 기회가 많아졌다는 사실이었다. 더불어 그 문화 현상 이면의 논리를 연구하는 문화인류학의 발달 또한 커다란 기여를 했다.

　외눈박이 나라에 사는 사람은 스스로를 정상으로 생각하기 마련이다. 다른 곳에서 온 두 눈의 사람을 만나면 그 사람이 비정상이라 여긴다. 그러나 다른 지역 사람들과의 교류가 점차로 잦아지는데, 다른 지역의 사람들이 모두 두 눈 혹은 세 눈을 가지고 있다면 그때서야 비로소 자신만이 정상이라는 아집을 버리고 스스로를 대상화시켜 반성적으로 바라볼 줄 알게 된다.

이는 문화의 영역에서도 마찬가지이다. 모든 문화권의 사람들은 중국인들이나 서구인들처럼 스스로의 영역만을 고집하면서, 자신과 다른 존재를 모두 비정상으로 여기며 살아가기 마련이다. 하지만 다양한 문화와의 만남이 이루어지고, 자신의 문화가 보편적이 아님을 깨닫게 되면 스스로에 대한 반성과 타 문화에 대한 수용의 준비를 하게 된다.

이렇게 문화 절대주의에 대한 반성을 통해 등장한 것이 바로 문화 상대주의이다. 문화 상대주의에 따르면 모든 문화에는 나름의 근거가 존재한다. 식인 풍습이나 고려장의 예에서 살펴본 것처럼 말이다. 다른 분야에서도 그렇듯이, 문화 상대주의자들은 절대주의의 폭력성을 비판하면서, 각 문화의 고유성과 다양성을 인정해야 한다고 주장한다.

일반적 견해에 따르면, 이러한 문화 상대주의는 관용의 사상이다. 타 문화에 대해 강압적일 수밖에 없는 보편주의를 거부하고 다양성을 인정하자고 주장하니 그렇게 받아들여지는 것 또한 당연해 보인다.

하지만 어쩌면 인간 사회의 모든 요소는 변증법적으로 발전할 수밖에 없는지도 모른다. 문화 절대주의에 대한 안티테제로 등장한 문화 상대주의 또한 또 다른 극단적 사상에 불과한 것이다.

그 이유를 살펴보기 전에, 문화라고 하는 영역의 특성과 발전 과정에 대해 살펴보고 지나가기로 하자.

4. 인간과 문화

1) 문화의 의미

문화란 무엇일까? 우리 모두는 이 말을 아무런 거리낌 없이 사용하지만, 정작 그 정확한 의미를 규정할 수 있는 사람은 거의 없다. 문화에 대해 어떤 태도를 가지는 것이 바람직한지 살펴보기 전에, 문화란 무엇이며 어떤 특성을 가지고 있는지를 살펴볼 필요가 있을 듯하다. 잠시 돌아가기로 제안한 것은 바로 이런 이유에서이다.

문화에 해당하는 영어 단어인 'culture'는 원래 '경작하다', 혹은 '신체를 훈련하다'라는 말에서 파생되어 나왔다. 어원적으로 보면 자연적인 것에 어떤 작용을 가하여 이루어놓은 성취물을 일컫는 것이다. 한자의 문화(文化)는 그야말로 '문(文)'이라는 특성을 가지게 되는 것이다. 우리가 흔히 '글월 문'이라고 풀이하는 이 한자의 원래 의미는 '무늬'라는 뜻이다. 자연 그대로의 원재료를 가공하여 꾸미는 것을 '문(文)'이라고 표현한 것이다.

『논어(論語)』에서 공자는 이상적인 인간상을 일컫는 말로 "무늬와 바탕이 조화를 이룬 상태(文質彬彬)"라는 말을 사용한다. 인간성은 좋지만 예의범절을 몰라 다른 사회적 인간관계를 잘 유지해 나가지 못한다면, 그것은 "바탕만 훌륭하고 무늬는 그렇지 못한 투박한(質勝文則朴)" 상태이다. 반대로 인간적인 바탕은 전혀 없으면서 사교 기술만을 익힌 사람은 "꾸미는 데만 힘쓰고 바탕은 부족하여 추진력이 없는(文勝質則史)" 상태이다.

공자의 이러한 말을 통해 우리는 문화가 기본적으로 무엇을 의미하는지에 대한 시사점을 얻을 수 있을 뿐 아니라, 문화의 발전이 어떤 방향을 지향해야 하는지에 대한 암시도 얻을 수 있다. 후자에 대해서는 다음에 다시 언급할 기회가 있을 것이다.

어쨌든 문화란 무언가를 꾸미고 축적하여 자연 상태로부터 더 나은 상태로 변형시킨 결과물을 일컫는다. 그리고 이 문화란 인간과 동물을 구분하는 기준이자, 인간만이 이성과 언어를 가지고 있음을 방증하는 증거이기도 하다.

2) 문화와 언어, 그리고 이성

인간과 동물의 차이로 흔히 인간만이 이성을 가지고 있다고 말한다. 하지만 그것을 입증할 수 있는 방법은 없다. 인간의 두뇌를 해부한다고 해서 이성 자체나 이성을 관장하는 기관이 나오는 것도 아니다.

사실 역사적, 경험적으로 더욱 확실한 인간의 특징은 전혀 다른 곳에 있다. 인간은 동족을 대량으로 살해하는 유일한 동물이고, 필요 이상으로 사냥하고 채집하여 축적하는 탐욕스러운 존재이며, 시도 때도 없이 생식 활동을 전개할 수 있는 생물이기도 하다. 하지만 이러한 특징들은 분명 자부심의 대상이 될 수는 없을 듯하다. 그렇다면 문화의 존재가 어떻게 인간이 이성과 언어를 사용하는 존재라는 증거가 된다는 말인가?

먼저 인간만이 문화를 소유한 유일한 존재인가 하는 물음부터 시작해 보기로 하자. 이에 대해 반론을 제기하는 사람들은 비버와 같은 존재를 반례로 들 수 있을 것이다. 그러나 비버가 댐을 쌓는 방식은 수백 년 전이나 지금이나 다를 바가 없다. 그것을 문화의 특징인, 지혜의 축적에 의해 시대와 환경의 요구에 따라 삶의 양상을 변화시키는 모습이라고 간주할 수는 없는 것이다. 비버가 댐을 쌓는 행위는 오직 한 방향으로만 진행되는 본능적 행위에 불과하다.

문화의 발전은 인간만이 언어를 사용한다는 증거이기도 하다. 물론 동물들도 단편적 음성 신호를 통해 의사 전달을 할 수 있을지 모른다. 하지만 지혜를 축적하여 환경의 요구에 대응할 수 있는 수단을 창출해 내는 기능을 할 수 있을 정도의 언어를 사용하는 존재는 없다고 단정적으로 말할 수 있다. 그런 존재가 있었다면 축적된 지혜를 통해 삶의 방식을 변화시키는, 다시 말해서 자연 상태의 본능에서 벗어난 나름의 문화를 소유하는 모습을 보였어야 하는 것이다.

그리고 이러한 언어의 사용이야말로 인간만이 이성을 소유하고 있다고 주장할 수 있는 근거가 된다. 사실 '언어'와 '이성', '논리'라는 개념은 동일한 어원을 가지고 있다. 『신약성경』의 「요한복음」 1장 1절에서 "태초에 말씀이 있었다."라고 할 때, '말씀'에 해당하는 단어는 바로 'logos'이며, 이것이 바로 세 가지 개념의 어원인 것이다.

언어의 발달은 이성적 사고의 범위가 확장됨을 의미한다. 다양한 언어를 사용하는 사람은 그렇지 않은 사람에 비해 훨씬 풍부한 상상력과 창의력을 가진다는 것은 주지의 사실이다. 그리고 이는 문화의 발달을 의미하기도 한다.

의견의 차이가 있기는 하지만, 흔히 인류의 4대 발명으로 화약, 나침반, 종이, 인쇄술을 꼽는다. 여기에서 주목할 만한 점은 네 가지 가운데 두 가지가 언어와 관련된 것이라는 사실이다. 언어와 문화 사이의 긴밀한 관계를 엿볼 수 있게 하는 대목이다.

언어생활의 발전은 문화의 발전으로 이어진다. 인류의 4대 발명품 가운데 종이와 인쇄술의 발달은 인간 문화의 비약적 발전을 이끌어낸 계기가 되었다. 두 가지 발명품의 의미는 구술 시대의 지식 전승 방법을 살펴보면 쉽게 알 수 있다.

인류 최초의 문학작품은 무엇인가? 서양에서는 호머의 『일리아스』와 『오디세이아』를 꼽고, 동양에서는 『시경』을 꼽는다. 그렇다면 동서양 최초의 문학작품들의 공통점은 무엇인가? 그것은 바로 그 작품들이 모두 시(詩)라는 사실이다.

호머의 작품들이 서사시라는 사실은 중고등학교 수업 시간을 통해 독자 여러분도 모두 배웠을 것이다. 하지만 막상 호머의 작품을 읽어보면, "이게 무슨 시야?"라는 생각을 하지 않을 수 없게 된다. "그래서 그것을 서사시라고 부르잖아."라는 대답으로는 충분하지 않다. 도무지 납득이 되지 않는다. 그나마 『시경』의 작품들은 시 비슷한 형태라도 갖추고 있지만 말이다.

수수께끼의 열쇠는 그것들이 노래의 가사였다는 사실에 있다. 그리고 그것을 노래로 불렀다는 것은 당시에 문자가 존재하지 않았음을 의미한다. 문자가 존재하지 않았던 시기에, 지혜를 축적하여 전승하는 인간의 특성을 가장 잘 발휘할 수 있는 방법은 바로 전달하려는 지식의 내용을 노래로 부르는 것이었다.

학부 시절 교수님 한 분이 『주역』의 64괘를 외워 오라는 숙제를 내준 적이 있다. 64개밖에 되지 않으니 쉬울 것이라는 생각과 달리 좀처럼 외워지지 않았다. 친구와 함께 이 방법, 저 방법 궁리하다가 생각해 낸 방법이 음악에 맞추어 노래 가사로 부르는 것이었다. 친구는 신승훈의 〈보이지 않는 사랑〉에 맞추어 외웠고, 나는 영화 〈소오강호〉의 주제가에 맞추어 외움으로써 성공했던 기억이 있다.

우리나라의 한문 교육기관 가운데에는 여전히 전통적 방식을 고수하는 곳이 몇 군데 있다. 그 가운데 나의 많은 동료들이 거쳐온 '지곡서당'이라는 곳이 있다. 그곳의 과정을 수료하기 위해서는 선생님 앞에서 사서를 암송해야만 한다. 『논어』는 그렇다 쳐도, 『맹자』는 암송하는 데에만 꼬박 하루 이상이 걸린다. 그 많은 내용을 어떻게 외운단 말인가?

역시 방법은 하나밖에 없다. 노래로 부르는 것이다. 옛날 선비나 승려들이 경전을 암송할 때 언제나 운율에 맞추었던 것도 같은 이유에서이다. 노래로 부르지 않는다면 〈한국을 빛낸 100명의 위인들〉처럼 긴 가사를 외운다는 것이 얼마나 어려운 일이겠는가?

문자의 개발로 문화의 발달에 획기적인 진전이 있었음은 말할 나위가 없다. 굳이 노래로 부르지 않더라도 정보와 지식을 전달하려는 욕구를 충족시킬 수 있게 된 것이다. 그러나 여전히 뚜렷한 한계가 존재했다. 문자를 전달하기 위한 적절한 도구가 필요했던 것이다.

초기에는 물론 아무 곳에나 닥치는 대로 글을 썼겠지만, 점차 더욱 편리한 도구를 고안해 나가게 되었다. 종이가 발명되고 사용되기 이전에 서양에서는 가죽을, 동양에서는 대나무 조각을 사용하였다.

책(册)이라는 글자는 대나무 조각 두 개를 엮어놓은 형상의 상형문자인 것이다.

하지만 그 한계는 분명했다. 대나무로 만든 종이인 죽간(竹簡) 하나에 몇 글자나 쓸 수 있을 것 같은가? 물론 볼펜과 같이 현대적이고 편리한 필기구는 상상도 할 수 없다. 엄청 두꺼운 붓으로 죽간에 기록하는 것도 오직 특권층에게나 가능한 일이었을 것이다. 그런 상황에서 죽간에 편지 한 통을 쓴다면, 그 분량과 무게는 어마어마할 것이다.

"남아수독오거서(男兒須讀五車書)"라는 말이 있다. 대장부는 모름지기 다섯 수레 분량의 책을 읽어야 한다는 말이다. 남녀평등의 시대가 되었으니, "지식인을 자처하려는 사람은 모름지기 다섯 수레 분량의 책을 읽어야 한다."로 옮기는 것이 더 마땅할 것이다. 독자 여러분은 이 말 앞에 부끄럽지 않은가? 아마 부끄러움을 느끼지 않을 수 있는 사람은 거의 없을 것이다.

그러나 실망하거나 부끄러워할 필요는 전혀 없다. 죽간에 글을 써서 책으로 만들어야 했던 당시의 상황을 고려해 볼 때, 다섯 수레 분량의 책이라고 해보았자, 현대적인 방식으로 재구성하면 소설책 한 권도 되지 않는 것이다. 당시에 지식을 접하고, 그것을 축적한다는 것은 그만큼 어려운 일이었다.

종이와 인쇄술의 발명이 문화의 발전에 얼마나 커다란 영향을 미쳤는지는 굳이 상세히 설명할 필요가 없을 것이다. 다만 여기에서 한 가지 지적하고 넘어갈 것은, 문화의 발전에 획기적 전기가 된 이 두 가지가 모두 동양에서 발명되었다는 사실이다.

3) 동양과 서양

현대와 같은 교류는 없었지만, 근대 이전, 정확히 말해서 과학혁명과 산업혁명 이전까지 세계 문화의 헤게모니가 동양에 있었음은 의심의 여지가 없다. 동양은 서양인들에게 선망의 땅이었고, 서양에서 항해술이 발전하고 신대륙을 발견하게 된 것도 결국은 동양에 대한 동경에서 비롯된 것이었다.

그러나 인쇄술의 발전으로 가능해진 지식의 무한한 확장으로 얻은 힘을 서양이 자연의 정복에 집중하게 되면서 상황은 바뀌게 된다. 이전에도 그랬거니와, 서양에 의해 정복당할 때까지도 동양 문화의 주된 관심사는 주로 윤리적이고 종교적인 것이었다. 이는 자연과 인간을 하나의 유기체로 보는 사상에 기인한 바 크다.

반면 자연과 인간을 이원적으로 간주해 온 서양에서는 자연을 인간의 도구이자 정복의 대상으로 간주하였다. 그러나 문화적 성과가 미진하여 과학의 발전은 동양에 비해 더딜 수밖에 없었다. 그러던 중 동양에서 문화 발전의 도구와 지식이 전파되면서 과학이 폭발적으로 발전하는 전기를 맞이하게 된다. 그것이 바로 과학혁명과 산업혁명이다.

기계문명의 발전을 통해 정복의 능력을 기른 서양인들은 단순히 자연을 정복하는 데 그치지 않았다. 다른 대륙의 인간들까지 그들이 정복해야 할 대상으로 삼은 것이었다. 아메리카와 아프리카는 물론, 아시아까지도 그들의 정복 욕구에서 자유로울 수 없었다.

그들은 힘을 문화 발전의 척도로 여겼다. 서양인들은 세계를 정복한 자신들의 문화가 보편 문화로서의 당위성을 가지고 있다고 확신했다. 그들은 다른 문화권의 구성원들을 자신들이 개화시켜 주어야 할 미개한 존재로 여겼다. 아메리카와 아프리카 대륙에서 소중한 인류의 역사적 유산을 파괴하고 그곳의 성원들을 학살하고 착취하면서도 전혀 죄책감을 느낄 필요가 없었다. 그것이 역사의 당위라고 생각한 것이다.

그러나 인간 문화의 척도가 약자에 대한 강자의 지배 여부에 의해 평가될 수 있다면, 인간 사회는 약육강식의 정글과 전혀 다를 바 없다. 강한 힘을 가지고 정복을 추구하는 문화와 힘은 약하더라도 평화와 공존을 추구하는 문화 가운데 어느 쪽이 더 바람직한 것인가에 대해서 인간들은 스스로에게 반문해야 할 때이다.

또한 상상을 초월하는 과학 기술의 발전이 과연 인류의 행복에 어느 정도나 기여해 왔고, 또 앞으로도 그러할 것인지에 대한 반성도 필요하다. 구술문화에서 문자문화로의 발전은 지식의 구체성이 약해지고 추상화가 진행되는 과정을 수반할 수밖에 없게 되었다. 이후 진행된 기술문명의 발전이 과연 무엇을 위한 것이었는가에 대해서는 반성이 계속 진행 중이다.

엄청난 풍요와 현대식의 편리한 시설 속에서도 정신적인 소외로부터 자유롭지 못한 서구인들이 다른 문화권의 정신세계를 배우고자 노력하는 현실은 인류 문화가 나아가야 할 방향을 어렴풋이나마 암시한다.

공자가 완성된 인간상을 "바탕과 무늬의 조화"라고 표현한 것처럼, 가장 이상적인 문화는 자연에 대한 일방적인 정복을 의미하는 것일 수는 없다. 동물과 달리 본능적 삶에서 벗어나 축적된 지혜를 통해 나름의 목표를 추구하는 것이 인간의 특징이기는 하지만, 그 역시 자연의 피조물이며 자연 속에서 자연과 더불어 살아가야 하는 존재이다. 자연과 동떨어져, 자연을 오직 정복의 대상이자 도구로만 간주하는 문화가 바람직한 문화일 수는 없는 것이다.

나아가 한 집단의 인간이 다른 집단을 정복하는 것은 더더욱 바람직한 문화의 모습이 아니다. 문화의 발전이 인류의 행복을 위한 것이라면, 그리고 인류의 행복을 위해 서로 다른 집단이 평화롭게 공존하고 소통하는 것이 필요하다면, 좀 더 강한 힘을 가지기 위해 경쟁하기보다는 어떻게 하면 서로를 인정하는 가운데 상생할 수 있을지를 고민할 필요가 있는 것이다.

4) 라다크와 동막골, 그리고 미얀마

내가 가장 감명 깊게 읽은 책 중의 하나는 라다크인들의 어제와 오늘을 그린 『오래된 미래』이다. 그리고 〈웰컴 투 동막골〉이라는 영화에서 그와 유사한 사회의 모습을 보았고, 미얀마라는 나라에서 머무는 동안 그러한 사회를 직접 목격하고 경험했다. 이 세 가지 가운데 독자 여러분에게 가장 익숙한 것은 영화일 것이니, 동막골을 소재로 이야기를 진행해 보도록 하자.

동막골은 이른바 '문명' 세계와 동떨어져 있다. 그들에게 자동차나 핸드폰이란 다른 세상의 이야기일 뿐이다. 그들의 삶은 풍요롭지도 못하다. 감자와 옥수수가 그들이 의존해 겨울을 나야 하는 주식이다.

그들의 생활환경은 서구적 삶을 영위하는 도시인의 눈으로 보면 위생적이지도 못하다. 영화 속에서는 그나마 아름답게 표현된 셈이다. 과거 나의 제자 가운데 한 학생이, "선생님, 저도 『오래된 미래』는 너무나 감동적으로 읽었는데요, TV에서 라다크의 모습을 실제로 보니 확 깨던데요? 이건 아니다 싶었어요."라고 말하는 것을 들은 적이 있다.

영화 속의 동막골을 꿈꾸는 사람들에게, 실제 동막골과 같은 곳에서 몇 달 생활하라고 하면 아마도 죽을 맛일 것이다. TV나 인터넷, 게임 등과 같이 현대인의 삶을 지배하고 있는 대다수의 편의시설은 존재하지 않는다. 하루에 한두 번씩 샤워를 한다는 것도 꿈속의 이야기일 뿐이다.

아마 현대의 도시인, 그 가운데에서도 우아한 여성들에게 가장 참기 힘든 것은 화장실 문제일 것이다. 그런 마을의 화장실은 그야말로 너무나 자연 친화적이다. 나는 어렸을 때 고향에서 이미 그런 형태의 화장실을 경험한 바 있다. 그 중 하나는 커다란 항아리 형태의 그릇을 묻고, 그 위에 발판을 설치하여 인분을 모아 비료로 사용하는, 이른바 전형적인 '푸세식' 화장실의 전신이었다.

다른 하나는 그보다 좀 더 '선진화된' 시스템을 갖추고 있었다. 화장실은 매우 넓었다. 서너 평 크기는 될 듯했다. 한쪽 구석에는 아궁이에서 나온 재가 가득 쌓여 있었고, 삽이 하나 꽂혀 있다. 반대편 구석에는 벽돌 두 개가 놓여 있었다. 그것이 발판인 것이다. 그곳에서 일을 보고 나면, 삽으로 재를 위에 덮은 후, 그것을 한꺼번에 퍼서 나머지 한쪽 구석으로 던져놓는다. 그렇게 해서 천연 비료로 사용하는 것이다.

스마트폰을 사용하고, 위성 TV를 시청하며, 향기마저 나는 정갈한 수세식 화장실을 사용하는 도시인들의 삶은 그들의 그것보다 진보된 것이고, 동막골 사람들의 삶은 더 미개하고 낙후된 것일까? 『오래된 미래』의 저자처럼, 내 대답도 "No!"이다.

먼저, 문명의 중요한 특징인 지혜의 축적과 활용이라는 측면에서 보면 서구의 도시 생활로 대표되는 문화가 라다크나 동막골, 미얀마의 그것보다 분명히 앞서 있지만, 어느 쪽이 문화의 최종 목적인 그 구성원과 인류의 행복에 기여하는가를 기준으로 본다면 후자 쪽이 월등히 우월하다.

영화에서도 알 수 있지만, 서구형 도시인들의 삶은 오직 경쟁의 연속이다. 경쟁에서 도태되면 자신뿐 아니라 가족까지도 불행의 나락으로 떨어질 수밖에 없다. 살아남기 위해서는 남보다 앞서야 하고, 남을 짓밟아야 한다. 이는 유치원 시절부터 최고 교육기관에 이르기까지의 교육에도 철저히 반영되어 있다. 삶의 현장은 또 다른 정글이며, 삶은 긴장과 스트레스의 연속이다.

이런 긴장과 스트레스 해소의 방법은 그야말로 더 강렬한 충격요법을 가하는 것이다. 폭탄주를 마시고, 온라인 게임에 탐닉한다. 그것이 휴식이자 재충전이라는 생각은 환상에 불과하다. 그러한 충격요법은 중독성을 가질 뿐 아니라, 엄청난 부작용을 수반한다.

도시인들은 동막골과 같은 곳에 가면 너무나 따분하고 지루하겠지만, 이는 어디까지나 그들의 이야기일 뿐이다. 사실 어느 정도 나이를 먹은 사람들이라면 어릴 때 동막골 어린이들이 할 법한 놀이들을 경험해 본 바 있을 것이다. 자치기, 망까기, 말타기, 오징어 등등 말이다.

그 놀이는 자연 외에는 아무 준비물이 필요 없는 자족적 성격을 가진다. 중독성도 없을 뿐더러, 스트레스는커녕 운동을 겸하고 있어 재미와 상쾌함을 동시에 가져다준다. 나는 대학 때까지도 추억에 젖어 친구들과 한강변에 나가 그 놀이들을 했던 경험이 있다. 너무나 즐겁고 유쾌했지만, 도시의 아이들에게 잘 맞는 놀이는 아닌 듯하다.

라다크와 동막골, 그리고 미얀마의 중요한 공통점 가운데 하나는 여유로운 삶이다. 미얀마의 시골 마을에서 생활할 때, 그곳 사람들의 한 달 평균 수입은 우리 돈으로 3~4만 원 가량이었다. 그런데 콜라나 과자의 값은 우리나라와 다를 바 없었다. 그들은 그것을 먹을 생각조차 하지 않는다. 물론 그것을 먹는 사람들이 옆에 존재한다는 사실이 그들에게 상대적 박탈감을 줄 수 있을지 모르지만, 당시 내가 목격한 바로는 그들은 그에 대해 크게 신경 쓰지 않았다. 자신과는 무관한 이야기라고 생각하는 듯했다.

사실 콜라나 과자, 피자나 햄버거가 우리의 행복 증진에 기여하는가? 내가 보기에 그것은 일종의 마약과 다름없다. 그것이 없어도 살아가는 데 아무 지장이 없을 뿐 아니라, 그것이 존재하고 그것을 소비함으로써 삶이 왜곡되기도 한다. 그것은 충치와 비만의 원인에 불과함을 굳이 자세히 설명할 필요는 없다. "그것이 쾌락을 주지 않는가?"라고 항변하지 말라. 마약이나 담배도 못지않은 쾌락을 주니 말이다.

어쨌든 그 적은 수입으로 생활하면서도 행복지수나 삶의 만족도는 우리나라 사람들보다 훨씬 높았다. 노동 시간은 훨씬 짧았고, 여가는 훨씬 길었다. 라다크인들이 그러하듯이 그들도 전체 생활의 절반 이상을 놀이와 오락으로 보낸다. 물론 오락의 성격도 내가 추억 속에 간직한 그것들과 유사하다.

공동체 내에서의 복지제도도 거의 완벽했다. 내가 머물던 미얀마 마을에는 골프장이 있었는데, 그 마을 사람들 대다수는 그 골프장과 관련해서 생활을 영위했다. 매 홀마다 한 집씩 배당되어 있어서, 그 홀을 관리하는 것으로 월급을 받았다. 그런데 홀을 관리하는 일이라고 해봐야 하루에 4~5시간이면 끝나는 것이었다. 나머지 시간은 그야말로 여가였다.

그루터기 나무를 자르거나, 쓸모없는 커다란 돌덩이를 옮기는 등의 일도 중요한 노동 가운데 하나였다. 처음에 이해할 수 없었던 것은 전기톱을 사용하면 5분이면 될 것을, 두 사람이 손으로 하루 종일 자르던 모습이었다.

물론 인건비가 너무 싸기 때문에 전기톱을 구입하는 것보다 그것이 더 싸게 먹힌다거나, 그것이야말로 노동 착취의 전형적 모습이라는 식의 비판도 가능할 것이다. 그러나 전체적으로 내게 다가온 인상은 그것이 일자리를 나누어 함께 살아가기 위한 지혜라는 것이었다. 효율성의 측면에서 보면 미련한 짓일 수도 있겠지만, 전기톱을 사용할 경우 한 사람의 일거리도 안 되는 것을 손으로 톱질함으로써, 적은 수입이나마 열 명 이상이 나눌 수 있는 것이다.

신체적으로 약점을 가진 사람들도 전혀 소외되거나 주눅 드는 일이 없었다. 다리 하나가 없는 중년 남성이 있었는데, 마을에서는 그에게 특정 구역을 청소하는 역할을 맡겼다. 그는 매일 정말 효율성이 떨어져 보이는 듬성듬성한 싸리비로 비질을 하곤 했는데, 그 역시 다른 사람들과 마찬가지로 하루 최장 4~5시간의 노동으로 생계를 보장받을 수 있었다.

게다가 그들의 삶은 자연 친화적이며 자족적이다. 향기 나는 수세식 화장실을 이용하기 위해서는 엄청난 자연의 훼손이 불가피하다. 한 사람이 소변을 한 번 보기 위해 수십 리터의 물을 사용해야 하고, 그 물을 정화하기 위해 또 다른 에너지를 사용해야 한다.

그러나 라다크나 동막골, 그리고 미얀마와 같은 사회의 대다수가 사용하고 있는, 내가 경험한 것과 같은 화장실은 자연 오염은커녕, 자연 친화적인 방법임은 굳이 설명할 필요가 없을 것이다.

여기에서 한 가지 확인하고 넘어갈 것이 있다. 그런 방법을 인구가 집중된 도시에서 사용할 수는 없다고 항변할 사람이 있을 것이기 때문이다. 이와 관련해서 내가 말하고자 하는 바는 두 가지이다.

하나는 우리의 주제가 불가피성 여부를 논하는 것이 아니라, 문화에 대한 반성적 고찰을 하는 것이라는 점이다. 이 주제와 관련해서 본다면, 최소한 서구의 도시 문화가 내가 말하고 있는 곳들의 그것보다 우월하고, 그들이 미개한 생활을 하고 있다고 말해서는 안 된다. 동양과 서양의 경우처럼, 지배력과 같은 힘의 측면에서는 전자가 우위에 있을지 모르지만, 인간 사회가 정글이 아닌 이상 그것이 우월성의 기준은 아닌 것이다.

다른 하나는, 『오래된 미래』의 저자가 호소하고자 하는 것처럼, 서구식 문화의 발전 과정에서 과연 그러한 측면을 반성해 보기나 했는가 하는 점이다. 인구가 증가하고 도시화가 진행된다면, 현대 서구의 자본주의적 삶의 방식이 필연적인가 하는 점에 대해서는 반성의 여지가 충분한 것이다. 현대 서구 문명은, 다른 모든 문명의 충고를 무시하면서, 뒤돌아보지 않고 오직 자신의 길을 고집해 왔던 것이다.

서구화와 세계화는 인간 집단의 상호 의존과 종속을 심화시켜 왔다. 서울에서 직장 생활을 하는 사람들은 미국의 금융 위기나 칠레의 이상 기후로 인해 생활에 어려움을 겪게 되기도 한다. 하지만 개발 이전의 라다크나 동막골, 미얀마의 전통 마을 사람들에게 그런 일은 상상도 할 수 없다. 이런 전통 집단은 대체로 지역 공동체에서 생산된 것에 의지해 삶을 영위하기 때문이다. 그리고 서구의 일부 국가에서는 이를 본받기 위해 노력하고 있기도 하다.

우리의 주제와 상관없을지 모르지만, 한 가지 짚고 넘어가고 싶은 사실이 있다. 『오래된 미래』는 너무나 감동적이고 교육적인 책이었지만, 그 가운데에서 내게 가장 큰 영향을 준 것은 바로 교육과 관련된 내용이었다.

현대의 서구식 교육기관에서는 삶과 전혀 동떨어진 것을 배운다. 가방끈이 긴 나는 30년 이상을 학교에 다녔지만, 내가 학교에서 배운 내용 가운데 내가 삶에서 직접 유용하게 사용할 수 있는 내용이 몇 퍼센트나 되는지는 의문이다.

더 중요한 것은 대규모 교육의 문제점이다. 우리나라만 보더라도 아이들은 유치원부터 대학 졸업 때까지 동년배들과 끊임없는 경쟁을 이어간다. 물론 경쟁은 여기서 끝나는 것이 아니라 사회에서 은퇴할 때까지 계속된다.

하지만 소규모 공동체의 경우는 상황이 전혀 다르다. 시골 마을의 작은 학교를 생각해 보라. 전교생이 수십 명에 불과한 초등학교에서 전교 1등이 과연 무슨 의미가 있겠는가? 한 학년이라고 해봤자 열 명도 안 되는데 말이다.

그렇게 작은 공동체에서 배우게 되는 것은 경쟁이 아니라 협력과 배려이다. 이는 작은 규모의 공동체에서는 너무나 자연스러운 현상이다. 나는 현재 촌마을에 살고 있는데, 마을의 놀이터에 나가면 초등학교에 입학하기 전의 아이들부터 고등학생에 이르는 폭넓은 연령의 아이들이 어울려 노는 모습을 쉽게 발견할 수 있다.

촌에서 성장한 사람들에게 이런 모습은 전혀 낯설지 않을 것이다. 내 고향 마을에서도 축구 한 게임 하려면 초등학생부터 고등학생까지 모두 섞여야만 가능했다. 그런 집단에서 형이나 누나는 자연스럽게 동생들을 돌보고 이끌며, 동생들은 그들로부터 모든 것을 배운다.

형이나 누나보다 무언가를 잘 못한다고 해서 부끄러운 일도 아니고, 동생들보다 뭔가를 잘한다고 해서 내세울 일도 아니다. 동생들이 실수를 하면 형이나 누나가 연대 책임을 지는 일이 흔하며, 따라서 경쟁보다는 배려와 협동의 정신을 배우게 되는 것이다.

내가 도시에서 촌으로 옮겼을 때, 그리고 촌에 살고 있는 지금도 많은 사람들이 내게 묻는다. 아이들의 교육은 어떻게 할 생각이냐고 말이다. 촌에는 교육기관이 없다거나, 촌에서는 교육이 불가능하다고 생각해서 하는 말은 아닐 것이다.

나는 그들에게 "나는 우리 아이들이 경쟁에서 승리하기보다는 행복한 삶을 살기 바란다."라고 대답한다. 도시인들에게는 경쟁의 승리가 곧 행복이라고 생각될지 모르지만, 라다크나 동막골, 그리고 미얀마의 경우에서처럼 행복은 경쟁과 무관하다. 나는 전혀 다른 삶의 패러다임을 말하고 있을 뿐이다.

다시 한 번 말하지만, 도시에서는 그런 교육이 불가능하다고 말하는 것은 논의의 초점을 벗어나는 것이다. 나는 도시의 삶과 교육만이 정상적이고, 나머지의 삶이 그보다 열등하다고 말해서는 안 된다는 점을 강조하고 싶을 뿐이다.

정도의 차이는 있을지 모르지만, 우리나라의 경우도 도시에서 벗어나면 다른 패러다임의 삶으로 들어서게 된다. 교육의 경우에서 볼수 있듯이 말이다. 상징적이기는 하지만 나는 이런 말을 하곤 한다. "우리 아이들이 시골 분교의 선생님이나 면서기의 삶을 사는 것도 좋겠다."라고 말이다.

왜 내가 아이들의 삶을 결정하냐고, 왜 그들에게 선택권을 주지 않느냐고 묻고 싶다면, 당신 스스로가 독단적임을 반성해야 한다. 서구인들처럼 당신도 현대 서구식 도시 생활만이 정상적이라고 생각하고 있기 때문이다. 만약 그렇지 않다면 당신은 왜 내가 아이들에게 부여하고자 하는 삶에 대해 당신의 자녀들에게 선택권을 주지 않는가? 얻는 것이 있으면 반드시 대가를 치러야 함을 잊어서는 안 된다.

"무늬와 바탕이 조화를 이룬 상태(文質彬彬)"라는 공자의 이상적 삶에 비추어 본다면, 내가 보기에 현대의 서구적 도시 문화는 무늬만이 너무나 지나치게 강조되는 사회이다. 그렇다고 해서 라다크나 동막골, 미얀마의 삶이 이상적이라고 주장하고 싶은 마음은 전혀 없다. 어쩌면 그곳들의 삶은 반대쪽에 치우쳐 있을지도 모른다. 나는 다만, 누차 강조했듯이, 전자가 정상적이며 더 우월한 삶이라는 착각과 편견에서 벗어나야 함을 강조하고 싶을 뿐이다.

5. 나는 왜 문화를 말하는가?

1) 다양한 층차의 문화와 그 갈등

내가 여기에서 문화를 논하는 이유는 엘리트라면 반드시 가져야 할 지식을 전하기 위해 거대 담론을 펼치고자 함이 아니다. 문화는 더 작은 차원에서도 얼마든지 논의될 수 있고, 또 그래야 한다.

우리나라는 크게 보면 동북아시아 문화권에 속하지만, 우리나라 안에서도 문화는 얼마든지 세분화될 수 있다. 서울/경기 지방과 강원 지방이나 제주 지방의 문화에는 커다란 차이가 있을 수밖에 없다.

그리고 그 안에서도 다시 세분화된 문화가 존재할 수 있다. 각 학교에는 나름대로의 전통이 있고, 모든 집안 역시 나름의 전통과 가훈이 있다. 그리고 세대에 따라서도 문화에는 극명한 차이가 존재한다.

이런 것들을 관습이라는 개념 하에 묶을 수 있다면, 개인에게는 습관이라는 형태로 개인 나름의 문화가 존재한다. 따라서 문화에 대해 논하는 것이 우리의 구체적 삶과 유리된 거대담론의 차원에 그치는 것은 아니다. 그것은 개개인, 각 가정, 소규모 집단 등의 구체적 삶과 밀접한 연관을 맺고 있는 것이다.

내가 여기에서 말하고자 하는 바는, 서로 다른 습관이나 관습, 더 광범위하게 말해서 다른 문화를 가진 개인이나 집단이 조우하게 되었을 경우, 어떤 태도를 취해야 하는가에 대한 것이다. 그리고 그것은 어떻게 하면 지혜롭게 사회 속에서 훌륭한 삶을 살아나갈 수 있는가 하는 도덕적이고 윤리적인 문제와도 깊은 관련을 가지고 있다.

자신과 다른 삶의 방식을 접했을 경우, 그에 대한 사람들의 일차적인 반응은 "비정상적이다" 혹은 "옳지 못하다"라는 인식이다. 이러한 사실은 우리가 일반적으로 혐오하는 바퀴벌레를 음식으로 삼는 집단을 생각해 보면 너무나 쉽게 이해될 것이다.

앞에서 장자를 언급하며 설명한 바 있지만, 이러한 반응이 생겨나는 근본적 이유는 나와 멀리 떨어진 것을 곧 옳지 못한 것과 동일시하려는 인간의 본능적 성향에 기인한다. 나와 다른 것을 단순히 차이로 인식하지 못하고, 잘못된 것으로 치부해 버리게 되는 것이다.

하지만 나와 다르다고 해서 모든 문화를 비하하거나 혐오하는 것은 아니다. 그것은 상대가 자기보다 힘이 약한 집단이라고 생각할 때의 일이다. 인간은 자기보다 강한 집단이나 개인의 문화에 대해서는 무조건적으로 숭배하고자 하는 경향을 가지고 있기도 하다. 우리나라 사람들도 한때 '외제'라면 사족을 못 쓰지 않았던가?

무조건적으로 자기 것을 옳게 여기고 타인의 것을 비하하는 성향과 그 반대의 성향은 동일한 문화 절대주의적 사고에 기반하고 있다. 문화에는 절대적이고 보편적인 기준이 있으며, 그에 어긋나는 것은 전부 잘못되었다는 것이다. 이러한 절대주의적 사고는 제국주의의 사상적 기반이며, 타인과 타 집단에 대한 폭력적이고 강압적인 지배를 정당화하기 위한 수단이기도 하다.

지금은 대학생이 된 내 조카가 고등학교에 다닐 때의 일이다. 조카는 길지도 않은 머리에 무스를 발라 세우고, 일자로 챙이 펴진 모자를 쓰며, 다리에 달라붙는 바지를 입고 싶어 했다. 그런데 그런 조카의 어머니와 할머니, 즉 나의 누나와 어머니는 언제나 그것을 불만스레 여기고 야단을 치곤했다. "너, 이놈의 자식! 복장이 그게 뭐고, 머리가 그게 뭐야?"

조카는 서슬에 눌려 입만 내민 채 아무 말도 못했지만, 나는 그렇게 야단치는 것 이유를 알 수 없었다. 나는 '따져 묻기'를 전문으로 하는 철학자였기 때문이다. 그래서 나는 두 사람에게 "아니, 머리를 저렇게 하고, 저런 옷을 입어서 안 되는 이유가 뭐지? 다른 사람에게 피해를 주는 것도 아닌데?"라고 물었다.

사실 그런 머리 모양과 복장은 그 나이 때에만 할 수 있고, 또 하고 싶은 법이다. 그 세대만의 문화인 것이다. 나이가 먹으면 그리하라고 해도 하지 않는다. 서른이 넘어서 윗도리를 핀으로 고정하고, 깻잎 머리로 멋 내기를 좋아하는 여성은 없다. 나는 그런 요지의 항변도 덧붙이곤 했다.

나의 그런 반론에 접한 두 기성세대의 반응은 논리를 무시하고 권위와 힘을 내세우는 것이었다. 나의 논변에는 귀를 막은 채, 나의 옹호에 한 가닥 희망을 가지고 바라보는 조카에게 "어쨌든 안 된다면 안 되는 줄 알아. 학생이면 학생다워야지."라고 다시 못을 박곤 했다.

조카는 어떨지 몰라도, 나는 그에 대해 할 말이 많았다. 학생다움이란 과연 무엇이며, 학생다움과 그러한 복장이나 두발 모양 사이에 어떤 관계가 있는지 따져 물어야 했다. 그러나 나는 그렇게 하지 않았다. '어쨌든(In any case)'이라는 말로 절대적인 태도를 견지하는 사람은 논의를 이미 차단하고 포기한 것이며, 자신이 기존에 가지고 있는 권위나 힘에 의해 문제를 해결하고자 하는 것이기 때문이다.

집단적인 차원에서든 개인적인 차원에서든, 절대주의자는 자신과 다름을 비정상이나 옳지 못함으로 오인하는 인간의 성향에 대한 반성에 등 돌린 채, 문제를 힘에 의해 해결하고자 한다. 물론 앞서 말한 것처럼, 그런 자들은 강자 앞에서는 또 한없이 약해지기 마련이다.

집단적인 차원에서 절대주의적 문화 현상을 보여주는 대표적 사례가 바로 종교이다. 모든 종교는, 최소한 그 제1전제에서는, 형이상학적일 수밖에 없다. 그럴싸한 뻥을 치고 있는 것이다. 거기에 논리적 비판이나 질문의 여지가 인정되지 않는다. 그저 내 편 아니면 적이 있을 뿐이다.

집사람의 친한 친구 하나가 우리를 방문한 적이 있다. 고등학교 동창인 그녀는 독실한 기독교 신자로, 미국에서 선교 활동을 하다가 잠시 귀국한 중이었다. 무신론자인 나는 "서로 다른 원리를 가지고 있다면 논의를 하지 말라."는 공자의 충고를 잘 따르는 편이라, 종교인들을 만나면 종교 이야기는 가급적 하지 않고자 한다. 그래서 집 근처의 유명한 음식점에 가서 그녀를 대접하고, 소소한 생활 이야기를 하다가 기분 좋게 보내고자 했다.

그런데 그녀는 처음 만난 지 얼마 되지 않는 내게 적극적으로 선교를 시도했다. 내가 철학자인 것을 알면서도 말이다. 나는 몇 차례 논의를 다른 방향으로 돌리고자 했으나, 그녀는 전혀 그럴 기미를 보이지 않았다. 나의 완곡한 사양에도 불구하고, 무조건 자신이 믿는 종교를 믿어야 함을 인정할 것을 줄기차게 요구했다.

앞서 말한 것처럼, 기독교든 불교든 이슬람교든 간에 모든 종교의 존립 근거는 논리적 차원을 넘어서 있다. 동일한 신념을 공유하는 사람들 사이에서야 자신들이 공통으로 숭배하는 대상을 찬양하는 것이 너무나 당연하고 올바른 일처럼 보이겠지만, 다른 종교를 믿는 사람들이나 종교를 전혀 믿지 않는 사람들의 시각에서 보면 그들은 우상 숭배자들일 뿐이다.

종교의 필요성과 효용을 부인하고자 하는 것은 절대로 아니다. 형이상학이 인간의 삶에 있어서 얼마나 중요한지에 대해서는 『철학 땅으로 내려오다』에서 이미 자세히 논한 바 있다. 하지만 특정 종교를 가진 사람이나 집단이 자신의 종교를 타인이나 타 집단에 강요하고자 할 때, 헌팅턴이 말한 것과 같은 '문명의 충돌'은 불가피한 것이다.

공격은 최선의 방어인지라, 결국 나는 그녀에 대해 논리적 공격을 시작했다. 철학자에게는 모든 사상의 기저에 종교적 요소가 존재하며, 종교와 사상이 상호작용 속에서 발전해 왔다는 점은 너무나 기본적인 사실이다. 그리고 그러한 사실을 기본으로 여기는 그만큼 각 종교가 학문적인 모습을 갖추기에는 어떤 논리적 문제가 있는지를 기본적으로 알아야 한다.

나는 그녀가 말하는 기독교 이론의 문제점을 하나하나 거론하기 시작했다. 그녀는 그때마다 성경을 거론하며 다른 근거를 대고자 했지만, 나는 그러한 반응까지 이미 예상하고 있던 터라, 결국 그녀는 궁지에 몰리고 말았다. 그녀는 울상이 되었고, 나는 웃으며, "그만하지요."라고 말했지만, 그녀는 그런 가운데에서도, "아니에요, 어쨌든 하나님은 곧 진리이시고, 그분을 믿어야 하는 것은 당연해요."라고 말했다.

'어쨌든'이라고 말한다면, 앞서의 모든 논의는 무용지물이 되어 버린다. 결국 그녀와 나는 오랜 시간 동안 많은 대화를 나누었지만, 그것은 모두 소용없는 것이 되어 버렸다. 그녀는 "닥치고, 내가 말하는 대로 믿고 따라와!"라고 말한 셈이었다. 예수처럼 "나는 길이요, 진리요, 생명이니라!"라고 주장하고 싶었던 것일까?

절대주의 시대는 갔다. 누구든 절대주의적 태도를 견지한다면, 그와 생각을 달리하는 사람에 대해 다음 셋 중의 하나를 택해야 한다. 그에게 복종 또는 동의하거나, 그를 굴복시키거나, 혹은 상호 불간섭주의를 견지해야 한다. 그러나 절대주의자에게 상호 불간섭주의란 있을 수 없다. 정상적이지 못하고 옳지 못한 것을 어떻게 가만히 둔단 말인가? 인류와 세계를 위해서도, 그리고 상대방 자신을 위해서도 그것은 바로잡아야만 한다.

결국 남은 것은 투쟁뿐이다. 절대주의가 지배하는 사회는 힘의 논리만이 통용되는 정글이다. 이는 사회적 차원에만 그치는 것이 아니다. 타인에게 자신의 신념과 가치관을 강요하는 사람은 정글 속의 지배자인 맹수이기를 원하고 있는 셈이다. 스스로는 가장 이성적이고 합리적인 존재임을 가장하겠지만 말이다.

2) 문화 상대주의의 함정

고등학교 교과서에서는 상대주의를 관용의 사상이라고 부르면서, "하지만 지나친 상대주의에 빠질 경우 회의주의에 이르는 부작용을 낳을 수 있다."라고 설명하고 있다. 그 이상의 설명은 없다. 교과서의 설명이 합리적이려면 회의주의가 무엇인지, 그것이 어떤 부작용을 가지고 있는지, '지나친 상대주의'에 이르지 않고 관용의 사상을 가지기 위해서는 어떻게 해야 하는지 등등이 분명히 언급되어야 한다. 하지만 교과서의 설명은 거기에서 끝이다.

어떤가? 독자 여러분은 교과서의 내용이 이해가 되는가? 나는 전혀 그렇지 않다. 내가 상대주의의 문제점을 언급할라치면 누구나 "그러면 교과서의 내용은 잘못되었단 말입니까?"라고 묻곤 한다. 심지어는 대학을 졸업하고 대학원 입학을 준비하는 학생들조차도 말이다. 그들에게서 나는 교과서의 내용이라면 무조건 믿는 '철학의 부재'를 실감한다. 이해 여부와 상관없이 따져 묻기를 전혀 하지 않는 것이다.

나는 물론 교과서의 설명이 잘못되었다고 대답한다. 그러면 그들의 반응은 한결같이 "그렇다면 당신이 교과서보다 권위가 있다는 것입니까?"라고 반문하곤 한다. 외관상 나는 일종의 함정에 빠진 셈이다. 그렇다고 대답하자니 주제 모르는 교만한 학자로 치부되겠고, 아니라고 대답하자니 일관성 없이 오락가락하는 한심한 선생이 될 것이다.

하지만 내가 학생들에게 요구하는 것처럼, 독자 여러분도 어느 쪽이 더 권위 있는지 스스로 판단해 보기 바란다. 물론 나의 설명을 들은 후에 말이다. 학문적으로 권위를 가진 설명은 당연히 설명의 대상으로 하여금 고개를 끄덕일 수 있도록 해야 할 것이다. 상대주의와 관련하여 어느 쪽이 권위가 있는가의 문제는 여러분에게 어느 쪽 설명이 합리적이고 이해 가능한 것으로 여겨지는가에 달려 있다.

문화 상대주의의 문제점은 두 가지 층차에서 설명할 수 있다. 하나는 모든 영역의 상대주의 일반이 가지고 있는 이론적 문제점이고, 다른 하나는 문화 상대주의라는 세부 영역에 해당하는 문제점이다. 편의를 위해 후자부터 설명해 보도록 하겠다.

인경은 절대적이고 권위적이며 강압적인 가정 환경에서 성장했기 때문에, 그런 분위기 자체가 신물 날 정도로 지긋지긋했다. 그녀는 고등학교 교과서에서, 그리고 대학교 철학 개론 시간에 상대주의라는 사상을 접하고는 엄청난 감동을 받아, "그래, 이거야. 모든 문화와 사상, 가치관에는 나름의 이유와 근거가 있기 마련이지. 자신의 문화나 사상만이 옳다고 주장하는 것은 편견을 강요하는 폭력에 지나지 않아. 모든 문화와 가치관을 있는 그대로 인정해야 해."라고 결론짓는다.

이후 '상대주의'라는 말은 그녀에게 마법의 지팡이와 같이 느껴진다. 자신에게 불합리한 대우가 행해진다고 느껴지면, "당신은 형이상학이 지배하던 전근대적인 절대적 가치를 나에게 강요하고 있을 뿐이다."라고 반론을 하곤 한다. 신통방통하게, 사람들이 잘 이해 못하는 어려운 말을 섞어 이렇게 대답하면 어느 곳에서나 잘 먹혀들곤 했다. 사실 그녀도 그 말들의 의미를 정확히 이해하지는 못했지만 말이다. 그녀는 주변 사람들이 자신의 불합리한 행동이나 사고를 지적할 때조차도 이 마법의 지팡이를 휘두르곤 했다.

그러던 중, 그녀는 친구와 해외 여행을 하게 되었다. 호기심이 많은 그녀는, 외부 세계에 잘 알려지지 않은 작은 국가의 한 마을을 여행하게 되었다. 그런데 그 마을에는 특이한 관습이 있었다. 주민과 여행객을 막론하고, 여성은 누구나 나체로 사진을 찍어 전시해 놓고는, 남성들이 마음대로 관람하도록 하는 것이었다. 그녀와 친구는 거부하고자 했지만, 결국 강제로 사진을 찍히고 말았다.

숙소에 돌아와 그녀는 친구에게 분통을 터뜨리며 말했다. "이런 불합리하고 말도 안 되는 관습이 어디 있니?" 그러자 친구는 "얘, 나는 그런 말을 할 수 있어도, 너는 그렇게 말하면 안 되지. 너는 언제나 어떤 문화와 관습, 가치관도 비판해서는 안 된다고 주장해 왔잖니? 그렇다면 너도 이 마을의 관습에 대해 전근대적인 형이상학적 가치의 잣대를 들이대는 거니?"라고 말했다. 그녀는 그제야 비로소 뭔가 잘못되었음을 느꼈다. 하지만 이 상황을 어떻게 정리해야 할지 알 수 없었다.

이 한 가지 사례만으로도 문화 상대주의의 문제점을 설명하기에는 충분하리라 본다. 문화 상대주의에서는 모든 개별 문화에 대한 판단을 거부하고, 그것들을 있는 그대로 인정해야 한다고 주장한다. 하지만 문화 상대주의를 받아들인다면 위에서 말한 것과 같이 타인이나 타 집단에게 피해를 주는 문화에 대해서도 아무런 반대 의견을 제시할 수 없게 된다.

사실 인간 사회의 발전은 언제나 비판과 반성에 의해 가능했다. 민주국가가 수립되기 위해서는 독재정권에 대한 비판과 저항이 있어야 했고, 과도하게 일방의 자유만이 보장되는 사회에 대한 반성과 견제를 통해 평등사회와 복지국가가 가능했다. 우리가 금과옥조로 여기는 시민 개개인의 자유나 평등과 같은 소중한 가치들 모두 계속적인 비판과 반성의 결과물인 것이다.

물론 절대적인 가치가 지배하던 시대도 정체된 사회이기는 마찬가지였다. 상대주의라는 이념이 절대주의만큼 지배적이던 사회는 존재하지 않았지만, 그런 사회가 가능하다면 그 사회도 자신이 그토록 반대하던 절대주의 사회만큼이나 정체된 사회가 될 가능성이 높다.

정치 현장에 큰 관심을 가진 사람들은 극단적인 진보 사상을 가졌던 사람들이 극단적인 보수로 전향하는 일을 목격한 적이 있을 것이다. 사실 나도 한때 그런 사람들을 보며 "어떻게 저럴 수 있을까?" 하는 의문을 가진 적이 있었다.

『노자』에서는 "세상사란 극에 달하면 반드시 반대쪽으로 흘러가기 마련이다(物極必返)."라고 말하고 있다. "극과 극은 통한다."는 말도 있지 않던가? 뒷장에서 설명하겠지만, 민족주의 사관과 식민 사관도 동전의 양면일 뿐이다. 절대주의와 상대주의가 일맥상통하는 모습을 보이는 것도 어쩌면 당연할지 모른다.

물론 모든 문화에는 나름의 이유가 있을 수 있다. 나아가, "원인 없는 결과는 없다."는 인과율의 진리를 인정한다면, 모든 현상과 행위에는 나름의 이유가 있어야만 한다. 하지만 나름의 이유가 반드시 합리적인 것은 아니다. 정기적으로 술 먹고 마누라를 패는 사람에게도 나름의 이유가 있겠지만, 그것을 인정할 수는 없는 것이다.

문화 상대주의를 옹호하는 쪽에서는 "단순한 나름의 이유가 아니라, 나름의 '합리적인' 이유가 있다."라고 말할 수도 있다. 인정한다. 그러나 시대와 상황이 바뀌면, 합리성 또한 바뀌기 마련이다. 매킨타이어가 말한 것처럼, 헤겔 변증법의 위대함은 인간의 이성마저도 변화와 발전을 한다는 사실을 인정했던 데에 있었던 것이다.

여성들이 매우 혐오하는 일부다처제를 예로 들어보자. 일부다처제의 탄생 배경은 그야말로 합리적이다. 전쟁과 같은 상황에 의해 한 사회 내에서 남성의 비율이 급감하게 되면 일부일처제로는 짝을 찾을 수 없는 여성들이 많아지게 된다. 일부다처제는 그러한 여성들을 위한 제도적 장치였던 것이다.

하지만 시대와 상황이 바뀐다면 판단 또한 다시 이루어져야 한다. 상황이 종료되었는데도 그런 제도를 고수한다면, 일부 기득권을 가진 남성들에게만 과도하게 선택권이 집중되고, 배필을 구할 수 없는 남성들이 증가하는 것이 당연하다. 과거에 나름의 합리성을 가졌다고 해서 현대에도 고려장을 인정할 수는 없는 것이다.

상대주의 자체의 이론적 문제점을 간단히 언급한다면 문화 상대주의를 수용해서는 안 되는 이유를 더욱 분명히 이해할 수 있을 것이다. 문화 상대주의란 상대주의라고 하는 류 개념에 속하는 일종의 종 개념이기 때문이다. 이 역시 사례를 통해 설명해 보도록 하겠다. 내가 언제나 강조하듯이 사례는 설명의 왕이며, 사례를 통해 설명하지 못하는 사람은 사실 문제를 이해하지 못한 셈인 것이다.

대학 교수인 원섭은 상대주의 이론의 대가이자 옹호자이다. 그는 언제나 "여러분, 절대주의는 폭력성과 기만성을 가진 사상입니다. 우리는 상대주의를 통해 그것을 밝히고, 그에 대항할 수 있습니다."라고 주장하고, 학생들에게 가르쳐왔다.

어느 날, 그는 여느 때와 다름없이 열정적으로 강의하고 있었다. "여러분, 모든 사상과 판단은 상대적입니다. 그것은 모두가 주체이고 주인임을 의미합니다. 모든 사상과 판단을 있는 그대로 인정하고, 어느 누구도 다른 사람의 판단에 대한 자신의 우위를 주장해서는 안 됩니다. 그것은 곧 폭력이기 때문입니다."

그런데 그때, 한 학생이 손을 번쩍 들고 일어서서는, "그렇다면 선생님께서 지금 우리에게 하시는 말씀은 무엇인가요? 선생님은 최소한 자신의 생각과 사상이 우리의 그것보다 우월하고 옳다고 생각하시기 때문에 강단에서 저희를 가르치시는 것이 아닌가요? 게다가 상대주의는 절대주의를 비판하고 그에 대한 자신의 우월성을 주장하고 있음이 확실합니다. 그것은 모든 사상을 있는 그대로 인정하라는 자신의 기본 입장과 모순되는 것이 아닌가요?"라고 물었다.

생각지도 못한 질문에 일격을 당한 원섭은 잠시 혼란에 빠졌다. 생각을 정리할 시간이 필요했지만, 그럴 수는 없었다. 학생들이 들어보지 못한 학자의 이름을 거론하며, 이론의 정립자는 그 이론 자체에 구애를 받지 않는다는 식의 내용을 둘러대며, 서둘러 수업을 마쳤다.

연구실로 돌아와 다시 생각해 보았다. 아무리 생각해 봐도 학생의 논리에는 문제가 없었다. 그가 교수가 된 것도, 명성을 얻은 것도 상대주의를 내세우고 그에 반대하는 사람들을 통렬하게 욕하면서였다. 그 '내세움'과 '통렬하게 욕함' 자체가 자신의 근본 원칙에 위배됨을 이제야 알게 된 것이다. 그는 고민에 빠졌다. 자신의 오류를 인정하고 기득권을 깨끗이 포기할 것인가, 아니면 모른 척 눈 감고 기존의 목소리를 계속 낼 것인가?

여러분은 원섭의 고민에 대해 어떻게 생각하는가? 너무나 당연한 고민 아닌가? 어떤 사상이든지 '주의'가 되려면 자기 사상의 우월함을 내세워야 한다. 그리고 거기에는 반드시 비교 대상이 필요하다. 하지만 상대주의는 다른 사상을 비판해서는 안 된다고 가르친다. 결국 상대주의자는 '입을 닥치고' 있어야 한다.

상대주의는 사실 '주의'가 될 수 없다. 자신을 내세울 수 없고, 자신의 '주적(主敵)'인 절대주의마저도 비판할 수 없기 때문이다. 따라서 상대주의는 자기모순적이다. 이를 '상대주의의 역설'이라 부른다.

자, 이제 독자 여러분이 판단할 차례이다. 어느 쪽의 권위를 인정할 것인가?

3) 개인과 개인, 집단과 집단의 평화를 위하여

앞서 밝혔듯이, 나는 거대 담론을 목적으로 하지 않는다. 그저 주변 사람들과 평화롭게 지내기를 바랄 뿐이다. 하지만 나 자신이 사회의 일원이기 때문에, 사회 내에 평화를 지향하는 분위기가 확산되어 있지 않다면 나의 목적은 쉽게 달성될 수 없다. 더 합리적인 사람들이 더 평화적인 사회를 이루어갈 수 있도록 미력이나마 보태는 것, 그것이 나의 작은 바람이다.

그렇다면 우리가 나아가야 할 길은 무엇인가? 나는 그것을 '문화다원주의'라는 이름으로 부르고자 한다. 물론 그것은 내가 고안해낸 것이 아니며, 나 또한 인류의 축적된 지혜로부터 빌린 것에 불과하다. 내가 그렇게 부르고자 한다고 표현한 것은, 아직 그에 대해 많은 이견이 존재하기 때문이다. 이제부터는 내가 이해한 문화 다원주의에 대해 간략히 설명해 보도록 하겠다.

일단 문화 상대주의가 상대주의의 종 개념인 것처럼, 문화 다원주의는 당연히 다원주의의 종 개념이다. 다원주의에서는 일원성을 거부한다. 모든 것이 하나로부터 유래한다는 생각 자체를 버리고, 애초에 다양함이 있었다고 전제하는 것이다. 이는 평화의 기본 조건인 상대방의 존재 자체에 대한 '인정'을 의미한다.

하지만 상대주의와 달리, 다원주의에서는 상대방의 정당성까지도 무조건 인정하는 것은 아니다. 바람직한 다원주의적 태도는 내가 언제나 강조해 온 철학적 태도와 일치한다. "나는 당신의 존재를 인정한다. 당신도 나의 존재를 인정하라. 일단 이러한 기본 조건이 갖추어지고 나면, 서로의 차이에 대해 합리성의 근거를 따져보도록 하자."

따져보기의 결과, 어느 한쪽의 불합리함이 드러난다면, 당연히 당사자는 자신의 입장을 포기하거나 수정해야 할 것이다. 그러나 절대주의와는 달리, 다원주의는 어느 한쪽이 반드시 패배해야 하는 제로섬 게임이 아니다. 양쪽 모두가 합리적인, 따라서 양쪽 모두 나머지 한쪽으로부터 배울 것이 있는 윈-윈 게임일 가능성이 높은 것이다.

물론 콜라나 햄버거, 프렌치 프라이와 같이 그 유해성이 입증되고 광범위하게 인정되는 경우도 있지만, 음식 문화는 윈-윈 게임일 가능성이 매우 높다. 개고기, 푸아그라, 원숭이 골, 그리고 심지어는 벌레를 생으로 먹는 것에 이르기까지, 이른바 혐오 식품도 그저 익숙하지 않아서 보기에 거북한 것일 뿐이다. 개방적이고 소통하는 태도를 견지한다면, 인류의 식탁은 더욱 풍성해질 것이다.

개고기를 싫어하는 사람들은 이른바 '반려 동물'과 같은 이론을 내세울 수 있다. 그러나 사람의 기호에 따라 뱀이나 바퀴벌레마저도 반려 동물이 될 수 있음을 잊어서는 안 된다. 나는 개인적으로 개고기를 좋아하지 않지만, 그 음식 문화의 가치를 부인하거나 그것을 먹는 사람들을 비난하지 않는다.

어떤 사람들은 식용 개와 애완견이 구분된다고 주장하기도 한다. 그리고 "애완견은 먹을 것도 없어요."라고 호소에 가까운 항변을 하기도 한다. 그들의 마음을 모르는 바는 아니지만, 그들의 문제점을 지적해 주지 않는 한 그들의 독단을 교정할 수 없고, 또 그것이 다른 사람에게 폭력으로 작용할 수 있기에 나는 한마디로 그들의 문제점을 지적하곤 한다. "국거리도 있지요. 사골 좋잖아요?"라고 말이다.

채식주의자들이 동물 학대를 거론하는 것은 어떠할까? 그들은 물론 자신의 정당성과 합리성을 확신할 것이다. 하지만 그들에게도 역시 겸손함이 필요하다. 인간은 신이 아니다. 인간도 생태계의 일원일 뿐이다. 이슬이나 흙을 먹고는 살 수 없다. 동물을 음식의 재료로 사용하는 것이 학대라면, 식물에게는 왜 그것이 적용되지 않는가? 사자와 같은 육식동물은 부도덕하고 불합리한 식습관을 가진, 사라져야 하는 존재란 말인가?

채식주의자들은 동물의 권리를 옹호하고자 하지만, 그렇다면 살충제를 뿌리거나 구충제를 먹는 것도 금지해야 할 것이다. 곤충은 동물과 다르다는 그야말로 무식한 반론을 들어본 적이 있다. 그러면 곤충은 식물이란 말인가? 아니면 동물 내에서 다시 보호해야 할 것과 그렇지 않은 것을 구분해야 하는가? 만약 그렇게 주장할 요량이라면, 그야말로 제멋대로 이론이 되어 버릴 뿐이다.

따져볼 것이 너무나 많겠지만, 상대방을 무조건 인정하거나 거부하지 않고 그것들을 따지고 있는 그 순간, 여러분도 내가 옹호하고자 하는 문화 다원주의의 노선을 따르고 있는 셈이다. 내가 원하는 것은 그 결과를 미리 정해두지 말고, 윈-윈의 가능성뿐만 아니라 스스로 오류를 인정할 가능성까지도 열어두는 것이다. 이런 개방적 자세를 견지할 때 진정한 대화와 소통, 평화를 위한 초석이 놓이는 것이다.

고려장이나 순장, 일부다처제와 같은 문화가 최소한 현대사회에서 정당성을 상실한 것은 분명하다. 그러나 진정한 다원주의자라면 그것들이 필요한 상황이 다시 도래할 가능성조차 부인해서는 안 된다.

　개인적인 차원에서도 이러한 논의는 언제나 정당하다. 머리 세우기, 깻잎 머리, 힙합 바지 등 자신이 싫어하는 모든 차원의 행동 방식에 대해서도 단순한 '차이'와 '비판의 대상'을 구분하려는 노력을 게을리하지 말아야 한다.

　이 모든 노력의 한쪽 편에는 상대방을 인정하는 개방적인 태도가, 그리고 다른 한쪽 편에는 자기 자신을 반성하는 자기 비판적인 태도가 필요하다. 이것이야말로 평화와 소통에 기반한 행복한 가족, 사회, 인류를 가져다줄 희망인 것이다.

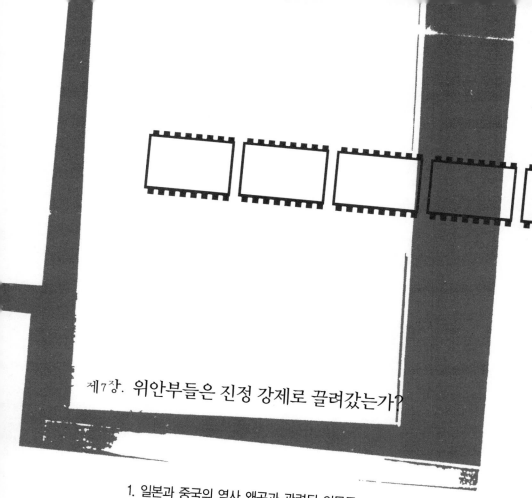

제7장. 위안부들은 진정 강제로 끌려갔는가?

제7장. 위안부들은 진정 강제로 끌려갔는가?

1. 일본과 중국의 역사 왜곡과 관련된 의문들

이 장의 제목을 보고 독자 여러분 가운데 일부는 "이놈이 갈 데까지 가는구나. 이런 주제를 건드리다니."라고 생각할 사람이 있을지 모른다. 나는 일본의 역사 왜곡 주장에 대한 근본적 의문을 제기한 것이며, 이 제목은 그 가운데 가장 상징적이고 첨예한 문제를 대변하고 있을 뿐이다.

수업을 진행할 때, 내가 그런 문제를 던지면 학생들은 그렇게까지는 항변하지 못하더라도, 그들의 눈과 태도는 그런 그들의 분노를 보여주곤 했다. 일본과 중국의 역사 왜곡은 너무나 당연한 사실이고, 독도가 우리 땅임은 하늘이 두 쪽 나도 부인할 수 없다는 것이다. 일단 따져보고, 설명이 만족스럽지 못하면 당장이라도 책을 집어 던지고 나갈 태세를 갖추곤 하는 것이다.

하지만 내가 그들에게, "일본이 역사의 어떤 부분을 왜곡했지?"라고 물으면 자신 있게, 그리고 올바로 대답하는 학생은 1퍼센트도 되

지 않는다. 이 얼마나 웃기는 일인가? 이 글의 제목을 보고 분개한
독자 여러분도 스스로에게 반문해 보라. 만일 자신 있게 대답하지
못한다면 독자 여러분은 아마도 다음에 나오는 선생님과 다를 바 없
다.

수정은 정말 너무나 황당한 일을 당했다. 평소 훈육 주임 선생님이
자신을 좋아하지 않는다는 사실을 알고는 있었지만, 그날의 일은 정
말 말도 안 되는 것이었다. 점심 시간에 훈육 주임 선생님이 자신을
상담실로 불러서는 다짜고짜 뺨을 때리는 것이었다. 몇 차례 맞은 후
에 "선생님 왜 이러세요?"라고 묻자, 선생님은 "이 녀석, 어떻게 그런
거짓말을 할 수 있어?"라고 말했다. 수정은 자신이 무슨 거짓말을 했
다는 것인지 아무리 생각해도 알 수 없었다. 그래서 "제가 무슨 거짓
말을 했다고 그러세요?"라고 묻자, 선생님은 "네가 무슨 거짓말을 했
는지는 조목조목 생각나지 않아. 하지만 네가 커다란 거짓말을 한 것
은 분명해. 그러고도 나에게 따지고 대드는 거야?"라고 소리치며 다
시 뺨을 몇 차례 때리고는 씩씩거리며 나가버렸다.

이 사례를 보고 어이없는 웃음을 지으며, "어떻게 저럴 수가 있
어? 그리고 일본이 역사의 무슨 내용을 왜곡했는지 정확히 알지 못
한다고 해서 내가 저런 황당한 선생님과 같다고?"라고 반문한다면,
두 사례의 내적 구조가 얼마나 정확히 일치하는지를 따져볼 필요가
있다.

(1) **선생님** : 너는 커다란 거짓말을 했지만, 정확히 무슨 거짓말을 했는지는 모르겠어.

(2) **독자 여러분** : 일본의 역사 왜곡 사실은 분명하지만, 정확히 무슨 내용을 왜곡했는지는 모르겠어.

이렇게까지 보여줄 필요는 없었다고, 사례에서 이미 자신의 오류를 반성했다고 말한다면, 나 역시 여러분에게 사과해야겠다. 앞 장에서부터 계속 강조해 온 내용이지만, 어떤 주장이든 합리적이고 설득력 있는 것이 되기 위해서는 스스로 자기 주장의 근거를 반성적으로 따져보는 훈련이 반드시 필요하다. 역지사지의 태도도 또한 중요함은 말할 것도 없다.

우리나라 사람들이라면 일본의 식민 지배를 정당화하고자 하는 식민사관을 혐오하고, 우리 민족의 웅지와 기상을 강조하는 민족사관에 환호할 것이다. 그러나 입장 바꿔 생각해 보면, 식민사관과 민족사관이 동전의 양면이라는 놀랍고도 불편한 진실에 접하게 된다.

고대사와 관련해서 식민사관에서 주장하는 내용 가운데 하나는 임나일본부설이다. 간단히 말해서 삼국시대에 한반도 남부의 일부를 일본이 점령하고 있었다는 것이다. 이러한 주장을 접한다면 우리나라 사람들은 민족적 자존심에 상처를 입었음을 느끼고 분개할 것이다.

그러나 한때 유행했던 백제가 강대국이었다는 주장은 어떠한가? 백제가 한반도 서부의 일부 지역만을 지배한 약소국가가 아니라 중국의 산동반도 상당 부분을 지배했다는 이야기를 들으면 가슴이 시원해지고 통쾌해짐을 느낄 것이다. 백제의 영향력이 필리핀에까지 미쳤다는 일각의 주장에 접하면, 만족감은 극에 달하게 된다.

하지만 중국인들이나 필리핀 사람들이 들으면 얼마나 기분 나쁘고 불쾌하겠는가? 백제에 관한 이 주장도 자민족의 우수성을 내세우기 위한 방편이라는 점에서는 임나일본부설이나 다를 바가 전혀 없다. 그리고 이론적인 상상 속에서나마 타 민족을 그 희생양으로 삼고 있다는 점도 또한 정확히 일치한다. 우리에게 민족사관은 남에게 식민사관이며, 그 역도 또한 마찬가지이다.

사례는 얼마든지 더 있다. 임진왜란에 대해 일본 측에서 "한반도로 진출"했다고 표현했다는 사실을 접하면 우리나라 사람들은 분노하지만, 광개토대왕과 장수왕이 대륙으로 "진출했다"는 우리 역사 교과서의 표현을 접하면 자부심을 느낀다. 내가 하면 로맨스고 남이 하면 불륜이라는 말이 이보다 더 잘 들어맞을 수는 없을 것이다.

고구려사를 다루고 있는 중국의 동북공정에 대한 문제도 마찬가지이다. 우리나라 사람들의 입장에서는 고구려가 중국의 지방정권에 불과했다는 중국의 주장에 대해 불쾌감을 느끼지만, 중국의 입장에서 보면 그런 주장은 너무나 당연하다. 전통 시대에 중국은 오직 자신만이 유일한 국가이며, 자기 주변의 모든 민족들은 오랑캐로 간주했던 것이다.

이러한 중국인들의 국가관은 현재에도 어느 정도 유효하다. 독립국가들로 이루어진 국제 정세를 전면적으로 부인할 수는 없겠지만, 티베트의 독립운동이나 대만에 대해 중국 정부에서 과도할 정도로 민감한 태도를 보이는 것도 바로 이 "하나의 중국"이라는 슬로건에서 기인한 것이다. 자치를 보장할 수는 있으나, 어디까지나 중국의 품 안에 있어야 하는 것이다.

고구려가 중국에 조공을 바친 것은 양측 모두가 인정하는 사실이다. 그렇다면 그것이 중국의 주장대로 지방정권이 중앙정부에 바친 것인지, 아니면 약소국이 강대국에 바친 것인지를 어떻게 알 수 있단 말인가? 그야말로 동상이몽일 뿐이다.

내 기억으로는, 우리나라의 역사 교과서에서도 우리 고대사의 흔적을 『삼국지(三國志)』, 「위지(魏志)」, '동이전(東夷傳)'에서 찾고 있다. 나의 학창 시절 국사 선생님께서는 이런 사실을 언급하면서 "동이(東夷)란 동쪽에 사는 큰(大) 활(弓)을 사용하는 민족을 일컫지."라고 자랑스럽게 말씀하셨다. '이(夷)'라는 글자를 둘로 나누어 설명한 것이다. 그리고 나도 그 설명에 왠지 모를 만족감을 느꼈다.

그러나 이제 나는 동양학 전공자로서 그것이 얼마나 허황된 설명인지를 잘 알고 있다. 중국인들은 중원의 평야 지방을 중심으로 해서 그 외부에 존재하는 모든 집단을 오랑캐로 여겼는데, 동쪽에 있는 오랑캐를 싸잡아 '이(夷)'라고 불렀고, 북쪽은 '적(狄)', 서쪽은 '융(戎)', 남쪽은 '만(蠻)'이라고 불렀다. 거주 지역에 따른, 구분의 편의를 위한 일종의 고유명사에 불과한 것이다.

여기서 말하는 『삼국지』는 우리가 잘 아는 소설의 이름이 아니다. 중국의 정사인 25사의 일부로, 그 가운데 위나라의 역사를 기록한 부분이 바로 「위지(魏志)」이다. 삼국 가운데 조조의 위나라가 동북 지역을 점거하고 있었기 때문에, 동쪽 변방 민족의 역사도 또한 그 책에 부수적으로 기록된 것이다.

이런 점을 감안한다면, 중국 측의 주장도 전혀 허황된 것은 아니다. 어찌 보면 필요할 때는 중국 역사서에서 흔적을 찾다가도, 불리한 상황이 되면 그들을 이해해 보려는 일말의 노력도 기울이지 않는 것이 더 우스꽝스러운 일일 수도 있다.

나아가 E. H. 카의 말처럼, 고대사 전공자들의 확신은 그들이 접할 수 있는 사료가 적다는 데에서 기인할 뿐이다. 역으로 그것은 고대사가 그만큼 많은 부분 상상에 의존함을 의미한다. 고조선의 역사 전 단계가 단군신화인 데에서 알 수 있듯이, 고대사의 영역은 신화의 영역과 맞닿아 있다. 이는 고대사가 상상과 해석에 얼마나 의존하고 있는지를 잘 보여준다.

그렇다면 최소한 이러한 영역에 대해서는 각 국가마다 자신들의 상상에 따라 각자 마음에 드는 역사를 가지도록 하고, 상호간에 비판과 간섭을 가하지 않는 것이 바람직할까? 문화에 관해 다루면서 상대주의의 문제점을 심각하게 느낀 사람이라면, 이러한 주장 역시 상대주의의 역설에서 벗어날 수 없음을 쉽게 이해할 수 있을 것이다.

이제 우리는 역사와 관련된 문제를 어떻게 바라보아야 하는지를 쉽고도 흥미롭게, 그리고 심도 있게 다룰 것이다. 하지만 우리의 과제는 구체적 사실을 나열하거나 암기하는 것이 아니라, 역사의 목적은 무엇이고, 역사 서술은 어떤 속성을 가질 수밖에 없는지, 따라서 역사를 바라보는 시각은 어떠해야 하는지 등을 따져나갈 것이다. 따져 묻기가 곧 철학이고 역사를 소재로 한다는 점에서 우리는 이를 '역사철학'이라고 부를 수 있을 것이다.

2. 역사로 독재자를 심판하라!

고등학교 3학년인 가희는 일본 학생과 펜팔을 하고 있었다. 그러던 중 가희가 일본의 역사 왜곡에 대해 언급하자, 그 일본 학생은 "그것은 지나간 일일 뿐이다. 우리에게 중요한 것은 현재와 미래이다. 과거의 일에 그렇게 집착하지 말자."라고 대답하였다. 가희는 뭔가 개운치 않았지만, 적절히 대꾸할 말을 찾지 못하였다. 이는 나에게 배우던 학생이 직접 경험한 상황이다. 그 학생은 내게 자신의 난감함을 설명하면서, 어떻게 대응해야 하는지를 물어왔던 것이다.

사실, 일본 학생이 한 것과 같은 주장에 대해 적절히 대응하기는 쉽지 않다. 그냥 넘어가자니 개운치 않고, 다 잊고 앞으로 잘해 보자는데 조목조목 따지고 들자니 쩨쩨하고 쫀잔해 보일 듯하다. 독자 여러분은 이러한 상황에 대해 어떻게 생각하는가? 독자 여러분이라면 일본 학생에게 무엇이라고 대응하겠는가?

"다 잊고 미래지향적으로 살자."라는 것은 언제나 가해자의 논리이다. 정기적으로 술 먹고 마누라 패는 남편들이 즐겨 하는 주장인 것이다. 마누라는 위에서 말한 가희와 같은 난관에 처하게 된다. 그냥 넘어가기는 억울한데, 미래지향적으로 살자는 옳아 보이는 말에 토를 달기도 찜찜한 것이다.

가해자는 쉽게 잊을 수 있다. 그리고 자신의 그러한 상황을 상대방인 피해자에게도 투영시켜 상대방도 그러기를 바랄 뿐 아니라 그럴 수 있다고 믿는다. 평소에는 그리 권유해도 안 하던 '입장 바꿔 생각하기'를 이럴 때는 어찌 그렇게 잘하는지 모르겠다. 하지만 피해자의 입장은 전혀 다르다.

나는 학생에게 답을 주었다. 그것은 바로 그 학생을 만나 싸대기를 세게 때리라는 것이었다. 이쯤 되면 많은 독자들이 이미 눈치 챘으리라. 일본 학생이 "왜 때려?"라고 말한다면, 같은 논리를 사용하면 된다. 지나간 일이니 다 잊고 미래지향적으로 살자고 말이다. 이는 주정뱅이 남편에게 폭행당한 부인의 대책이기도 하다.

물론 일본 학생이, "이게 어떻게 지나간 일이야? 얼굴에 손자국이 남아 있잖아!"라고 열을 낸다면 그보다 더 좋은 상황은 없다. "그것 봐라. 과거는 현재에 흔적을 남기잖니. 과거의 일을 그냥 없었던 일로 할 수는 없어. 빚을 졌다면 당연히 갚아야 하고, 피해를 입었다면 보상을 요구하고 받아내야 하지."라고 말한다면 할 말이 없을 것이다.

나는 수업 시간에 학생들에게 고대사와 중세사, 근대사, 현대사 가운데 어느 것이 가장 중요한지를 묻곤 한다. 그러나 이 단순한 질문에 분명하고 자신 있게 대답하는 학생은 매우 드물다. 독자 여러분은 어떻게 생각하는가? 사실 위에서 말한 뺨 때리기에 기대어 생각해 본다면 너무나 쉬운 문제이다.

상곤은 어느 날 친구 미선에게 다음과 같이 말했다. "야, 너희 38대조 할아버지가 우리 42대조 할아버지에게 폭행을 가해서 우리 조상님께서 한쪽 시력을 잃고 불우한 일생을 사셨어. 너희 집안에서는 마땅히 우리 집안의 불행에 대해 사과하고 보상해야 해."

그러나 미선은 너무나 어이없어하면서, "야, 말도 안 되는 소리 하지 마. 그렇게 오래된 일에 대해서 책임은 무슨 책임이야? 어쨌든 너희 집안과 우리 집안이 악연은 악연인가 보다. 책임지고 보상해야 할 쪽은 오히려 너희 집안이야. 너희 할아버지가 우리 할아버지에게 사기를 쳐서 우리 집안의 모든 재산을 빼돌렸잖아. 너희 아버지와 네가 그렇게 떵떵거리고 살게 된 것은 다 그 덕분이야. 책임지고 물어내."라고 울분을 토했다.

어느 쪽의 주장이 더 설득력이 있는지는 자명하다. 시간이 오래 지나면 상처는 아문다. 흔적이 남더라도, 현재의 삶에 거의 영향을 미치지 않는다. 하지만 얼마 지나지 않은 일은 다르다. 고대사는 "우리 집안은 천 년 전에 왕족이었어."라고 자랑하는 것과 같은 상징적인 의미밖에 지니지 못한다. 현재에 가까워질수록 과거의 흔적은 생생하고, 의미는 그만큼 커지는 것이다.

그런데 내가 중고등학교에 다니던 시절을 회상해 보면 이해하기 힘든 일이 있었다. 국사 교과서에서 대부분을 차지하는 것은 중세사에 해당되는 조선시대 부분이었고, 근현대사에 해당하는 일제강점기에서부터 현재에 이르기까지의 부분은 매우 짧았다. 중요도로 따지면 당연히 현대사 > 근대사 > 중세사 > 고대사의 순이어야 당연하지만, 현실은 전혀 달랐던 것이다. 현재는 상황이 많이 개선되었다고 하지만, 현대사의 중요성에 비하면 그 분량은 여전히 턱없이 짧은 편이다. 그 이유는 무엇일까?

2009년 11월 드디어 『친일인명사전』이 발간되었다. 그런데 그 과정이 매우 순탄치 못했을 뿐만 아니라, 앞으로 남은 여정도 또한 험

난할 것으로 예상된다. 광복을 이룬 지 어언 60여 년이 지난 현재까지도 이런 일이 일어나고 있는 이유는 무엇일까? 그 까닭은 국사 교과서에 근현대사의 비중이 작은 이유와 동일하다.

광복 이후 대한민국 정부가 수립되고 나서 국회에서는 친일파를 처단하여 "새 술을 새 부대에 담기" 위해 친일 행위에 가담한 자들을 처벌하기 위한 특별법을 만들고, 그 법을 시행하기 위해 '반민족 행위자 처벌을 위한 특별위원회'를 설치하였다. 하지만 어이없게도 반민특위는 경찰의 습격을 받아 무장 해제되는 초유의 사건이 발생하였다. 이승만과 그 배후에 있는 미국의 비호와 묵인 하에 이루어진 이 사건으로 민족정기는 철저히 짓밟히고, 이후 대한민국의 역사는 피와 눈물로 얼룩진 비극의 연속이 될 수밖에 없었다.

내가 가장 감명 깊게 읽은 책 가운데 하나인 조정래의 『태백산맥』에 등장하는 이학송이라는 기자는 "우리에게도 기회는 있었다. 일본이 항복하고 미군이 진주하기까지의 10여 일 동안이 우리에게 유일한 기회였다. 친일파는 우리 민족 전체의 10분의 1도 되지 않는다. 우리 민족 열 명 가운데 한 사람씩만 죽창을 들고 그들을 처단했다면 비극의 역사는 생기지 않았을 것이다."라는 요지의 말을 한다. 그리고 그는 자신이 고향에 돌아갈 수 없노라는 말로, 자신은 그러한 신념을 실행에 옮겼음을 내비친다.

나는 그의 말에 너무나도 공감한다. 분단과 전쟁, 독재 하의 비극에 이르기까지 대한민국의 모든 비극이 친일파의 처단에 실패한 데에서 기인하기 때문이다. 친일파를 등에 업고 정적들을 숙청한 후 종신 집권을 꾀했던 이승만에서부터, 만주군 출신 정통 친일파인 박정희와 그의 적자나 다름없는 전두환, 노태우에 이르기까지의 독재정권과 그들에 아부하고 기생하며 세력을 확장해 온 독점 자본의 존재가 가능했던 근본적 이유가 바로 거기에 있는 것이다.

내가 대학에 입학할 당시, 대학 신입생들의 필독서 가운데 대표적인 것으로 『해방 전후사의 인식』이라는 책이 있었다. 친일파들의 만행과 그 영향을 기록하고, 그 청산이 얼마나 중요한가를 서술한 논문들로 이루어져 있던 그 책은 우습게도 독재정권에 의해 금지 서적으로 등록되어 있었다. 이는 독재정권이 친일파의 연장선상에 있음을 방증하는 것에 다름 아니었다.

이제 그나마 세월이 많이 좋아져서, 『태백산맥』과 같은 소설만 잘 읽어도 해방 전후사에 대한 올바른 인식을 가지기에 부족함이 없어졌다. 하지만 우리나라는 여전히 친일파 공화국이란 오명을 벗기에 너무나 부족하다. 그동안 자신의 친일 행적을 감추고 민족주의자 행세를 해온 친일파와 그 자손들이 『친일인명사전』과 같은 민족적 열망의 산물에 의해 진실이 밝혀지는 것에 거세게 저항하고 있는 것이다.

사실 친일파들이 얼마나 많은 분야에서 광범위한 영향력을 행사해 왔는지 알면 경악을 금치 못할 것이다. 독재로 얼룩진 정치계는 물론, 경제계와 언론계, 학계에 이르기까지 친일파의 힘이 미치지 않는 곳은 현재까지 거의 없다고 해도 과언이 아닐 정도이다.

친일파들과 그 적자인 독재정권의 권력자들과 그 하수인들은 정기적으로 술 먹고 마누라 패는 돼먹지 못한 가장과 동일한 논리를 편다. 지난 일은 잊고 미래지향적으로 살자고 말이다. 반성이나 피해자들에 대한 사과와 보상 따위는 없다. 적반하장 식으로 지난 일을 따지고 드는 쪼잔한 행위는 국가와 민족의 발전에 발목을 잡는 행위라고 비난한다.

우리 국사 교과서에서 근현대사의 비중이 지나치게 적은 것은 이런 연유 때문이다. 자신들의 행위에 대해 말도 안 되게 미화하는 방법도 없는 것은 아니지만, 그것은 더 큰 반발과 저항을 가져올 가능성이 높다. 잊힐 때까지 조용히 덮어두는 것이 최고인 것이다.

올바른 민족적 기개를 가진 사람들뿐 아니라 최소한의 정의감을 가진 사람이라면 누구라도 그러하겠지만, 나 또한 마음 같아서야 지금이라도 이학송과 같은 방식으로라도 친일파들을 처단해야만 속이 시원할 것이다. 하지만 현실은 그리 녹록치 않다. 친일파와 독재정권의 권력자 및 하수인들은 이미 죽은 경우도 적지 않으며, 살아 있더라도 법 이론상의 절차적 문제로 인해 처벌 자체가 불가능한 경우도 많다.

친일파의 자손들에게 법적 조치를 취하는 것은 대한민국 헌법이 금하고 있는 연좌제에 해당하며, 전두환이나 노태우와 같은 사람들은 이미 처벌을 받은 상태이니, 일사부재리의 원칙에 의해 또다시 재판하거나 처벌할 수 없는 것이다. 하지만 그들의 행위와 관련해서 정의가 바로 세워졌다고 생각하는 사람은 많지 않을 것이다. 특히 그들에 의해 직접적인 피해를 본 사람들은 그 억울한 마음을 어디에 하소연할 수 있겠는가?

이러한 문제에 대한 해답이 바로 역사에 있다. 역사를 통해 너무나 미흡했던 정의 바로 세우기를 완수할 수 있는 것이다. 『친일인명

사전』처럼, 과거에 잘못을 저지른 사람들의 면면과 행위를 상세히 기록하고 공개함으로써 그것이 가능하다. 아직은 이해가 쉽지 않을 것이다. 언제나 그렇듯이, 이런 경우의 해법은 바로 사례이다.

전두환 전 대통령이 군부독재정권의 주범이었음을 모르는 사람은 없다. 독자 여러분도 모두 마찬가지일 것이다. 그러나 여러분은 그에 관해서 무엇을 아는가? 역사 시간에 그의 잘못에 대해 무엇을 배웠는가? 언론을 통해서는 또 얼마나 자세한 정보를 접했는가?

대다수의 독자들이 그를 싫어하겠지만, 그 정도는 그리 심하지 않을 것이다. 그가 나쁜 사람이라고 생각하지만, 그가 구체적으로 어떤 잘못들을 저질렀는지는 정확히 알지 못하고 있기 때문이다. X라는 사람에 대해 단순히 "천인공노할 흉악한 죄를 저질렀다."라고 알고 있을 때와, 그가 "38명의 아동을 납치하여 성폭행하고 살해한 뒤 사체를 토막 내어 유기하고는, 부모에게 그 아동들이 단순 납치되어 살아 있는 것처럼 전화를 걸어 거액의 돈을 받아내는 행위를 거듭해 왔다."와 같이 그의 범죄 행각을 자세히 알게 되었을 때 그에 대한 감정적 반응은 달라질 수밖에 없다.

전두환 정권이 우리나라 민주화의 희망을 어떻게 짓밟았는지, 그 과정에서 무고한 사람들이 얼마나 많이 죽어갔는지, 자신의 권력 찬탈에 반대하고 민주화를 외치던 사람들을 얼마나 가혹하게 고문하고 처벌해 왔는지, 그리고 정권이 위기에 처했을 때 국민들의 시선을 돌리기 위해 많은 무고한 사람들을 간첩으로 몰아 그 당사자들뿐 아니라 가족들의 삶까지도 얼마나 철저히 파괴했는지를 안다면 어떨까?

그래 놓고도 그가 자신의 과거에 대해 전혀 반성하지 않고 여전히 얼마나 호사스러운 삶을 향유하고 있는지, 전직 대통령이라는 명분으로 얼마나 많은 특권을 누리고 있는지를 안다면 그를 싫어하는 정도가 전과 같을 것인가, 아니면 더 심해질 것인가?

아직도 잘 이해가 안 된다면 사실 여부와 무관하게 좀 더 자극적인 상상의 사례를 들어보도록 하자. 수천 명의 무고한 시민들이 희생당한 광주 항쟁 당시, 광주에서는 "계엄군이 임산부의 배를 갈라 태아를 꺼내어보기도 하고, 여고생의 유방을 칼로 잘라내기도 했다."라는 유언비어가 퍼져 있었다.

아무리 자극적인 상상의 사례라고 하더라도 너무한다고 비난하지는 말라. 브루스 윌리스가 주연한 〈태양의 눈물〉이란 영화에서도 정확히 같은 장면이 나온다. 아프리카 한 국가의 내전을 배경으로 한 이 영화에서 인종 청소를 감행하고 있는 정부군은 청소 대상인 종족을 무차별 학살하는데, 정부군 가운데 한 명이 임산부의 배를 가르는 장면을 집어넣고 있는 것이다.

왜 그런 짓을 하느냐고? 그들이 과연 인간이냐고? 그들은 제정신이냐고? 사실 그것은 내게 물을 일은 아니다. 하지만 전쟁 상황에서 적의 사기를 저하시키기 위해 그런 일을 할 수 있는 개연성은 얼마든지 존재한다. 그런 이유 때문이 아니더라도, 국민의 생명과 재산을 수호해야 할 군인들에게 자국민 수천 명을 살해하도록 명령한 사람들이 과연 인간이며 제정신이라고 할 수 있을까? 그들이 무슨 짓인들 못할 것인가?

어쨌든 앞서 전제했듯이 사실 여부와 무관하게 그 유언비어가 사실로 밝혀졌다고 해보자. 그리고 시민들에 대한 발포 명령뿐 아니라 상상 밖의 그 잔혹한 행위를 하도록 명령을 내린 사람이 정확히 문제의 그 독재자와 그 일당으로 밝혀졌다고 해보자. 모든 언론들이 그 사실을 대서특필하고, 역사 교과서에서 이 잔인한 행위를 포함해서 그가 저지른 모든 잘못과 그 영향을 상세히 기술한다고 해보자.[1]

그의 잘못에 대해 더 정확하고 자세한 정보를 접하게 된 국민들의 반응은 어떠할까? 전에는 그저 그의 모습이 TV에 나올 경우 고개를 돌리는 정도였던 사람이, 자신도 모르게 방송 속의 그 얼굴에 침을 뱉고 돌을 던지게 될 것이다. 실제로 그러했던 것처럼, 젊은이들은 그를 체포하기 위해 특공대를 조직하게 될지도 모른다.

이런 상황이 벌어진다면, 그와 그 추종자들이 과연 전처럼 그리고 지금처럼 아무 죄의식 없이 당당하고 호사스러운 삶을 유지할 수 있겠는가? 밖에 나가서 사람들을 대하는 것 자체가 두려움일 것이다. 집 안에 숨어 있더라도 삶 자체가 좌불안석일 수밖에 없을 것이다.

그리고 이는 단순히 특정한 독재자들과 그 추종자들에게만 해당되는 상황은 아니다. 일제에 부역한 친일파와 그 혜택을 받은 모든 자들 또한 같은 이유로 역사 바로 세우기를 두려워할 것이다. 당연히 그들은 이 작업을 두려워하고 방해하고자 할 수밖에 없다.

---

1 이는 내가 논의를 효과적으로 진행하기 위해 가상적으로 설정한 상황일 뿐이다. 그러나 한 가지 알고 넘어가야 할 것은 1980년 광주 민주화 운동 당시 전두환과 노태우로 대표되는 신군부는 광주 일원에 대해 내외신 기자들의 취재와 보도를 전적으로 금지했다는 사실이다. 현재 남아 있는 얼마 안 되는, 그러면서도 충격적인 사진 자료는 서구의 한 기자가 목숨을 걸고 일본으로 밀반출시켜 남아 있는 것이다. 그렇기 때문에 당시 광주에서 무슨 일이 있었는지 상세히 아는 것은 어쩌면 영원히 불가능할지도 모른다.

『친일인명사전』이 발간되기까지 겪은 어려움들은 바로 이러한 사정을 잘 보여준다. 그리고 역사가 단순히 과거에 관한 이론적이고 학문적인 영역이 아니라, 과거의 상처를 바로잡고 치유함으로써 현실에 정의를 세우는 작업의 일부임도 또한 잘 보여준다.

3. 역사 '왜곡'과 일본의 재무장

역사에 이러한 기능이 있다면, 우리가 당연히 의문시해야 하는 것은 일본과 중국이 왜 이른바 '역사 왜곡'에 그리 열중하는가이다(뒤에서 분명해지겠지만, 여기에서 '이른바'라는 말을 사용한 것은 왜곡이라는 말을 그리 쉽게 해서는 안 되기 때문이다). 그들은 역사를 통해서 무슨 현실적인 목적을 이루고자 하는 것일까?

먼저 중국의 경우부터 간단히 언급하고 넘어가도록 하자. 사실 중국의 동북공정은 우리에게 어쩌면 긍정적인 신호일 가능성이 크다. 동북공정은 한반도의 통일 이후에 대비하려는 중국 측의 초석이기 때문이다. 역으로 말하면, 중국 측에서 동북공정이라는 작업에 힘을 쏟는다는 사실은 우리나라의 통일이 그만큼 가까워졌음을 반증하는 것일 수도 있다.

그게 무슨 말이냐고? 앞서 말했다시피 중국에서는 '하나의 중국' 정책을 고수하고 있다. 그런데 만주 지방에는 수많은 조선족들이 살고 있다. 그들은 국적상으로 보면 중국인이지만, 문화 역사적으로는 한국인에 가깝다. 우리나라에 들어와 일하는 수많은 조선족들을 보면 쉽게 알 수 있을 것이다.

한반도가 통일될 경우, 중국 측에서는 조선족들의 움직임에 신경이 쓰일 수밖에 없다. 이는 티베트의 독립운동과는 그 차원을 달리한다. '배후 세력'이 존재하기 때문이다. 그리고 이러한 상황이 현실화된다면, 이는 간도 지방에 대한 한국과 중국의 영토 분쟁으로까지 이어질 수 있다.

중국 측으로서는 한반도의 통일정부가 그런 움직임에 기대어 간도 협약의 효력 자체를 부인할 가능성도 배제할 수 없다. 간도 지방에 대한 중국의 소유권을 가능케 한 간도 협약에서 사실상 당사자인 조선이 배제되고 일본 제국주의자들이 중국과 거래를 했음을 거론하면서 말이다. 동북공정의 주된 목적 가운데 하나는 이러한 상황이 벌어질 것에 대비해, 고대로부터 만주 지방이 중국의 고유한 영토임을 확인하고 천명하려는 것이다.

그렇다면 일본의 우파는 무엇 때문에 그리 역사 교과서에 집착하는가? 이러한 질문을 받으면 우리나라 사람들은 대다수 "과거를 정당화하여 일본인들의 자존심을 회복하기 위해서"라고 대답한다. 물론 이러한 대답이 틀린 것은 아니다. 그러나 단순히 자존심 회복을 위해서일 뿐이라면 주변 국가들과의 관계 악화라는 대가는 너무나 큰 것일 수도 있다.

결론부터 말하자면 일본 우파가 끊임없이 교과서에 손을 대고 과거를 정당화하려는 이유는 일본의 재무장을 위해서이다. 무슨 귀신 씻나락 까먹는 소리냐고 반문할 독자 여러분이 있을지도 모르겠다. 역사를 통해서 어떻게 재무장을 하느냐고 말이다. 하지만 이 둘 사이에는 너무나 밀접한 연관관계가 있다.

아는 사람은 알겠지만, 일본은 평화헌법을 가지고 있다. 헌법에 의하면, 일본은 정규군을 보유할 수 없고, 다른 나라에 대해 선제공격을 가할 수도 없으며, 외국에 자국의 군대를 파병할 수도 없다. 이렇게 자존심 상하는 헌법을 가지게 된 이유는 말할 것도 없이 일본이 제2차 세계대전의 전범국이자 패전국이기 때문이다. 일본의 군사 조직을 자위대라고 부르는 것도 이러한 데에서 연유한다.

이에 대해 일본 우파들이 내세우는 것이 바로 보통 국가론이다. 일본도 다른 나라와 같이 군대를 보유하고 '보통' 국가로서의 위상을 가지고 활동할 수 있어야 한다는 것이다. 그들은 일본이 세계적 경제 대국으로서 군사적 측면에서도 그에 걸맞은 역할과 대접을 받아야 한다고 주장한다.

사실 군사력은 경제력과 비례한다. 현대전에서 첨단 무기가 차지하는 비중은 점점 커지고 있으며, 첨단 무기의 보유는 궁극적으로 돈과 관련된 문제이기 때문이다. 이런 점에 비추어 본다면 자기방어를 명분으로 하고 있는 일본의 군사력은 현재로도 만만치 않음을 쉽게 짐작할 수 있다. 일본이 정규군으로의 개편 작업에 박차를 가한다면, 미국과 중국에 이어 세계 3위의 군사 대국으로 거듭나는 것은 어려운 일이 아니다.

사실 일본 정부는 그동안 이러한 목적 달성을 위한 수순을 차근차근 밟아왔다. 이라크 전쟁을 명분 삼아 동맹국을 돕기 위한 군대의 파병을 허용하고, 자국의 침략 징후가 보이는 국가에 대해 선제공격을 감행할 수 있도록 하는 법률을 이미 통과시킨 바 있다. 최근에는 한반도 유사시에 북한에 억류된 일본인을 구출하기 위해 자위대를 파병할 수도 있음을 넌지시 내비치고 있다. 물론 이는 전쟁에 대한 적극적 개입으로 이어질 것이 뻔하다.

그러나 이러한 노력에 대한 궁극적인 걸림돌이 바로 평화헌법이다. 이런 모든 노력들은 언제라도 위헌 시비에 휩싸일 수 있기 때문이다. 일본 우파의 노력이 성공하기 위해서는 헌법의 개정이 필수적이다. 그리고 역사 '왜곡'은 바로 이를 위한 몸부림이다.

역사 교과서를 왜곡한다고 해서 개헌이 가능하냐고? 그렇다. 일본이 평화헌법을 가진 이유는 모든 일본인들이 알고 있다. 그 과정을 소상히 알고, 이해하는 지식인들이라면 당연히 그러한 시도 자체에 숨어 있는 불순한 의도를 간파할 수 있겠지만, 전후 세대는 그 부분에 대해 그리 분명한 느낌을 가질 수 없기 마련이다.

우파는 그들이 "과거의 전쟁은 일본의 제국주의적 야욕이 불러온 참사였고, 주변의 많은 국가들이 그로 인해 커다란 고통을 겪었다."가 아니라, "충분한 나름의 정당성을 가진 전쟁이었지만, 단지 힘이 없어서 패한 것일 뿐이다."라는 생각을 가지기를 원한다. 더 많은 국민들이 그런 생각에 동참할수록, 헌법 개정에 대한 논의가 수면으로 떠오르고, 긍정적으로 평가받을 가능성이 커지기 때문이다.

지정학적으로 볼 때 일본과 우리나라는 밀접한 관계를 맺을 수밖에 없다. 일본이 조선을 침탈한 것도 대륙 진출을 위해서는 그것이 반드시 필요했기 때문이다. 물론 현재의 국제 정세는 당시와 크게 다르지만, 일본의 이러한 시도가 우리에게 달갑거나 긍정적인 것일 수는 없다. 일본이 군사력 강화의 주된 명분으로 삼고 있는 것이 북한의 위협임을 감안한다면 더욱더 그러하다.

4. 역사는 사실이 아니다

그렇다면 일본 우파의 노력에 대한 우리의 대응은 어떠했는가? 일본의 역사 교과서 문제가 불거졌을 때, 우리나라 사람들은 매우 흥분하여 '왜곡'을 소리 높여 외쳤고, 민간 외교의 단절까지 불사할 듯한 태도를 보였다. 하지만 외관상 너무나 당연해 보이고, 가슴 시원한 이 대응 방식은 명백한 오류였다.

가장 중요한 것은 상대방의 주장을 '왜곡'이라고 여기는 생각의 근저에 깔려 있는 태도이다. 정확한 내용 파악을 위해서는 약간의 한자 공부가 필요하다. 한자라면 진저리 치는 독자들이 꽤 많겠지만, 너무 겁먹지는 말라. 아주 간단한 내용이니 말이다.

'왜곡(歪曲)'이라는 말에서 '곡(曲)'은 '굽다'라는 뜻이며, 그 반대말이 '곧을 직(直)'임을 모르는 사람은 거의 없을 것이다. 그렇다면 '왜(歪)'는 무슨 뜻일까? 굉장히 어려워 보이는 이 글자를 잘 살펴보면 그 뜻이 저절로 보인다. 그 글자의 위와 아래를 분리해 보면 쉽게 알 수 있다. 그것은 바로 '바르지 않을 왜'이며, 그 반대말은 당연히 '바를 정(正)'인 것이다. 결국 왜곡이란 정직의 반대말이다.

일본이 역사를 왜곡했다는 주장에는 우리의 역사가 정직한 역사임을 전제하고 있다. 우리나라 국민이라면 누구나 그렇게 여길 것이다. 국사 교과서를 통해 역사를 배웠으니 너무 당연한 일이다. 하지만 광개토대왕과 장수왕의 대륙 '진출'과 같은 부분이나, 베트남전에서 우리나라가 저지른 과오에 대한 은폐, 그리고 친일파와 독재정권 관련 부분에 대한 내용 등을 생각해 본다면 문제는 그리 간단하지 않다. 우리의 역사도 정직한 것만은 아닌 듯하다.

이와 관련해서 학문적인 측면에서 중요한 것은 역사 서술 자체의 특성이다. 우리는 TV를 통해서 많은 역사 드라마를 접하고, 책을 좋아하는 사람은 역사 소설을 읽기도 한다. 여기에서 먼저 생각해 보아야 할 것은 역사 드라마나 역사 소설과 역사책은 어떻게 다를까 하는 점이다.

아주 상식적이고 간단한 대답은 역사책은 실제 일어난 사실을 기록한 것이고, 역사 소설이나 드라마는 허구, 즉 픽션이라는 것이다. 일단 우리 역사책에 담긴 내용은 모두 사실일 것이라는 독자 여러분의 믿음을 인정한다 해도, 일본이나 중국과 같은 다른 나라의 역사책은 어떠한가? 여러분이 만약 그들이 역사를 왜곡했다고 주장한다면, 중국이나 일본의 이른바 '왜곡된' 역사서는 역사책이 아니라 역사 소설이란 말인가?

만약 전 세계의 역사책을 모아서 비교해 본다면 어떨까? 중국이나 일본의 역사서를 제외한 모든 국가의 역사서는 우리 역사책과 똑같은 내용을 담고 있을까? 역사책이 사실을 담고 있다는 여러분의 상식적 믿음이 참이라면, 그리고 다른 나라의 역사서들도 역사 소설이 아니라 역사책이라면, 나라와 시대를 불문하고 역사책에는 동일한 사실이 동일하게 서술되어 있어야 한다. 그렇지 않다면 그것은 역사 소설이거나 혹은 왜곡된 것이다.

당연히 실제로는 그렇지 않다. 나라마다 나름의 역사책을 가지고 있다. 그렇다면 우리나라의 역사책만 사실이고 다른 나라는 모두 역사를 왜곡하고 있는 것일까? 작은 사례를 하나 들어 생각해 보도록 하자.

솔로로 외롭게 지내던 병훈은 이번 소개팅에서 운 좋게 '퀸카'를 만나게 되었다. 팔등신 미모에 훌륭한 매너와 지적 소양까지 갖춘 그야말로 '엄친딸'이었다. 그녀도 병훈이 싫지 않았는지, 만남은 지속적으로 이어졌다. 시간이 흐르면서 서로에 대한 신뢰가 쌓이고, 서로를 인생의 동반자로 여길 단계에 이르렀다. 그러던 어느 날 그녀가 병훈에게 말했다.

"병훈씨, 이제 우리가 많은 시간을 함께했고, 서로 많은 부분을 공유하게 되었네요. 앞으로 더 많은 날들을 함께하려면 숨기는 것이 없어야 한다고 생각해요. 그래서 저만이 알고 있던 비밀을 한 가지 말씀드리려 해요. 사실 저를 제외한 세상 사람들은 모두 속고 있어요. 저만이 진실을 알고 있어요. 우리는 제트 대왕에 의해 조종당하는 가상 현실에 갇혀 있어요. 우리는 이 가상적 공간에서 탈출해서 자유를 찾아야 해요. 이제 저는 그 노력을 병훈씨와 함께하고 싶어요. 우리 인류를 왜곡된 현실 속에서 구해 내도록 해요."

당신이 위 사례의 병훈이라면 그 여자의 말을 어떻게 생각하겠는가? 그녀와 미래를 함께하겠는가? 정상인이라면 아마 그녀가 제정신이 아니라고 생각할 것이고, 그녀와의 관계를 다시 생각해 볼 것이다. 그런데 그녀 말의 요지는 "나만이 진실을 알고 있고, 세상 사람들은 모두 왜곡된 현실을 보고 있다."라는 것이었다. 우리의 역사책만이 사실을 담고 있고, 나머지 모든 국가의 역사책은 왜곡되었다는 주장은 그녀의 주장과 어떻게 다른가?

물론 영화 〈매트릭스〉나 〈트루먼 쇼〉의 경우에서처럼, 그녀의 말이 사실일 가능성도 있다. 그녀가 '그(the one or He)'일 가능성도 배제할 수는 없는 것이다. 그러나 99.999퍼센트의 가능성을 버리고 0.001퍼센트의 가능성을 택하는 것이 합리적일 수는 없다. 자신이 슈퍼맨임을 믿고 63빌딩에서 뛰어 내리는 사람을 합리적이라 하지는 않는다. (물론 그녀가 제정신이 아니라고 생각하면서도, 병훈이 여전히 그녀를 택할 가능성이 없지는 않다. 그녀의 미모에 빠져서 말이다.)

우리의 역사책만이 사실을 기록하고 있다는 생각이 이와 무엇이 다른가? 자신만이 옳다고 생각하는 사람은 두 눈을 가진 세상 모든 사람들이 비정상이라고 생각하는 외눈박이와 같은 오류를 범하고 있을 가능성이 매우 높은 것이다.

그렇다면 역사책이 사실만을 담고 있다는 주장은 참이 아니다. 사실만을 담고 있다면 모든 역사책이 정확히 일치해야 할 것이기 때문이다. 그렇다고 해서 역사책이 역사 소설보다 많은 사실을 담고 있다고 말하는 것은 무의미하다. "사실을 몇 퍼센트 담고 있어야 역사책이 되는가?"라는 해결할 수 없는 문제가 발생할 것이기 때문이다.

비밀의 열쇠는 사실과 사료(史料)의 구분에 있다. 역사책의 모든 내용은 사료에 의해 증명되어야 한다. 하지만 역사 소설이나 드라마의 경우에는 적은 분량의 사료에 많은 양의 상상력을 보태어 흥미와 감동을 주는 내용을 만들어낸다. 장편 드라마 〈대장금〉의 극본은 몇 권 분량에 달하겠지만, 그것을 가능케 했던 사료는 정작 그 10분의 1

도 되지 않을 것이다.

중국이나 일본인들이 '왜곡된' 역사책을 쓸 때에도, 그것이 역사서인 한, 사료에 기반했음은 분명하다. 우리의 역사 교과서와 마찬가지로 말이다. 따라서 마치 우리의 역사책만이 사실을 담고 있고, 그들의 역사책은 거짓인 것처럼 그것을 단순히 '왜곡'이라는 말로 치부해 버려서는 곤란하다.

여전히 역사책이 사실만을 담아야 한다고 생각하는 사람들은 역사가의 역할이란 주관을 배제하고 사료를 잘 정리해서 객관적인 사실을 밝혀내는 것이라 주장할 것이다. 하지만 사료는 무수히 많다. 문서, 건축물, 조각을 비롯해 과거에 대해 무언가를 알려주는 모든 것은 사료로서의 기능을 한다. 일차적인 문제점은 그 모든 것을 역사책에 담아낼 수 없다는 사실이다.

독자 여러분의 집에는 족보가 있을 것이다. 딱히 자기 집이 아니더라도, 큰집이나 혹은 종갓집에는 족보가 있을 것이다. 그 족보는 사료인가 아닌가? 당연히 사료에 해당한다. 과거에 대해 많은 내용을 말해주고 있으니 말이다. 그런데 독자 여러분의 족보가 우리나라 역사책에 나오는가? "그렇다"라고 대답할 사람은 거의 없을 것이다. 그 이유는 무엇인가? 여러분은 당연히 중요하지 않아서라고 대답할 것이다.

그렇다. 역사책은 사료 가운데 중요한 것을 선택해서 정리한 것이다. 그렇다면 중요한 것을 선택하는 사람은 누구인가? 그는 어떤 기준에 의거해서 중요성을 판단하는가? 선택은 역사가의 몫이고, 역사가는 자신의 가치관, 즉 사관(史觀)에 의거해서 선택을 한다. 그것이 순전히 개인의 몫일 수는 없겠지만, 자신의 가치관에 기반한 역사가의 선택 과정이 백 퍼센트 객관적일 수 없음은 분명하다. 사료에 기반했다는 점에서는 비교 우위를 가질 수 있겠지만, 역사에 주관과 편견의 개입은 필연적이다. 사실로서의 객관적 역사는 존재할 수 없다.

분명히 하고 넘어가야 할 것은 이 말이 우리가 허상의 세계에 살고 있다는 것을 의미하지는 않는다는 점이다. 과거에 어떤 사실들이 일어났던 것은 분명하다. 하지만 문제는 인간이 그것을 정확히 알아낼 수 없다는 것이다. 인간의 인식 능력에는 한계가 있기 때문이다. 여기에서 "객관적 역사가 존재할 수 없다."라고 말하는 것은 역사를 객관적으로 서술하는 것이 불가능함을 의미한다.

문제는 여기에서 그치지 않는다. 사료 자체가 편견 덩어리인 것이다. 당신 집안에 족보가 있다고 해서 당신이 양반의 자손이라 확신해서는 곤란하다. 당신이 상놈의 자손일 확률은 90퍼센트 이상이다. 나도 예외는 아니다. 집안 어른들께서는 우리가 신라 경순왕의 몇 대손이라고 말씀하시지만, 나는 그 말을 믿지 않는다.

조선 초기에 양반은 10퍼센트 미만이었다. 그런데 지금은 어떠한가? 족보 없는 집안이 없으니, 적자생존의 이론에서처럼 양반들은 살아남고 상놈들은 도태되었단 말인가? 그럴 가능성은 없으니, 당연히 90퍼센트 가량은 그 사이에 위조된 것이다. 사료에는 사료 기록자의 희망이 담겨 있는 것이다.

조선 후기에 일제의 침략과 정부의 무능에 항거하여 농민들이 집단적인 저항운동을 벌인 적이 있다. 현재는 그것을 동학혁명 혹은 동학농민운동이라고 부르지만, 당시에 사료를 기록했던 식자층의 눈에는 그런 식으로 보였을 리가 없다. 그들의 눈에는 상것들이 일으킨 난(亂)으로 보였을 것이다. 그것을 난으로 본 이상, 동학군의 정당성보다는 그들이 일으킨 혼란상을 부각시키는 데 주력했을 것은 당연하다.

사료는 사실이 아니다. 사실에 대한 객관적 기록 자체가 불가능한 것이다. 당신이 친구와 싸운 날, 당신의 일기장에 기록된 내용과 당신 친구의 일기장에 기록된 내용이 같을 리 없다. 당신의 일기장에서와는 반대로 당신 친구의 일기장에는 당신이 얼마나 큰 잘못을 저질렀는지가 부각되어 있을 것이다. 역으로 그것이 싸움이 아닌 것으로 기록되어 있을지도 모른다.

어찌 되었든 간에, 후에 그것이 필요할 때 역사가 어떤 것을 사실로 기록해 주는가는 우연적인 요소에 의존한다. 첫 번째 중요한 요소는 어떤 사료가 역사가의 손에 입수되는가이다. 당신의 일기장이 불타 없어질 수도 있고, 그 반대일 수도 있다. 둘 다 소실될 수도 있고, 둘 다가 입수될 수도 있다. 그 사건이 기록될 수 있는가 아닌가, 기록될 수 있다면 어떤 식으로 기록될 수 있는가는 상당 부분 우연에 의존한다.

두 번째 중요한 요소는 앞에서 말한 것처럼 역사가의 선택이다. 기본적으로 당신과 같은 성향을 혐오하는 역사가가 두 종류의 사료를 입수한다면, 당신 친구의 입장을 선택하여 역사를 기술할 것은 너무나 당연하다. 그 반대의 경우도 가능하겠지만, 어쨌든 중요한 것은 역사가의 성향과 가치관이 역사 서술에서 결정적 역할을 한다는 사실이다.

따라서 20세기가 낳은 위대한 역사학자인 E. H. 카는 "역사책을 읽기 전에 먼저 역사가를 연구하라."라고 조언한다. 역사가가 어떤 환경에서 자랐으며, 어떤 성향과 가치관을 지니고 있는지를 알 수 있다면, 그가 어떤 사건을 어떻게 기록할지 예측 가능하다는 것이다.

말하자면 끝도 없겠지만, 결론적으로 중요한 것은 객관적으로 기술된 사실로서의 역사란 존재할 수 없다는 점이다. 모든 역사는 우연적인 요소들과 편견으로 점철되어 있다. 정직(正直)한 역사가 존재할 수 없다면, 어떻게 왜곡(歪曲)이라는 비난이 가능하다는 말인가? 왜곡이라고 비난하는 행위 자체가 불가능한 것 아닐까?

5. 위안부, 무엇이 문제인가?

우리나라 정부와 민간단체들이 일본 역사 교과서에 대해 왜곡이라고 비판하자, 일본의 주요 일간지들은 '내정간섭'이라고 불만을 토로했다. 그들이 이러한 불만을 토로하게 된 데에는 앞에서 말한 역사의 주관성과 상대성에 대한 가정이 전제되어 있다. 역사란 사료에 기반하며, 사료의 선택과 배열은 어디까지나 역사가의 몫이다. 사료에 담긴 편견까지 감안한다면 사실만을 담은 객관적인 역사란 불가능하다.

그렇다면 한국에는 한국의 역사가 있고, 일본에는 일본의 역사가 있을 수밖에 없다. 한일합병에 대해 한국의 역사가가 일본의 강제성을 부각시키고자 한다면, 일본의 역사가 입장에서는 합병에 찬성하고 조력한 일부 조선인들이 존재했음을 강조하고자 하는 것이 당연하다. 역사란 이렇게 국가적 정체성과 관련된 문제인 것이다.

역사 기술이란 많은 부분 소설이나 영화와 공통점을 가진다. 역사가는 소설가나 극작가처럼 큰 줄거리를 염두에 두고 세부 내용을 결정해 나가는 것이다. 많은 사료들 중에서 어떤 사료를 선별적으로 기술할지, 그 사료들을 어떤 순서로 기술할지는 오직 역사가의 몫이다. 이러한 전략에 따라 역사의 스토리는 전혀 달라지게 된다.

나는 학생들에게 역사의 이런 측면을 설명하기 위해 종종 언어 배열의 마술과 같은 모습을 보여주곤 한다. 단순히 선택과 배열의 차이만으로도 전체적인 느낌과 스토리가 얼마나 달라질 수 있는지 보여주는 것이다. 기본적인 사실 혹은 사료는 세 가지이다.

⑴ 은실과 상우가 만났다.
⑵ 상우는 자신의 아버지가 돌아가셨다는 전화를 받았다.
⑶ 상우가 돌아서서 울면서 뛰어갔다.

더 많은 사실들을 개입시킬 수도 있지만, 이 세 가지 기본적인 사실만으로도 스토리가 어떻게 이어지는지는 쉽게 이해 가능하다. 그런데 먼저 이 세 가지 가운데 두 가지만을 선별해 본다면 스토리는 전혀 달라진다.

⑴ 은실과 상우가 만났다.

(2) 상우가 돌아서서 울면서 뛰어갔다.

나는 오직 간략한 선별 과정을 거쳤을 뿐인데, 여기에서 풍기는 느낌과 이야기 전개는 180도 달라진다. 많은 사람들은 상우가 은실이에게 차였다거나, 그와 유사한 커다란 상처를 입었기 때문에 그런 행동을 하게 되었다고 상상할 것이다. 이번에는 선별된 두 가지 이야기의 배열 순서만을 바꾸어보자.

(1) 상우가 돌아서서 울면서 뛰어갔다.
(2) 은실과 상우가 만났다.

어떤가? 역시 전혀 다른 느낌을 갖게 되지 않는가? 이 배열 순서에 의해서라면, 상우에게 뭔가 슬픈 일이 생겼는데, 은실이 상우를 만나 위로하는 것과 같은 스토리를 상정하는 것이 매우 자연스러울 것이다.

역사에 이러한 과정이 필수적으로 개입될 수밖에 없다면, 국가마다 혹은 더 세부적으로는 역사가마다 다른 역사를 쓰는 것이 너무나 자연스러울 것이다. 그럼에도 불구하고 '왜곡' 운운하는 것은 역사의 기본적인 속성에 대해 무지한 소치이다. 자신의 무식함을 드러내는 일일 뿐인 것이다.

이제 이 장의 제목인 위안부 문제로 들어가보도록 하자. 독자 여러분은 일본 역사 교과서에서 위안부와 관련해서 어떤 부분이 문제가 되고 있는지 아는가? 당연히 많은 독자 여러분이 모르리라고 생각한다. 그럼에도 불구하고, 독자 여러분 가운데 대부분은 위안부 문제에 대해 분개했을 것이다.

이 얼마나 불합리한 일인가? 타인의 행위에 대해 분개하면서, 정작 그가 무슨 잘못을 했는지 알지 못하다니 말이다. 이러한 감정과 행위의 불합리함에 대해서는 이 장의 처음에서 이미 설명했으니 다시 한 번 읽어보기 바란다.

위안부 문제에 대해 문제의 일본 역사 교과서에서는 전혀 언급하지 않고 있다. 위안부 문제는 '왜곡'의 문제가 아니라 '은폐'의 문제인 것이다. 너무나 중요한 내용을 언급조차 하지 않고 있으니, 이도 또한 왜곡의 일종이라는 것이다.

그러나 역사의 기본적 속성상 단순한 은폐에 대한 비판도 왜곡의 경우와 마찬가지로 잘 통하기 힘듦은 자명하다. 이미 설명한 것처럼, 역사 서술 과정에서 사료의 선별은 불가피하다. 당신에게 너무나 중요한 당신 집 족보나 당신 할아버지의 일기장이 역사책에 등장하지 않는다고 해서 화를 내서는 안 되는 것처럼, 당신 국가에서 중시하는 사건이 타국의 역사책에 등장하지 않는다는 이유로 분개할 이유는 전혀 없는 것이다. 역사는 그런 것이다.

타국의 양갓집 규수들을 끌어가서는 성적 노리개로 이용한 엄청난 사건이 중요하지 않다고 말하는 것이냐는 절규에 가까운 반박도 그들의 입장에서는 별로 중요하지 않다. 정기적으로 술 먹고 마누라를 패는 남편이 있는 가정의 경우, 부인의 입장에서는 부부관계를 언급할 때 그 사건이 매우 중요하겠지만, 남편의 입장에서는 그 사건을 별로 중요하지 않은 것으로 치부하고 싶기 마련이다. 우리나라 역사 교과서에서 친일파들과 독재자들의 행각을 여전히 상당 부분 은폐하고 있는 것도 동일한 이유이다.

물론 "당신네 나라의 역사책에서도 과거의 사건을 은폐하고 있으니, 우리나라 역사 교과서의 은폐 문제를 거론해서는 안 된다."라는 논리는 성립하지 않음을 알고 넘어가는 것도 중요하다. 논리학에서는 이러한 오류를 '양비론의 오류'라고 부른다.

교통법규 상습 위반 지역에서 경찰에 의해 단속된 운전자는 "다른 사람들도 다 어기는데 나만 단속되는 것은 부당한 것 아니요? 봐주시오."라고 말하곤 하는데, 뭔가 그럴듯해 보이는 이 주장 속에 바로 양비론의 오류가 숨어 있는 것이다.

정작 중요한 것은 문제의 행위가 정말로 잘못된 것인가 아닌가 여부이지, 다른 사람들이 동일한 잘못을 저지르고 있다는 사실이 아니다. 살인사건이 빈번한 지역에서 체포된 살인범이 "많은 살인사건이 벌어지고 있는데, 다른 살인범은 체포하지 못하면서 나만 체포하는 것은 부당하지 않소? 놓아주시오."라고 말한다면, 그 말의 정당성을 인정할 수 있겠는가?

살인범은 모두 체포해야 하는 것처럼, 다른 위반자들을 체포하라고 말해야지 자신을 놓아달라고 말해서는 안 되는 것이다. 마찬가지로 은폐가 정말로 문제라면, "나는 고칠 테니, 당신네 나라도 고쳐야 하오."라고 말하는 것이 옳다.

"아, 이제 일본 측의 오류가 간단히 밝혀졌구나."라고 안도하면서, "뭐 이런 걸 가지고 이리 장황하게 설명하나?"라고 생각해서는 곤란하다. 문제의 교과서를 기획하고 서술한 일본 우파들은 "당신들이야말로 사실을 왜곡하고 있다. 그들은 강제로 끌려간 것이 아니라 자발적으로 지원해서 간 것이다. 그들은 지원서를 썼고, 그들에게 임금도 지불되었다. 누락된 부분이 있는 것은 인정한다. 그것은 행정적인 착오일 뿐으로, 관련 증거와 함께 요청한다면 당연히 지급할 것이다."라고 말한다.

무슨 개 풀 뜯어 먹는 소리냐고? 위안부 할머니들이 아직까지 두 눈 뜨고 살아 계신데, 어떻게 그런 말을 할 수 있느냐고 흥분하겠지만, 그것이 현실이고 그들의 논리이다. 그리고 이론적으로 보면 결코 함부로 할 수 있는 논리가 아니다. 유비를 들어보면 쉽게 알 수 있을 것이다.

광희는 부준을 납치 및 학대 혐의로 고소하였다. 자신을 강제로 납치하여 한 달 동안 섬에 구금해 놓고는 청소와 빨래 등의 일을 시켰다는 것이다. 부준은 관련 내용을 부인하였다. 결국 법정에서 시비를 밝혀야 하게 되었다. 광희는 지인들을 증인으로 내세웠다. 광희가 고생한 정황이 생생하게 증언되었다.

하지만 부준은 그러한 증언이 진행되는 동안에도, 방청석에서 그를 욕하는 웅성거리는 소리가 들리는 동안에도 여유만만했다. 자신의 차례가 되자, 그는 계약서와 임금 지불 영수증을 제시하였다. 광희는 납치된 것이 아니라 자신과의 계약에 의해 섬으로 간 것이며, 그녀의 노동에 대한 대가가 충분히 지급되었다는 것이다.

광희는 울부짖으며 흥분하겠지만, 그것이 판결에 커다란 도움이 되지는 않는다. 판사는 어디까지나 증거에 의해 판단해야 하며, 부준이가 제시한 서류상의 증거는 광희와 지인들의 증언 못지않은 중요성을 가진다. 어쩌면 이해 당사자의 증언보다는 서류가 더 큰 설득력을 가질 가능성이 클지도 모른다.

법정에서의 소송에 연관되어 본 적이 있는 사람이라면 경험한 적이 있을 가능성이 크지만, 이해 당사자의 증언은 자신의 이익을 위해 조작되기 일쑤이다. 처음에는 다분히 의도적인 조작이었다 하더라도, 소송이 진행되면서 자신의 증언에 대해 확신을 가지게 되고, 자신도 그것이 사실이라고 믿게 되는 경우가 많은 것이다. 어쨌든 다른 추가적인 증거가 제시되지 않는다면 광희가 승소하리라고 판단하기는 쉽지 않다.

위안부 할머니들의 문제가 가지고 있는 논리적 구조는 이와 매우 유사하다. 최소한 일본 우파들이 내세우는 논리는 그러하다. 너무나 파렴치하기 그지없다고 흥분해서는 안 된다. 흥분은 언제나 일을 그르칠 뿐이다. 냉철한 논리적 대응을 통해 설득력 있는 주장을 내세워야만 하는 것이다.

일본의 역사 교과서 문제에 대한 우리나라 측의 초기 대응은 이미 한 차례 일을 그르친 바 있다. 통쾌하게 욕을 퍼부어 주었는데 무슨 일을 그르쳤냐고 반문할 독자들이 있을지도 모른다. 그 독자들에게 묻고 싶다. 그래서 무엇이 달라졌냐고, 그리고 그들이 교과서에 손을 대서 달성하고자 하는 목적을 좌절시켰냐고 말이다.

흥분 속에서 관계 단절까지 외쳤던 우리의 태도는 앞서 살펴본 것처럼 절대주의적이고 독단적인 것이었다. 그에 대한 일본 측의 태도는 상대주의적인 것이었다. 사상사적으로 상대주의는 절대주의의 문제점을 지적하며 등장한 사조이다. 인간 인식의 한계를 지적하고 그에 대한 반성을 촉구하는 상대주의의 비판 앞에 절대주의적 태도는 무력하기 마련이다. 힘으로 제압하지 않는 한 말이다.

일본 측은 우리의 요구를 내정간섭으로 일축했다. 그리고 교과서 채택 문제는 중앙정부에서 강제할 일이 아니라고 말해 왔다. 그냥 "너희는 떠들어라"라는 식으로 대응한 것이다. 실컷 욕해서 속 시원해진다고 일이 해결되는 것은 아니다. 그들이 이러한 대응을 예상하지 못했을 리 없다. 우리는 그들의 손아귀에서 놀아난 셈이다.

실제로 일본에서 문제의 교과서를 채택한 학교는 얼마 되지 않는다. 하지만 정말 무서운 것은 그 책이 베스트셀러에 들 만큼 많이 팔렸다는 사실이다. 나도 그 책에서 문제되는 부분을 일부 읽어본 적이 있는데, 일본인이라면 이런 내용을 읽고 가슴이 찡했겠구나 할 정도로 (일본의 입장에서 본다면) 잘 만들어진 책이었다.

앞에서 지적했듯이, 일본 우파의 궁극적 목적은 헌법 개정이다. 그리고 그 핵심 열쇠는 제2차 세계대전에 대해 일본인들이 어떤 태도를 가지는가이다. 그런데 여론조사 결과를 보면 헌법 개정의 필요성을 인정하는 일본인들의 비율은 꾸준히 늘어왔다. 그 이유가 비단 역사 교과서 문제와 그에 대한 우리의 적절치 못한 대응 탓만은 아니겠지만, 그 역시 중요한 한 가지 원인이 되었음은 부인할 수 없다.

차라리 크게 문제 삼지 않았더라면 그 책이 그렇게 많은 독자의 관심을 받지는 못했을지도 모른다. 논리적 설득력도, 충분한 증거도 없으면서 법정에서 욕설과 비난을 퍼붓는 것은 오히려 역효과만을 가져올 뿐이다.

6. 역사가와 사료 - 부분과 전체

그렇다면 바람직한 대응 방법은 무엇일까? 역사에 대해 따져 묻기, 바로 역사철학에 그 답이 있다. 여태까지 진행되어 온, 그리고 앞으로 진행될 담론 속에서 알 수 있듯이, 철학에는 현실을 비판하고 변혁하는 힘이 있다. 공리공담으로 느껴지는 철학이 힘을 발휘하는 것이다. 독재자들이 철학을 경계하는 이유가 바로 그것이다.[2]

문화와 관련한 담론에서, 바람직한 소통을 위해서는 절대적 태도와 상대적 태도 모두를 극복해야 한다고 말했다. 그것은 21세기까지 인류가 지혜를 축적해 오면서 다다른 잠정적인 결론이다. 그 속에 민주주의가 담겨 있고, 그 속에 평화와 공존을 위한 해답이 담겨 있다. 역사의 문제도 예외는 아니다.

가장 먼저 따져보아야 할 것은 역사가와 사료의 관계 문제이다. 하지만 그전에 한 가지 전제가 있음을 잊지 말라. 과거에 분명 어떤 사건들은 일어났지만, 인간 인식의 한계로 인해 그 사건을 있는 그대로 바라보는 것은 불가능하다. 모두가 자신만의 색안경을 끼고 자기의 시각에서만 그것을 볼 수 있을 뿐이다.

철학에 관심을 가진 사람들을 위해 좀 거창하게 말해 본다면, 그

---

2 독자 여러분이 보기에 우리나라의 철학은 전혀 그렇지 못하다면, 그것은 철학 자체의 문제가 아니라 철학을 하는 사람들의 문제이다. 철학자들이 소통을 거부하는 한, 철학은 공리공담의 틀 속에 머물 수밖에 없다.

유명한 칸트가 말한 것처럼 일어난 사건 자체는 인식의 틀 너머에 있는 '물 자체'일 뿐이다. 인간은 여러 가지 범주를 통해 그것을 나름대로 인식한다. 물 자체의 존재가 없다면 인식 자체가 불가능하겠지만, 인식 활동이라는 것은 반드시 범주를 거쳐야만 가능해지므로 물 자체의 인식은 불가능한 것이다(폼 한번 잡아본 것이니, 이해 안 되는 독자들은 이 단락을 패스해도 좋다).

역사 서술 과정은 영화의 제작이나 소설의 집필 과정과 같다. 사료는 영화에 출연하기를 기다리고 있는 배우들과 같다. 역사가는 영화의 감독이다. 역사가는 먼저 어떤 줄거리의 영화를 만들 것인지를 정한 후에, 그에 맞는 배우들을 캐스팅한다. 어떤 배우는 주연으로, 어떤 배우는 조연으로, 그리고 어떤 배우는 엑스트라로 캐스팅되지만, 배우와 배우 희망자들 전체와 비교해 보면 그 영화에 출연하지 못하는 배우가 압도적으로 많기 마련이다. 영화는 전적으로 감독의 목적과 의도에 의해 좌우된다.

여러분이 일본과 한국의 관계사를 쓴다고 생각해 보라. 한국인으로 태어나 역사를 교육받은 사람으로서 여러분은 한국과 일본의 관계에 대해 나름의 시각을 이미 가지고 있기 마련이다. 그것은 여러분의 가치관이자 여러분이 끼고 있는 색안경이다. 칸트의 언어로 하면 여러분이 가지고 있는 '범주'인 것이다.

작업을 시작하기 전에 이미 대체적인 줄거리와 틀은 여러분의 마음속에 마련되어 있는 셈이다. 사료를 선별할 때 그 목적을 잘 달성해 줄 것과 그렇지 못한 것들이 구별된다. 목적에 맞지 않는 사료는 버려져 '은폐'되기 마련이다. 이것이 역사의 속성이며, 여기까지는 이미 충분히 설명한 바 있다.

그러나 이것이 끝이라면 역사와 역사 소설 혹은 드라마/영화를 구분할 필요가 없을 것이다. 역사가와 사료의 관계는 한쪽이 다른 한쪽을 지배하는 일방적인 관계에서 그치지 않는다. 물론 그것은 비단 역사가와 사료의 관계에만 적용되는 것은 아니다. 모든 것이 상호작용한다는 변증법의 이론은 어쩌면 만고불변의 진리일지도 모른다.

『손자병법』으로 유명한 손무의 손자인 손빈은 방연과 더불어 귀곡선생 문하에서 수학하였다. 부귀영화에 관심이 많은 방연은 먼저 하산하여 위나라의 재상에까지 이르렀다. 귀곡선생의 친구인 묵적은 손빈에게 위나라에 가서 방연과 더불어 뜻을 펼치라 말한다. 귀곡선생도 그 뜻을 말리지 않고, 할아버지인 손무가 남긴 병서를 손빈에게 외우도록 한 후에 하산을 허락한다.

손빈의 방문에 방연은 겉으로는 반가워했지만, 속으로는 여간 부담스럽지 않았다. 왕도 손무의 손자라는 말에 그에게 더 관심을 가지는 눈치였다. 기회를 노리던 방연은 손빈이 제나라 출신이라는 점에 착안해, 그를 제나라의 첩자로 몰 흉계를 꾸민다. 계략은 성공하였고, 손빈은 목숨을 잃을 처지가 되었다.

하지만 방연은 손빈을 그냥 죽이기는 싫었다. 그의 할아버지가 지었다는 병서인 『손자병법』을 손빈이 외우고 있다는 사실을 알고 있었던 것이다. 그래서 방연은 죽을 목숨을 자신이 살려준 것처럼 꾸미며, 손빈의 두 다리를 못 쓰게 만든 후, 『손자병법』을 필사해 줄 것을 부탁한다. 그리고 자신의 심복을 시켜 손빈을 감시하게 한다. 물론 겉으로는 손빈의 수발을 드는 역할을 맡겼지만, 반역을 꾀한 죄인이니 잘 감시해야 한다는 언질과 함께 감시의 임무를 맡긴 것이다.

전후 사정을 모르는 손빈은 자신의 목숨을 살려준 방연에게 감사하며 『손자병법』을 필사하기 시작한다. 불편한 몸으로도 매일 목욕재계하고 정좌하여 작업을 수행했다. 하루하루가 지나면서 그를 보좌하면서 감시하던 방연의 심복에게는 의심이 들기 시작했다. 저렇게 인격적으로 훌륭하고 정직하며 올곧은 사람이 은혜를 저버리고 반역을 꾀했을 리가 없다고 생각한 것이다.

그는 넌지시 전후 사정을 손빈에게 묻게 되었고, 모든 것이 방연의 음모임을 확신하게 된다. 그리고 손빈에게 『손자병법』의 필사가 완성되는 날이 바로 죽는 날이 될 것임을 알려준다. 위기감을 느낀 손빈은 하산할 때 귀곡선생이 위험한 순간이 오면 열어보라던 주머니를 펼쳐본다. 그 속에 담긴 종이에는 '광(狂)'이라는 글자 한 자가 적혀 있었다.

손빈은 스승의 통찰력에 감탄하면서, 미친 척하기 시작한다. 기왕에 집필한 『손자병법』은 국 끓인다며 끓는 물에 넣어 없애버리고, 돼지우리에 들어가 돼지밥을 먹고 그곳에서 자는 등 미친 행동을 한다. 이미 자신이 붙여놓은 심복이 손빈의 심복이 되었음을 모르는 방연은 그의 증언도 있는지라, 손빈의 증상을 사실로 믿게 된다.

방연은 손빈의 정신이 돌아올지도 모른다는 생각에 그를 죽이지 않고 감시를 붙여둔다. 하지만 목숨을 건진 손빈은 기회를 보다가 제나라로 탈출하여, 제나라 장군인 전기와 손잡고 위나라와의 싸움에서 방연을 죽이게 된다.

갑자기 왜 논의와 전혀 상관없는 옛날이야기냐고 불만을 토로하지 말라. 모든 것은 연결되어 있다고 하지 않았는가? 이 이야기는 역사가와 사료의 관계, 나아가 부분과 전체의 관계와 관련해서 중요한 암시를 준다.

방연의 심복이 처음에 손빈을 감시하기 시작할 때, 그는 손빈에 대해 반역자라는 평가를 내리고 있었다. 그러한 생각은 방연에 의해 교육을 통해 주입된 것이며, 그 생각을 뒷받침하는 증거 자료 또한 부여되어 있었다. 그는 손빈의 행동에 대해 부정적 색안경을 낀 채 그를 대하게 되었던 것이다.

하지만 그가 손빈을 감시하면서 그에게 새로운 자료가 주어지게 된다. 손빈의 생활상을 목격하게 된 것이다. 색안경을 끼고 있었기 때문에 아무리 좋은 행동도 처음에는 위선적으로 보였겠지만, 그러한 행동들이 반복되자 결국은 처음에 가지고 있던 전반적인 생각 자체를 바꾸게 된다. 색안경이 바뀌게 된 것이다.

독자 여러분이 한일 관계사를 쓰는 경우에도 마찬가지이다. 당신은 한국인으로서 일본에 대한 부정적 생각을 가지고, 일본을 폄하하고 한국의 억울한 피해를 부각시켜야겠다는 마음을 이미 가진 채 작업에 임하게 될 것이다. 사료를 선택함에 있어서도 그러한 태도가 결정적 영향을 미칠 것은 물론이다.

여기까지만 놓고 본다면 역사가의 전반적인 가치관, 즉 사관이 역사 서술을 지배하는 유일한 요소일 것으로 보인다. 부분적인 사료는 사관에 의해 선택되고 배열되는 부차적인 것으로 여겨질 것이다. 역사가마다 기존에 가지고 있는 색안경에 따라 다른 역사를 서술할 수밖에 없다. 일본 측에서 주장하고 있는 내용은 이러한 전제에 의거한다.

그러나 방연의 심복이 계속되는 새로운 증거의 등장에 자신의 생각을 바꿀 수밖에 없었던 것처럼, 역사가도 예상 밖의 사료가 계속 등장하게 된다면 기존의 가치관을 바꿀 수밖에 없게 된다. 전체와 부분의 관계는 일방적인 지배관계가 아니라 상호작용하는 관계인 것이다.

전체와 부분의 관계를 잘 보여주는 또 다른 사례는 바로 사회와 개인의 관계이다. 개인은 사회 속에서 태어나고 교육받아 성장하여 사회의 구성원이 된다. 이를 사회화라 부른다. 어떤 개인도 사회로부터 분리되어 성숙한 인격체로 성장할 수 없다. 이러한 과정만 놓고 본다면 사회가 개인을 지배하는 것처럼 보일 수 있다.

사회가 일방적으로 개인을 지배한다면, 개인은 사회의 기존 가치관에 순응할 수밖에 없기 때문에 사회에 발전과 변화는 불가능할 것이다. 하지만 사회에 대해 '따져 묻기'를 하는 개인들이 나타나 사회를 변화시키고, 그를 통해 자신의 인생 또한 변화시키고자 한다. 그러한 노력은 때로 좌절되어 개인의 무기력함을 보여주는 듯하지만, 무모한 듯한 도전이 계속됨으로써 결국 사회 자체가 변화되는 경우를 우리는 역사를 통해 무수히 목격해 왔다.

무수히 많은 홍길동들의 노력이 모여 적자와 서자의 구분이 철폐되었고, 무수히 많은 킹 목사와 말콤 X들의 노력이 모여 흑인에 대한 차별이 철폐되어 왔으며, 무수히 많은 김주열과 박종철 그리고 이한열들이 모여 독재정권이 민주정권으로 바뀌어 왔다. 사회와 개인, 역사가와 사료의 관계를 통해 알 수 있듯이, 전체와 부분은 언제나 상호작용하는 것이다.

이러한 점에 주목한다면, 일본의 우파들이 내세우는 것과 같은 상대주의적 역사관은 역사가의 역할만을 지나치게 강조한 극단적인 것임을 쉽게 알 수 있다. 역사가와 사료의 상호작용 속에서 역사는 발전할 수 있는 것이다. 그리고 그러한 상호작용의 극대화를 통해 역사의 발전을 꾀하는 것이 진실에 접근하는 방법이자, 과거의 상처를 올바로 치료할 수 있는 길인 것이다.

그게 무슨 뚱딴지같은 소리냐고? 음~ 조금만 더 읽어보라.

7. 열린 자세, 비판, 소통을 통한 접근 그리고 진보

결론적으로 문제에 대한 해결책을 제시하기에 앞서, 그동안의 논의를 간략히 정리해 보도록 하자.

우리의 입장만을 내세우며 주변국의 교과서를 무조건 '왜곡'이라고 몰아붙였던 우리의 태도는 전근대적인 절대주의적 태도의 잔재일 뿐이다. 객관적인 역사 서술이 가능하다는 생각(그 생각에는 언제나 자신의 것만이 객관적이라는 전제를 깔고 있다)은 역사 서술에서 역사가의 역할을 완전히 무시하고 있다. 역사가는 주관을 배제하고 사실을 수집하여 잘 배열함으로써 발생했던 사건을 객관적으로 재구성할 수 있다고 생각한 것이다.

모든 절대주의적 사고가 그러하듯이, 이러한 생각을 고집할 경우 타인에게 자신의 사고방식을 강제하는 것이 당연하다. 대화와 소통의 필요성은 완전히 부인된다. 객관적 입장을 가진 사람과 그에서 벗어난 잘못된 생각을 가진 사람 사이에 무슨 대화가 필요한가? 한쪽에서 다른 한쪽을 바른길로 인도하는 것만이 필요할 뿐이다. 길 잃은 양을 올바른 길로 인도하듯이 말이다. 이는 종교적 신념에 불과하다.

이러한 태도는 일차적으로 사실과 사료를 혼동한 데에서 기인한다. 사료는 사실이 아니며, 그 속에는 이미 기록자의 편견이 내재되어 있다. 또한 인간이 신이 아닌 이상, 역사가가 주관을 배제한 채 그 사료들을 대한다는 것은 불가능하다. 사료의 선택과 배열에 역사가의 가치관은 절대적인 영향력을 행사할 수밖에 없으며, 그것은 역사 서술에서 필연적인 과정이기도 하다. 일본 우파가 "각자에게는 각자의 역사가 있다."라고 말하면서, 우리나라의 비판을 내정간섭이라고 일축해 버리는 데에는 이런 역사 상대주의적 태도가 전제되어 있다.

두 사상이 맞대결한다면? 당연히 후자가 이긴다. 후자는 전자를 비판하면서 그 대안으로 등장한 사조이기 때문이다. 전자가 이기는 방법은 한 가지뿐이다. 당연히 힘으로 윽박지르고 강요하는 것이다. 하지만 그러기에는 우리에게 현실이 우호적이지 않다. 일본은 어떤 면에서 보나 우리보다 강대국임이 분명하다. 축구에서는 우리가 승률이 높지만, 축구에서 이긴다고 강대국은 아니다.

결국 일본 우파는 본래의 목적을 서서히 달성해 가고 있다. 우리 국민들은 성질 한번 내고 기분 풀이 했을지 모르지만, 정작 일본 국민들에게는 일본 우파들의 주장이 더 설득력 있을 수밖에 없다. 아니, 일본 국민들뿐 아니라 두 가지 입장을 객관적으로 비교한다면, 피해 당사자들을 제외하고는 누구에게나 그럴 것이다.

이와 비교해 10여 년이 지나 문제가 되었던 중국의 동북공정에 대하는 자세는 한층 성숙한 모습을 보여준다. 정부와 민간 차원의 항의 표명이 없었던 것은 아니지만, 그것은 어디까지나 국내용이라고 보는 것이 마땅하다. 다른 한편으로는 민관 합동으로 장기적인 학술적 대응책을 모색한 것이다. 이는 어쩌면 일본 교과서 문제에서 학습한 효과가 발휘된 것일지도 모른다.

학술적인 대응이 어째서 더 실질적인 것이냐고? 이미 말했다시피, 우리가 강대국이 아닌 이상, 아니 설사 강대국이라 하더라도 힘에 의한 대응에는 극히 한계가 있다. 또한 일본이나 중국이 역사 문제에 손을 대는 이유가 (자국이든 타국이든) 독자들에게 자신들의 정당성을 설득하고 입증하는 데 있다면, 당연히 우리는 그들의 입장보다 우리의 입장이 더 설득력 있고 정당함을 보였어야 한다.

문제가 되었던 일본의 역사 교과서가 일본에서 베스트셀러가 되었음은 이미 말한 바 있다. 우리나라에서는 어떠한가? 그런 역사책이 나온 적이 있는가? 만약 그들의 책보다 훨씬 설득력 있고, 흥미로우며, 읽기 쉬운 책을 펴내서 일본에 보급했다면 어떤 결과가 일어났을까? 최소한 그들이 의도했던 목적 달성이 지금보다 훨씬 어려웠을 것이라는 점은 말할 필요도 없다.

학술적 문제에 대해서는 학술적 대응이 필요했다. 상대주의에 입각한 역사의 다양성을 당연시하는 그들의 주장에 대해서는 상대주의적 역사관의 문제점과 한계를 지적하고, 그러한 사관이 적용된 그들의 역사책에 어떤 문제점이 있는지를 조목조목 지적했어야 한다.

　이제라도 우리 측의 대응이 전근대적인 것이었음을 스스로 인정하고, 일본 측의 태도 또한 역사가와 사료의 상호작용을 무시한 채 역사가만을 극단적으로 강조한 것임을 밝혔어야 한다. 각국의 역사가 그런 방식으로 서술된다면, 역사책은 정치적인 홍보 자료와 다를 바 없어진다. 문화를 다루는 앞 장에서 밝힌 바 있듯이, 상대주의 또한 대화와 소통을 통한 발전의 가능성을 차단한 사상임도 더불어 밝혔어야 한다.

　E. H. 카는 역사란 "과거와 현재의 끊임없는 대화"라고 말한 바 있다. 과거는 당연히 사료를 가리키고, 현재는 역사가를 가리킨다. 역사가와 사료가 대화를 한다는 것은 무슨 뜻인가? 대화란 동등한 입장에서 서로가 서로에게 배울 것이 있음을 전제로 한다. 역사가와 사료 모두에 한계가 있음을 인정하고, 상호 비교와 비판을 통해 진실에 접근해 가는 과정이 바로 이상적 역사 서술의 과정임을 밝힌 것이다.

　인간의 인식에는 한계가 있어서 객관적인 진리나 과거에 일어난 사실 자체를 알 수는 없다. 그러나 상대성에만 매몰되어 버린다면 학문적이고 사회적인 발전을 포기하는 것일 수밖에 없다. 중요한 것은 상대적인 진실을 축적하고 비교하여 객관적인 진리에 접근하고자 노력하는 것이다. 비유를 통해 설명해 보겠다.

　윤재와 세빈, 예린, 그리고 혜인은 각각 남산의 동서남북쪽에 살고 있다. 그런데 네 사람은 남산의 모습에 대해 다음과 같이 서로 다른 주장을 하고 있다. 남산의 실제 모습은 각각 다음과 같은데, 다른 사람들이 잘못된 주장을 하고 있다는 것이다.[3]

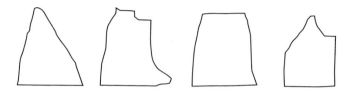

그들이 이러한 주장을 하는 이유는 쉽게 알 수 있다. 자신이 사는 곳에서는 산이 그렇게 보이는 것이다. 그러니까 그들의 주장도 틀린 것은 아니다. 하지만 그들의 주장이 옳다고 말할 수도 없다. "각자에게는 각자의 산이 있다."라고 말할 수는 없는 것이다.

산은 분명 객관적으로 존재하지만, 우리는 한 방향에서만 그것을 바라볼 수 있을 뿐이기 때문에 그것을 정확히 파악하기란 불가능해 보인다. 하지만 먼저 서로의 시각이 편협한 것임을 인정한다면, 발전의 가능성은 존재한다. 비록 편협한 것이기는 하지만, 각자가 바라본 모습이 무의미한 것은 아니다. 그것들을 모두 모으고 비교하면 좀 더 그럴싸한 산의 모습에 근접할 수 있다. 더 많은 각도에서 산의 사진을 찍는다면, 산의 입체 모형을 더 정확하게 만들 수 있는 것이다.

역사에 관한 진실도 마찬가지이다. 일본 측이 A1이라는 교과서를

---

3 하나의 산이 네 면에서 각각 저런 모습으로 보이는 것은 불가능하다고 비판하지는 말라. 나는 그런 분야에 전혀 문외한이니 말이다. 그저 '행간의 뜻을 읽어서' 내가 그런 식의 비유를 하는 의도만을 받아들여 주기 바란다.

통해 우리에게 불만을 주는 내용을 주장했다고 해보자. 그것을 왜곡이라고 욕하고 비난할 것이 아니라, B1이라는 책을 통해 그 책의 문제점을 조목조목 비판하고, 좀 더 설득력 있는 내용을 개진하고자 노력하는 것이 가장 바람직한 대응이다.

과정은 당연히 여기에서 끝나지 않는다. 일본은 그에 대해 A2를 써서 대응하고 비판할 것이고, 우리는 B2를 통해 다시 재비판을 할 것이다. 이러한 과정은 A3-B3-A4-B4⋯로 계속 이어질 것임을 쉽게 짐작할 수 있다. 이것이 무슨 의미가 있다는 말인가?

아주 간단하게 A1과 B1 사이의 차이와 A5와 B5 사이의 차이를 상상 속에서 비교해 보라. 어느 쪽이 의견의 차이가 크겠는가? 당연히 전자일 것이다. A2에서는 B1에서 비판한 내용을 삭제하거나 혹은 더 설득력 있는 증거를 통해 대응할 것이고, B2에서도 A2에서 비판한 내용에 대해 동일한 조치를 취할 것이기 때문이다. 이러 과정을 통해 누가 보기에도 불합리한 내용은 하나씩 삭제되거나 혹은 세련된 형태로 재구성되고, 둘 사이의 차이는 줄어들 것이다.

물론 과거에 일어났던 객관적 사실 자체는 여전히 미지의 영역에 있다. 그러나 이성적이고 합리적인 인간의 행위를 동일한 합리적 사고를 통해 재구성해 나아간다면, 과거의 사건이 어떤 방식으로 진행되었는지에 접근해 가는 것은 가능할 것이다. 서로의 한계를 인정한 상태에서 대화와 소통, 비판의 과정이 누적되면 될수록 학문으로서의 역사는 발전하는 것이다.

그렇다면 위안부는 정말 강제로 끌려갔는가? 우리 국민 모두가 그러하듯이 나는 당연히 그렇다고 믿는다. 그러나 "닥치고 내 믿음을 따라라!"라는 식의 대응은 금물이다. 일단 그들에게도 나름의 합리성이 있음을 인정하는 태도가 해결의 실마리일 수밖에 없기 때문이다.

우리에게는 피해자인 할머니들의 증언이 있다. 저쪽에는 서류상의 증거가 있다. 한쪽만이 무조건 옳다고 주장하거나, 양쪽 모두를 인정하자는 태도를 취할 것이 아니라, 둘 가운데 어느 쪽의 사료가 더 합리적인지, 어느 쪽을 버리고 어느 쪽을 취할 것인지, 아니면 둘 다의 일부를 취할 것인지를 논의해야 한다. 사료 비판이라는 과정이 이루어져야 하는 것이다.

우리 측의 입장에서 보면, 자원서와 임금 지불 영수증이 존재한다고 해서 그것을 그대로 믿을 수는 없다. 일본이 조선을 강압적으로 지배하고 있던 당시의 상황에서 자원서를 쓰라는 요구를 거부할 수 있었겠는지, 또 어느 정도의 임금을 지불했는지는 정확히 모르겠지만, 당신(혹은 당신의 부인)이나 당신의 딸이 그 정도의 대가를 받으면 그런 일을 할 것이라고 생각하는지를 물을 수 있는 것이다. 특히 정조 관념이 지나칠 정도로 강했던 조선에서 말이다.

물론 "그 정도 돈이라면 그렇게 할 것이다."라고 답할 수도 있다. 하지만 그것이 그의 진심이라고 생각할 수는 없을 것이다(사실 그렇게 답한다면, 그 돈을 현 시세로 환산해서 지불하고, 그와 똑같은 일을 시키면 된다).

하지만 그것으로 논의가 끝날 것이라고 생각해서는 안 된다. 진정한 대화와 토론이 이루어져본 적이 없기 때문이다. 그들도 나름대로 증거를 보완하고 논리를 다듬어서 대응할 것이다. 때로는 우리가 말문이 막히는 상황이 발생할 것도 또한 충분히 예측해야 한다.

이렇게 사료에 대한 반성과 비판적 작업의 과정 자체가 그 과정에 참여하는 역사가들에게 영향을 끼치게 된다. 자신이 절대적이라고 믿었던 사료의 문제점을 발견하고 그것을 보완하고자 노력하며, 상대방 사료가 가지는 설득력을 인정하고 그것을 반박하고자 노력하는 이중적인 과정 속에서 양측의 대화가 가능하고 의견이 접근하며, 합의가 이루어질 가능성이 있는 것이다.

최근 한일 공동 역사 교과서 편찬 작업이 성공리에 진행되고 있다는 소식을 들었다. 그 주체가 누구이든, 그 방식이 어떠하든 간에 그 작업은 존재 그 자체로 의미가 있다. 그 작업의 문제점을 느끼는 사람들이 있다면 또 다른 작업이 새로운 방식으로 얼마든지 진행될 수 있고, 또 그럴 것이기 때문이다. 어떤 일이든지 시작이 반인 법이다.

김민철

전라북도 완주의 촌에서 태어났지만, 본인의 의지와 무관하게 2살 때 가족이 이사하는 바람에 강제로 상경 당하였다. 학창 시절을 모범생으로 보냈으나, 고등학교 시절 강압적인 학교 분위기에 반항하다가 아이스하키 스틱으로 50대를 맞고 자의 반 타의 반으로 전학하는 사건을 경험한다. 이후 학부모들이 선생님에게 돈을 모아 전달하려는 데 반발하여, 학생회를 통해 무산시키는 등 궁금한 점이나 부당하다고 생각하는 것에 대해서는 따져 물어야만 직성이 풀리는 성격이었다.

대학 입시에서 운 좋게(?) 좋은 성적을 받았으나, 이른바 '좋은 과'에 진학하라는 부모님과 선생님의 권유를 물리치고 철학과를 선택한다. 서울대학교 철학과와 대학원 및 박사 과정에 이르는 긴 시간 동안 동양철학을 공부했다. 대학원 시절에는 한국고등교육재단의 동양학연구장학생으로 선발되어 하버드를 비롯한 해외 일류 대학으로 유학할 자격을 얻었지만, 한국에서 공부하기로 무모한(?) 결심을 한다.

서울대학교와 경기대학교, 명지대학교 등에서 강의를 하였고, 그 외에도 교사와 학부모 등 다양한 청중을 대상으로 강의를 하여, 명강이라는 찬사를 받았다. 2004년 세계적인 윤리학자 매킨타이어의 『윤리의 역사 도덕의 이론』을 번역, 출판한다. 특이하게 동양철학자가 번역한 서양철학서인 이 책은 학술원 우수도서로 선정되는 등 좋은 평가를 받는다.

2006년에는 미국의 고명한 동양학자이자, 자신이 마음속으로 스승으로 모시는 니비슨 선생의 『유학의 갈림길』을 번역, 출판하였으며, 몇 권의 논술 관련 서적을 저술하기도 했다. 2007년 말에는 자신의 학문과 강의의 첫 대중적 성과물인 『철학 땅으로 내려오다』를 출판하여, 난생 처음으로 신문과 방송을 타기도 했다. 여전히 다양한 청중을 대상으로 한 강의와 저술에 매진하고 있다.

포르노를 허(許)하라!

지은이	김민철
1판 1쇄 인쇄	2011년 3월 10일
1판 1쇄 발행	2011년 3월 15일
발행처	철학과현실사
발행인	전춘호
등록번호	제1-583호
등록일자	1987년 12월 15일

서울특별시 종로구 동숭동 1-45
전화번호 579-5908
팩시밀리 572-2830

ISBN 978-89-7775-743-1 03190
값 15,000원